本书系国家社会科学基金项目"城市突发公共事件风险治理及其实现机制研究"（11CGL089）结题成果

本书为温州大学"马克思主义理论"浙江省一流学科、浙江省一流本科思政专业、浙江省中国特色社会主义理论体系研究中心温州大学研究基地、浙江省哲学社会科学重点研究基地（温州人经济研究中心）建设成果

城市突发公共事件风险治理及其实现机制研究

吴志敏 著

Study on the risk management of
urban public emergency and
its realization mechanism

中国社会科学出版社

图书在版编目（CIP）数据

城市突发公共事件风险治理及其实现机制研究 / 吴志敏著.
—北京：中国社会科学出版社，2021.4
ISBN 978-7-5203-6425-6

Ⅰ.①城… Ⅱ.①吴… Ⅲ.①城市—突发事件—公共管理—研究—中国 Ⅳ.①D63

中国版本图书馆 CIP 数据核字（2020）第 071201 号

出 版 人	赵剑英
责任编辑	张 林
特约编辑	张 虎
责任校对	周晓东
责任印制	戴 宽

出　　版	中国社会科学出版社
社　　址	北京鼓楼西大街甲 158 号
邮　　编	100720
网　　址	http://www.csspw.cn
发 行 部	010-84083685
门 市 部	010-84029450
经　　销	新华书店及其他书店

印刷装订	三河弘翰印务有限公司
版　　次	2021 年 4 月第 1 版
印　　次	2021 年 4 月第 1 次印刷

开　　本	710×1000　1/16
印　　张	17
插　　页	2
字　　数	270 千字
定　　价	99.00 元

凡购买中国社会科学出版社图书，如有质量问题请与本社营销中心联系调换
电话：010-84083683
版权所有　侵权必究

序

全球范围内不断爆发的城市突发公共事件，引起世界各国高度重视和公众严重关切。世界各国除了疫情、火灾、地震、台风、洪水等传统灾害外，新的灾害事故种类不断增多，化学品泄漏、生命线系统事故的威胁、现代恐怖主义事件等日益突出。全球化背景下突发事件的发生具有一定的国际互动性，一个国家或地区的公共突发事件常常会迅速传播蔓延到其他国家和地区。建立健全完善的城市风险治理体系，将突发事件风险治理融入城市常态管理中是城市善治的目标和有益途径。城市专家学者、实践管理者有必要将关注的焦点从城市危机应对转移到城市风险治理中。

强化城市突发事件风险治理研究能够提升城市应急管理水平的科学化和专业化，促使城市应急管理工作更加规范有效。通过准确研究城市风险治理能力有助于城市应急救援组织专业化水平的提高，有助于评价国家与各地方政府应急管理工作的一体化程度，有利于更加科学地认识城市应急管理能力和发展趋势。能够在真正爆发城市突发事件后及时采取科学的应急措施，提高应急工作效率。未来很长一段时间内，我国都将面临城市突发公共事件带来的严峻考验。2014年上海外滩踩踏事件、2015年天津港爆炸事故、2019年新冠肺炎疫情等都表明，如何建立健全治理各种城市突发公共事件的应急机制，大力提升城市应对突发公共事件的治理能力，成为全面建设社会主义现代化国家的重要理论和现实课题。

吴志敏博士的新著《城市突发公共事件风险治理及其实现机制研究》，选题富有新意，是对城市突发公共事件进行深入系统研究的有益探索。通观书稿，具有研究视域新、涉及学科广和拓展边界强等特点。第一，研究视域新。在考察、综合已有研究成果的基础上，该研究分别从过程规定性、系统规定性、对策规定性视角等多向度来分析城市突发公共事件风险治理。基于系统集成和全过程多部门的城市突发公共事件协同应对机制，能为我国科学、高效、有序应对城市非常规突发事件提供决策参考。从治理路径看，对突发公共事件风险治理的多主体协同治理模式进行了较为系统的阐释。构建基于流程优化的"主体多元——网络塑造——联动主体——机制抉择——走向协同"为主导的多层次城市突发公共事件协同治理模式。第二，涉及学科广。应用前景理论、突变理论和协同治理理论及方法，该研究从多学科角度对城市突发公共事件社会风险的深层根源和发生机理进行探究。从管理学的角度构建基于系统集成和全过程管理的预警系统进行实证分析，为我国城市突发事件社会风险治理提出总体思路和对策性建议。第三，拓展边界强。从城市治理研究的边界拓展上看，该研究利用复杂系统脆性理论、社会燃烧理论、熵与自组织理论阐释了我国城市群突发公共事件的形成机理。构建配套的城市群突发公共事件协同治理的运行机制，如构建健全的城市群突发事件预警和技术保障机制、构建科学的城市群突发事件应急决策机制、打造畅通的城市群突发事件信息传播共享机制、建构充足的城市群突发事件资源保障机制、建立健全完善的城市群突发事件法律法规机制等内容，是维持城市群突发公共事件管理系统高效运作的前提条件。

当然，尽管作者对城市突发公共事件风险治理的基本问题、作用机理及实现机制提出了不少有价值的观点和对策，但仍有一些值得进一步完善和改进的地方。如当前我国城市突发公共事件的治理具有显著的不确定性和复杂性，如何保证本次研究根据协同治理理论等所构建的城市突发公共事件协同治理模式以及相应的实现路径是否能够真正行之有效仍值得商榷。全过程全系统视角下的城市突发事件风险治理、城市群突发公共事件协同治理及其实现机制是希望能够为政府主导解决城市突发公共事件时提供一定的操作建议，从而有助于我国城市突发公共事件治理水平的提高。但是，在实践中政府所处的治理环境比较复杂，城市突发事件涉及太多的不确定因素,作者试图从价值维度、组织维度、制度维度三方面厘析多主体参与语境下的城市突发事件风险治理,但这方面的论证和研究有待进一步深化。

郭文亮

2020 年 3 月于中山大学

目 录

第一章　导论 …………………………………………………… (1)
　第一节　研究缘起和意义 ………………………………… (2)
　第二节　国内外研究述评 ………………………………… (7)
　第三节　研究方法与逻辑思路 …………………………… (18)

第二章　城市突发事件风险治理的理论基础与扩张机理 …… (25)
　第一节　城市突发公共事件的分类与表征 ……………… (25)
　第二节　转型期城市风险治理理论的理性审视 ………… (35)
　第三节　转型期城市突发公共事件情境及扩张机理 …… (49)

第三章　城市突发事件风险治理的现实回应与国际借鉴 …… (59)
　第一节　城市突发公共事件风险治理的现实背景 ……… (59)
　第二节　城市突发公共事件风险治理的国际借鉴 ……… (65)
　第三节　城市突发公共事件治理研究向度的多维视角 … (81)

第四章　多主体联动下城市突发公共事件协同治理 ………… (88)
　第一节　城市突发公共事件多主体协同治理模式的构建 ………… (88)
　第二节　城市突发公共事件治理中的政府 ……………… (102)
　第三节　城市突发公共事件治理中的社会力量 ………… (110)

第五章　系统协同下城市突发事件风险治理的指标体系重构 …… (120)
　第一节　城市突发公共事件风险治理的系统分析 ……… (120)
　第二节　城市突发公共事件风险治理的协同分析 ……… (127)

第三节　城市突发公共事件各子系统评价方法 …………… （131）
　　第四节　城市突发公共事件风险治理的指标体系重构 ………（142）

第六章　全过程和全系统下城市突发事件风险治理能力评估 ……（161）
　　第一节　基于全过程和系统集成管理的城市突发事件
　　　　　　风险治理 ……………………………………………（161）
　　第二节　基于全过程的城市突发事件风险治理能力评估审视 ……（167）
　　第三节　基于全系统的城市突发事件风险治理能力评估审视 ……（180）
　　第四节　基于综合满意度的城市突发事件风险治理实现 ………（195）

第七章　城市群突发公共事件协同治理及其实现机制 ………（206）
　　第一节　新形势下城市群突发公共事件问题凸显 …………（206）
　　第二节　复杂系统下城市群突发公共事件形成的机理分析 ……（213）
　　第三节　城市群突发公共事件应急协同治理模式的多维视角 ……（221）
　　第四节　城市群突发公共事件协同治理的实现机制 …………（228）

附录一　城市突发公共事件风险治理初步指标体系 ……………（242）

附录二　不确定性情境下预警管理区间数量化表 ……………（246）

附录三　不确定性情境下预警管理梯形模糊数量化表 ………（247）

附录四　城市突发事件风险治理应急处置指标体系分类图 ………（248）

**附录五　城市突发事件风险治理善后处置指标 Bipolar
　　　　　数量化表** ……………………………………………（250）

附录六　"三全"思维疏解超大城市治理困境的思考和建议 ………（252）

参考文献 …………………………………………………………（256）

第 一 章

导 论

　　历史上波及面极广、速度极快的城市化过程在我国持续推进。城市的发展带来了便捷与富裕的城市生活、繁荣的城市面貌、发达的城市经济。从乡村涌向城市，从小城市涌向大城市，人们持续不断去追寻这种物质与精神生活双重丰富的理想城市。但随着城市的不断发展，人们渐渐发现，城市生活的现代化远非想象中那般安定与幸福，城市正成为突发公共事件风险较大的滋生与酿造地。在创造财富的同时我们也为自己制造了无穷的风险。新形势下如何治理风险社会中的城市，打造以人为本的和谐宜居城市面临诸多困境和挑战。这些困境既有来自我们对所面临的这种转变缺乏准备和了解，还来自人类居住形式改变而累积的社会性、功能性挑战。城市谋求机遇与发展的同时必然伴有风险。正如吉登斯指出的，风险的本性决定了它不仅是经济活力和多数创新包括技术或科学创新的源泉，同时也是导致危害性后果的源泉[1]。建立健全完善的城市风险治理体系，将突发事件风险治理融入城市常态管理中是城市善治的目标和有益途径。城市专家学者、实践管理者有必要将关注的焦点从城市危机应对转移到城市风险治理中。通过建立健全城市突发公共事件的风险治理机制，有效地提升城市预防及处置突发公共事件的能力，对于确保城市和国家稳定发展都有着重要的现实意义。

---

[1] 安东尼·吉登斯：《第三条道路及其批评》，中共中央党校出版社2002年版，第139页。

第一节 研究缘起和意义

一 研究背景

近年来，我国城市化进程逐渐加快，越来越多的农村人口纷纷进入城市。以北京、上海为代表的国内大型城市和特大城市的人口负担日益加重，城市人口密度大幅度提高，再加上贫富差距等不平衡性矛盾越来越多地凸显出来，一系列治安突发性事件、卫生灾害、能源问题和环境问题给我国城市的健康发展造成严重影响[1]。未来很长一段时间内，我国都将面临城市突发公共事件带来的严峻考验。2015年天津港爆炸事故、2014年上海外滩踩踏等事件都表明，如何建立健全治理各种城市突发公共事件的应急机制，大力提升城市应对突发公共事件的治理能力，成为决胜实现全面小康社会的重大课题。

从国际层面看，全球近几十年来风险因素呈现增长趋势，各种重大突发事件和灾害不断发生。世界各国除了疫情、火灾、地震、台风、洪水等传统灾害外新的灾害事故种类不断增多，技术性事故、化学品泄漏、现代恐怖主义事件等日益突出。全球化背景下突发事件的发生具有一定的国际互动性，往往一个地区或国家的公共突发事件常常会迅速传播蔓延到其他地区和国家。我国城市突发公共事件的扩散性、危害性以及国际化程度日益增强，比如天津港爆炸事故、上海外滩踩踏事件、重庆天然气泄漏事故、2008年南方特大雪灾事件等都在不同程度上产生了不良的国际影响[2]。另外，世界政治格局的变化与世界经济形势的动荡或国外重大恶性事件的爆发都有可能引发国内严重的社会突发事件。主动融入全球化进程使我国获得了更多的发展机会，也大大增加了受到外来风险影响的可能性。一方面，其他国家和地区在社会经济与政治文化层面的重大变化都会不同程度地影响我国（如国外的疫情传播、国际恐怖活动、有害生物入侵、网络病毒危害、经济被动冲击、敌对势力干扰等）。另一方面，各种国内政治激进势力、恐怖组织、民族分裂势力、宗教极端势

---

[1] 吴志敏：《大数据与城市应急管理：态势、挑战与展望》，《管理世界》2017年第9期。
[2] 吴志敏：《大数据与城市应急管理：态势、挑战与展望》，《管理世界》2017年第9期。

力与国内外反华势力相勾结，容易给国家安全带来严重危害。此外，随着我国与世界往来的日益加深，中国公民身处境外，其生命财产安全常常遭受到威胁，容易成为各种恐怖主义的攻击目标。

从国内层面看，我国正处于社会转型期，即从农业社会向工业社会，从传统社会向现代社会，从计划经济向市场经济，从封闭性社会向开放性社会的转轨期。在这场历史性的转型期，我国经历着从以个人权威为基础的威权体制向一个法制与民主化的社会管理体制转型[①]；从一个自我封闭、内向型的经济体制向一个国际化、开放型的经济体制转变。作为社会发展序列谱上"非稳定状态"的频发时期，社会转型期往往是"社会容易失序、经济容易失调、社会伦理需要调整重建和心理容易失衡"的阶段，也是公平、效率、人口、资源和环境等社会矛盾最为严重的瓶颈期。在这样的转型期内，权力与利益将在不同的主体之间进行重新转移和分配，社会贫富差距就此迅速拉开差距。贫富差距迅速拉大是潜在的社会不安定因素，它的直接后果是对抗与社会冲突的滋生，同时也是城市突发公共事件爆发的重要因素。转型期同时也是社会进行分化整合和破旧立新的阶段，传统规则和现代规则在社会运行时往往会产生一定程度的矛盾和冲突。著名政治学家塞缪尔·亨廷顿就指出："事实上现代性产生稳定而现代化却产生不稳定。产生政治混乱并不是由于没有现代性，而是要为实现这种现代性所进行的努力引发的。"[②] 我国城市突发事件的种类和频率近年来有所增长，事故灾难、社会安全事故、自然灾害等常常给人民群众生命和财产安全、经济发展乃至社会稳定造成重大影响。

和谐城市一定是稳定的，而稳定的城市却不一定和谐。全面提升我国的城市风险治理能力是消除种种不和谐因素的重要手段。随着城市化进程的推进，自然环境受到人类活动的影响越来越显著，城市废物废水的胡乱排放给生态环境带来了不可逆的损害，再加上城市人口密度的提

[①] 薛澜、张强、钟开斌：《危机管理——转型期中国面临的挑战》，清华大学出版社2003年版，第6页。

[②] 塞缪尔·亨廷顿：《变革社会中的政治秩序》，王冠华等译，上海译文出版社1989年版，第45页。

高,各类资源都出现了不同程度的匮乏。在我国很多大中型城市中,大量密集交错的交通线路和公共设施星罗棋布,其中任何一个节点出现问题都会造成整个城市系统的瞬间坍塌,甚至会给整个地区乃至国家带来重大影响。这也充分反映了高密集空间下城市的脆弱性。当前我国已经进入快速发展阶段,根据以往其他国家的发展规律,到达该水平后各个城市会面临大量的风险,可以说在这一阶段中各大城市最容易变成"受伤之地"。城市由于自身的特殊性屡屡成为突发事件爆发的地方,接二连三的灾难对城市居民的生命财产安全构成了严重威胁。我国政府对城市突发事件的预防和处置工作历来十分重视,成功战胜了各种各样的风险与灾害并积累了大量宝贵的经验。我国各级政府"非典"疫情后更加重视全面履行政府职能,健全和完善城市突发事件应急机制的速度明显加快,危机应对的能力显著提升并取得了较大进展。在危机发生后我国政府进行紧急处理的能力较强,抗击2003年SARS和2015年天津港爆炸事故的成功都表明:我国政府在面对突发危机时短期内整合可用资源、迅速控制城市突发事件的能力较强,但政府没有能力也不可能包揽所有的危机治理事务。广泛动员非政府组织、媒体、社会公众等力量共同应对城市突发公共事件,这与我们一直强调的以政府为突发公共事件治理的核心主体并不矛盾。

二 研究意义

我国是世界上人口数量最多的国家,在各大城市中随时可能爆发一些突发公共事件。这要求我国各城市必须做好充分准备,以备在突发公共事件爆发后能够及时采取应对措施以减少不必要的损失。近年来城市突发公共事件频频爆发,比如上海踩踏事故、天津港爆炸事故等,这些事件给城市安全工作带来了巨大挑战。要从根本上提高城市的应急能力,必须建立起科学有效的城市突发事件风险治理机制和体系。因而进行城市突发事件风险治理研究具有重要的现实意义和理论意义,主要体现在以下几个层面。

1. 有助于提高城市突发事件风险治理水平。强化城市突发事件风险治理研究能够促使城市应急管理工作更加规范有效,提高城市应急管理水平的科学化和专业化。通过准确研究城市应急能力有助于城市应急救援组织专业化水平的提高,有助于评价国家与各地方政府应急管理工作的一体化程度,有利于更加科学地认识城市应急管理能力和发展趋势。能够在真正爆发了城市突发事件后及时采取科学的应急措施,提高应急工作效率。本书通过对发达国家城市风险治理经验的合理借鉴,对我国一些典型案例进行分析并科学地设计了城市突发事件社会风险的预警机制和管理系统,有助于丰富我国突发事件社会风险治理理论,对我国城市突发事件社会风险治理实践具有重要的指导意义。

2. 有利于提升目标城市可持续发展和综合竞争力。近年来,我国的各级政府与部门已经深刻意识到可持续发展理论的重要性。随着整个世界经济全球化以及信息化的飞速发展,提高城市的可持续发展能力刻不容缓。良好的可持续发展能力让城市的综合竞争力得到显著的提高[1]。在实际生活中,投资者在选择相同经济条件的市场时,一般都会选择具有安定环境的区域市场。现如今城市的竞争力主要表现在挖掘城市功能与城市的全方位服务上,建设完备的突发公共事件应急管理体系,可以提升目标城市的应急管理水平,有利于目标城市的经济得到迅速发展并提高综合竞争力,最终形成良性的互动模式。

3. 多主体参与语境下的城市突发事件风险治理研究,具有较大的理论拓展空间与鲜明的现实针对性。从选题看,在我国发生"非典"事件之后,城市突发公共事件风险治理逐渐成为热门课题。全球范围内不断爆发的城市突发公共事件,引起世界各国高度重视和公众严重关切。本书综合管理科学、信息科学、心理科学等跨学科视角,切入对"城市突发公共事件风险"及其协同治理体系的研究。当前学界从政府、企业的角度研究城市突发公共事件治理问题的较多,我们结合我国社会转型期的时代背景研究多主体参与语境下的城市突发公共事件,具有鲜明的现实针对性和重要的理论价值。

4. 基于系统集成和全过程多部门的城市突发公共事件协同应对机制,能为我国科学、高效、有序应对城市非常规突发事件提供决策参考。从

---

[1] 吴志敏:《把握贸易投资一体化趋势加快培育国际经济竞争新优势》,《人民日报》2017年11月20日第7版。

治理路径分析，系统阐释了突发公共事件风险治理的多主体协同治理模式。构建基于流程优化的"主体多元—网络塑造—联动主体—机制抉择—走向协同"为主导的多层次城市突发公共事件协同治理模式。在此基础上，应用无缝隙化组织、证据合成和多智能体（Multi-agent）、知识本体等理论和方法，构建多部门协同决策信息资源共享框架、共享模型和资源重构模型。

5. 有助于提升城市和谐和国家的长治久安。和谐城市的构建具有丰富的内涵，它不仅需要具备诚信友爱、民主政治等方面，还需要具备人与自然和谐相处、社会安定有序等方面。因为每个城市都会存在一定的差异与矛盾，而和谐城市的构建就是找寻一种方法将这些差异与矛盾化解，从而建立具有健全的组织结构、完善的管理和良好的社会秩序、人民与社会安定的新社会，为了实现这个目标，社会保障机制的建设与完善则是重中之重①。社会保障机制最关键的因素在于发生突发公共事件时能否有效地进行应对，倘若城市无法较好地解决类似上海外滩踩踏事件、天津港爆炸事故等突发公共事件，则会打破社会的稳定性，不利于建设和谐社会。本书有助于明确城市处理突发公共事件下的优势和缺陷，了解城市化进程下的危机和挑战，为提高城市应急能力和推动城市的良好发展及突发事件的预防、城市安全和未来发展提供相关工具和规范，对于推动我国城市化发展，实现国家的长治久安有着重要的意义。

6. 有利于提升城市群突发事件应急决策的效率和水平。在经济新常态下，我国已经将城市群作为未来重要的国家发展战略之一，它也必将成为今后数十年中我国城市化发展的重要模式。当前我国最具代表性的三大城市群分别是长江三角区、珠江三角区和京津冀地区。除此之外，还有多个大城市圈和城市带正在飞速发展。作为我国城镇化进程的主体形态，城市群对整个国家的经济、文化、科技、社会等方面的发展意义重大。区域竞争力很大程度上受到城市群区域公共安全问题的影响，同时它还会影响到整个国家的战略实现。我国"十三五"规划中明确提出了"加快城市群建设发展，增强中心城市辐射带动功能，重点建设19个

---

① 冯慧玲：《公共危机启示录——对SARS的多维审视》，中国人民大学出版社2003年版，第50页。

城市群"的目标。构建配套的城市群突发公共事件协同治理的运行机制，如构建健全的城市群突发事件预警和技术保障机制、构建科学的城市群突发事件应急决策机制、打造畅通的城市群突发事件信息传播共享机制、建构充足的城市群突发事件资源保障机制、建立健全完善的城市群突发事件法律法规机制等内容，是维持城市群突发公共事件管理系统高效运作的前提条件。它有助于理解把握城市群突发公共事件整个过程的演化路径，也有利于提升城市群突发公共事件应急决策的效率和水平。

第二节 国内外研究述评

当前世界各国都有大量学者投身于城市突发事件风险治理的研究中，经过笔者初步归纳，相关研究成果主要体现在突发公共事件应急管理理论、城市应急管理体系、风险社会问题等方面。

一 突发公共事件应急管理理论研究

随着世界一体化进程的不断推进，各个国家之间在文化、经济、政治上的交流日渐频繁，但也伴随了大量的不确定因素产生，各个国家面临的突发事件不断增多[1]。在国际传导机制的作用下，某个国家发生了严重的突发事件后，势必会对其他国家带来不同程度的影响。世界各国学者充分意识到研究突发事件的必要性，开展了一系列研究活动，对重大突发事件的预防、预报、监测、识别、控制以及事发后的快速救援等内容进行了大量的研究[2]。

（一）国外研究现状述评

第二次世界大战后，以美国为代表的西方发达国家意识到突发公共事件管理的重要性，大量学者纷纷投身于国际关系和国家安全等研究领域。此阶段，学术界对突发事件的研究也大多侧重于从政治领域入手，比如政权更迭、战争、政治冲突等。美国政府为了应对这些突发事件专门设立了联邦灾害救助管理局，并且号召大量美国学者对相关问题展开

---

[1] 廖远甥、刘弘：《公共安全突发事件的探测分析》，《财经研究》2013年第11期。
[2] 董有尔：《处置萌芽状态突发事件的数学模型探讨》，《灾害学》2015年第3期。

深入研究。1972年，赫尔曼在《国际危机：行为研究视角》[①] 一书中详细阐述了有关突发事件的问题，该书也成为世界上最早一批有关突发事件的研究著作。美国于1979年设立了联邦紧急事务管理局，进一步强化了美国政府对公共突发事件的危机管理，并且加大了对相关研究的支持力度。各个大学均开设了危机管理专业，大量研究机构还专门进行了危机管理专业人员资格认证活动。这一系列举措让美国的公共突发事件处理能力大大提高，而且在这一时期中西方学术界在突发事件研究领域也取得了较大进展，其中最具有代表性的学者有乌列·罗森塔尔（Uriel. Rosenthal）、史蒂芬·芬克（Steven. Fink）等。

20世纪80年代后，越来越多的学者开始研究恐怖主义威胁，比如1980年在《安全与危机管理：应对恐怖主义威胁》[②] 一书中，沙尔茨深入分析了核设施可能受到的恐怖袭击等情况。随着国际危机研究领域的不断拓展，公共危机管理的研究领域也取得了较大进展，如托马斯·盖博深入研究了美国化学物品突发事件的应急系统并分析了美国各机构之间的互助系统。史蒂芬·芬克是著名的美国公共危机专家，曾在1979年参加了"三里岛核泄漏"事件的处理，1986年他在《危机管理——对付突发事件的计划》[③] 一书中将自己多年处理突发事件的经验和感悟进行了汇总，详细阐述了危机管理的相关知识，通过大量的案例分析让更多学者了解到公共危机管理的内涵。他把突发公共事件的发展过程划分成几个阶段："前驱症状"为第一阶段；"急性"为第二阶段；"慢性"为第三阶段；"治愈"为第四阶段。他的研究成果为学术界研究危机管理作出了巨大贡献，特别是他所阐述的危机预防、危机隔离、危机识别、危机处理、危机应对计划、危机决策以及危机通信等内容是构成现代危机管理理论的重要部分。1989年，罗森塔尔等对14个突发事件案例进行了详细分析，其中包括围攻大使馆饥荒、地震灾害、火灾、恐怖爆炸、化学

[①] C. F. Hermann, ed., *International Crisis: Insight from Behavioral Research*. N. Y.: Free Press, 1972, pp. 44 – 47.

[②] Richard Threat, Shultz, Jr Security and Stephen Sloan, ed., *Responding to the Terrorist Threat: Security and Crisis Management*, Terrorist Press, 1980, pp. 134 – 173.

[③] Steven Fink, *Crisis Management: Planning for the Inevitable*, New York: Backinprint. com, 2000, pp. 68 – 73.

毒物等事件，涉及很多有关突发事件处理的细节性问题。在20世纪80年代中，大量学者从组织、政治等角度研究了如何进一步降低突发灾害的突发频率。

20世纪90年代后，西方学术界进一步加强了突发公共事件的研究。研究者从不同视角深入探讨了突发事件的紧急应对措施，比方说对科层制组织结构的公共决策主体自负机制和其权力单向流动造成的决策异化导致突发事件应对能力降低的研究、对危机预防和干预的研究等。乔治（1991）在《避免战争：危机管理问题》中[1]、桑迪·索南费尔德（1994）在《哈佛商业评论》[2]中均详细探讨了危机管理中的媒体政策；诺曼·R. 奥古斯丁（1995）[3]将突发事件的危机管理划分成四个阶段，随后罗伯特·希斯在诺曼的研究成果基础上归纳出了"四阶段划分方法"，他们的研究成果为突发事件的全过程分析作出了巨大贡献[4]。2001年，罗森塔尔在《管理危机：机遇、决策、威胁》[5]一书中对突发事件的分类方式进行了创新，他从突发事件的发展速度以及持续的时间等方面入手将危机划分成四大类别。

2001年"9·11"事件的爆发引起了世界各国的高度重视。意识到恐怖主义突发事件的严重性，各国学者纷纷投身于相关事件应对措施的研究中，大量的研究成果在这一时期相继出现。比如2008年《恐怖主义与有害物质犯罪的特别措施》[6]详细介绍了恐怖袭击的危害，有关恐怖袭击活动的应对措施被提出并引发关注。作者从现场紧急应对者的角度详细分析了作为紧急应对者在恐怖袭击发生后应做好的自我保护措施。《突发事件中的指挥：危机情境中的紧急召集》一书根据以往发生的实际案例阐述了当危机出现后应如何决策的问题。随后的研究成果还有很多，如

---

[1] Alexander L. George, *Avoiding War: Problems of Crisis Management*, New York: West view Press, 1991, pp. 119 – 123.

[2] Sandi Review: Sonnenfeld. Policy—What Media Policy, *Harvard Business*, Vol. 8, No. 3, 1994, pp. 189 – 200.

[3] [美] 诺曼·R. 奥古斯丁等：《危机管理》，北京新华信商业风险管理有限责任公司译校，中国人民大学出版社2001年版，第87页。

[4] [美] 罗伯特·希斯：《危机管理》，王成等译，中信出版社2004年版，第2页。

[5] Uriel Rosenthal A. en Boin. and Louise. Threats, *Dilemmas Opportunities Springfield Comforted*, Managing Crises: Charles C. Thomas, 2001, pp. 13 – 17.

[6] 苗兴壮：《恐怖主义与有害物质犯罪的特别措施》，《中国人民大学学报》2008年第1期。

《恐怖主义应对：法律实施的现场指南》《国际恐怖主义与反恐斗争年鉴（2010—2012）》等。2013 年，一本名为《恐怖主义概论》[①]的研究专著面世，将美国学者对于恐怖袭击的研究成果进行了汇总，该书详细论述了美国民间和私营机构在应对恐怖袭击中的作用、各基础设施的脆弱性、国土安全中预备役军人的作用等内容；《当暴力突发后，作为一名紧急应对者的生存指南》从危机管理人员的角度出发，对突发公共事件爆发后应如何保障人们安全进行了详细论述，还深入分析了大量危险情景的性质，提出各种安全程序以及防卫技术；《恐怖主义如何终结》[②]通过大量案例、数据和图表，搭建了一个恐怖主义如何终结的逻辑框架，它是一部反恐经典之作。

（二）国内研究现状述评

考究人类漫长的历史文化，我国很早就有危机治理思想。我国古代的危机预防思想如"安而不忘危，存而不忘亡，思所以危则安矣，思所以亡则存矣"；我国古代对危机两面性的辩证思维有"福兮祸之所伏，祸兮福之所倚""祸福共生，安危相易"；我国古代危机总结学习的思想是"亡羊补牢，犹未为晚"。五千年农业社会的漫长历史也是一部我国和自然灾害的抗争史，其中关于自然灾害及其预防、应对、控制突发危机等的历史尤其丰富。但总体来看，我国对突发公共危机治理的研究起步较晚。目前国内学者在应急管理方面的研究成果也逐渐多了起来，我国学者对应急管理的研究主要有以下几类：一种是对应急资源调配与布局以及管理人员的培训、人员疏散技术等内容进行研究[③]，同时还包括紧急服务设施的选址[④]、成本约束下的交通事故

[①] 杨隽、梅建明：《恐怖主义概论》，法律出版社 2013 年版，第 54 页。

[②] ［美］奥德丽·克罗宁：《恐怖主义如何终结》，宋德星等译，金城出版社 2017 年版，第 101 页。

[③] 计雷、池宏、陈安等：《突发事件应急管理》，高等教育出版社 2016 年版，第 37 页；Geoffrey, Bianchia and Richard L. Churchb, A Medical Service System Design Social Science Hybrid Fleet & Medicine Model for Emergency, Vol. 26, No. 1, pp. 163 – 171.

[④] 计雷、池宏、陈安等：《突发事件应急管理》，高等教育出版社 2006 年版，第 77 页；Geoffrey, Bianchia and Richard L. Churchb, A Medical Service System Design Social Science Hybrid Fleet & Medicine Model for Emergency, Vol. 26, No. 1, 1988, pp. 163 – 171.

紧急响应模型及总体规划[1]以及应急通信网络基站选址和频道分配问题等[2]；还有一部分学者侧重于对我国应急机制和应急管理体系的研究。经过数十年的努力，我国学术界在应急管理、危机管理领域已经收获了丰硕的研究成果，包括建筑防灾中的应急管理与人群管理[3]、在紧急事态下高层建筑人员的疏散模型研究[4]等。"9·11"事件特别是我国"非典"事件发生以来，城市突发事件结合公共危机治理的相关研究逐渐成为我国学术界研究的热点话题，并取得了丰硕的研究成果。

首先，界定并完善了学科研究对象和学科体系。早在1996年王贵秀就倡导建立危机管理学。危机管理学的研究对象是独立的社会危机现象，他认为其内涵丰富外延广阔必定会成为一门广博高深的科学。[5] 著名学者薛澜教授在《危机管理——转型期中国面临的挑战》一书中展现了美国"9·11"事件后国内外危机形态的变化发展，阐释了我国危机形态转型阶段的根本原因和特点，分析了突发公共危机管理的时间序列、组织行为以及决策过程等。结合我国危机管理体系的现状深刻剖析了美国等国家的危机管理机构与管理体系，在勾勒出现代危机管理体系基本框架的基础上给出了非常规决策治理的整体制度安排及战略设计。[6] 经过众多学者不断的努力逐步明确了危机管理、突发事件的学科概念和研究对象，为我们今后完善学科体系奠定了坚实的基础。

其次，产生并出现了许多研究课题和专门研究机构。在一些高校和

---

[1] Sherali, H. D. and Subramanian S., Opportunity Cost based Models for Traffic Incident Response Problem, *Journal of Transportation Engineering*, Vol. 125, No. 3, 1999, pp. 176 – 185; G. Barbarosoglu Y. Arda, A Two-stage Stochastic Transportation Planning in Disaster Response, Society, Programming Framework, *Journal of Operational Research*, No. 55, 2004. pp. 43 – 53.

[2] Mohan R. Akella, Rajan Batta, Eric M. Delmelle, Peter A. Rogerson, Alan Blatt Glenn Wilson. Base Station Location and Channel Allocation in a Cellular Network with Emergency Coverage Requirements, *European Journal of Operational Research*, Vol. 164, No. 2, 2005, pp. 301 – 323.

[3] 田峰、付晓萍：《试论建筑防灾中的人群管理和应急管理》，《上海大学学报》2013年第12期。

[4] 王平、方正、袁建平、汪尚朋：《高层建筑人员疏散模型及其验证》，《火灾科学》2015年第4期。

[5] 王贵秀：《创建危机学刍议》，《理论前沿》1996年第10期。

[6] 薛澜、张强、钟开斌：《危机管理——转型期中国面临的挑战》，清华大学出版社2003年版，第44页。

研究所近年来相继成立了危机管理研究机构，2016年同济大学成立国内首个"城市风险管理研究院"，强调要把亡羊补牢转化成未雨绸缪、防微杜渐，要更多地用科学方法注重于事前的"防"，一套完善的体系用于事中的"控"以及最大减轻损失的事后的"救"。清华大学危机治理学术委员会由海内外专家学者组成，创办了"清华大学危机治理论坛"。由现代国际关系研究院建立的危机对策与治理研究中心，参考国外有关危机治理的成功经验，对中外正在或即将发生的重大危机的理论和对策进行研究。危机治理研究中心在华东师范大学、中国人民大学公共管理学院及北京理工大学纷纷成立，通过危机治理的理论和应用对策研究提升企业、政府及公共组织的应急管理水准。还有"社会变革中突发事件应急管理""国家公共安全管理系统研究"等课题，都取得了较好的阶段性成果。

最后，出现了大量的相关学术成果。潘光1989年主编的《当代国际危机研究》堪称是我国第一部危机学术专著，胡平1993年在《国际冲突分析与危机治理研究》中对危机的相关理论进行了系统阐释，他们都侧重于国际政治危机的研究。张成福、许文惠两位教授1997年完成并出版《危机状态下的政府管理》，该书是我国危机治理从主要研究国际危机转向国内危机研究的重要标志。国内各类学术刊物自SARS全面暴发之后开始大规模地刊登有关突发公共事件应急的文章。近年来我国出版了大量优秀的学术专著，如《突发事件网络舆情的动力要素及其治理研究网络舆情，促进社会和谐发展》（华中科技大学出版社2017年版）、《危机管理——转型期中国面临的挑战》（清华大学出版社2003年版）、《社会风险治理中的政府传播研究：变迁，差异与革新》（中山大学出版社2016年版）、《基于突发事件风险差异的城市公众应急能力评价研究》（经济科学出版社2014年版）、《风险治理与政府应急管理流程优化》（北京大学出版社2011年版）、《系统论视野下城市突发公共事件的生成、演化与控制》（科学出版社2011年版）、《国家与政府的危机管理》（江西人民出版社2003年版）、《中小城市突发公共事件应急管理体系与方法》（同济大学出版社2007年版）、《政府危机管理》（中国城市出版社2003年版）、《危机管理智囊》（机械工业出版社2003年版）、《危机管理》（中国经济出版社2004年版）、《公共危机启示录——对SARS的多维审视》（中国人民大学出版社2003年版）、《企业危机管理》（中国纺织出版社2003年版)、《危机应对的全球视角——各国危机应对机制与实践比较研究》(中国政法大学出版社 2004 年版)、《物业管理危机处理及案例分析》(西南财经大学出版社 2004 年版) 等。我们以关键词"危机管理"搜索中国期刊全文数据库来分析,国内与危机管理相关的研究论文 1994 年到 2001 年仅有 123 篇。截至 2020 年 1 月 17 日,2001—2020 年有超过 68982 篇标题为"危机管理或应急管理"的论文问世。由此可见,近年来学术界研究突发公共事件应急管理相关的论文成果骤增,成绩喜人。

总的来说,国内学者主要从感性主义的角度研究应急管理的相关问题,很多研究成果都是在国外的成功经验基础上得出的,重点介绍了美国、俄罗斯、日本等国的危机管理协调体系和相关制度,特别是美国在应对"9·11"事件中的经验。我国大部分有关危机管理的研究都是根据国外突发公共事件的实际案例来详细分析各国的危机管理体系,通过归纳这些管理体系中的相同特点,提出建设我国危机管理体系的意见和建议。

二 城市应急管理体系研究

结合相关数据来看,我国已经在多个城市设置城市应急管理体系工作试点,包括南宁的 110 社会联动系统、上海的城市综合减灾系统、广州的紧急事务管理体系、深圳的 110 社会联动体系、武汉的城市/社会应急联动系统等。上述城市在应急管理方面还实现了多部门分工合作、信息的共享,应对突发事件的能力相对较强,但这些应急体系和系统在实践中也暴露出了一些问题,需要尽快解决。

近年来,学者们通过研究指出,宏观和微观技术是建设应急管理体系的主要方法。通过整理文献可得知,宏观层面的研究主要集中在应急管理体系的运行机制、指导原则、构成等几个层面,如在《危机管理——转型期中国面临的挑战》一文中,薛澜等认为管理体系的建设应该从组织决策、组织行为、时间序列三个方面入手。赵红、汪亮[1]认为我国在构建应急管理体系时应该适当借鉴美国联邦应急计划的做法,即制定与危机应急管理有关的法律法规;成立负责管理突发事件应急资源的部门;建立三级

---

[1] 赵红、汪亮:《从美国联邦应急计划看美国国家应急管理运行机制》,《项目管理技术》2014 年第 1 期。

突发事件应对机构（即国家级、省级、地区级）。金磊[①]则通过研究指出，国家要本着保证水质、应急抢修、保证供应的原则制定应急预案，确保城市功能在危机和自然灾害中如常发挥，可见他是以城市功能为出发点进行研究的，文献[②]的观点与之类似。以应急管理机构职责为视角进行论述的有王明旭等人[③]，这些研究成果认为应急管理者能否在突发公共事件中发挥好职能的关键在于相关法律体系的完善程度。

学术界也从资源管理、预案管理、人员撤离和教育培训等微观的角度对危机应对管理机制进行了研究。

1. 资源管理。研究内容包括：（1）布局和优化资源研究的是当突发事件来临时，如何实现应急资源在管辖区域内的合理分配，使危机发生区域能够尽快获得所需的应急资源；（2）科学调度资源研究的是在调度危机资源时应该如何针对危机的类型和登记选择正确的运输方式、运输路线，争取在第一时间内尽可能多地调集资源；（3）评估资源研究的是评估现有危机应对资源布局的方法。有关文献[④]就是有关危机资源管理的研究。

2. 预案管理。研究内容包括：（1）事件的分级分类。比如杨静就基于动态分类分级的思想，采用聚类分析法、判别分析法、因子分析法等定量方法划分了突发事件的类型和级别。姚杰等[⑤]构建了潜变量机构方程

[①] 金磊：《试论防灾预案学》，《地质勘探安全》1999年第1期。

[②] 万军、汪军：《应急管理中的政府责任和权力综述》，《兰州学刊》2011年第4期；朱小奇：《论金融机构突发事件应急管理机制》，《求索》2014年第3期；赵林度：《基于危机资源管理的城市安全应急网络研究》，《东南大学学报》（哲学社会科学版）2016年第4期；Carley K., Organizational Learning and Personnel Turnover, *Organization Science*, Vol. 3, No. 1, 1992, pp. 20 - 46; Gwyndaf Williams, Stuart Batho: Lynne Russeil Responding to Urban Crisis: The Emergency Planning Response to the Bombing of Manchester City Centre, *Cities*, No. 4, 2000, pp. 293 - 304.

[③] 王明旭：《突发公共卫生事件应急管理》，军事医学科学出版社2004年版，第78页；David A. Mc Entire, Searching for a Holistic Paradigm and Policy Guide: A Proposal for the Future of Emergency Management, *International Journal of Emergency Management*, 2003, pp. 298 - 308.

[④] C. S. ReV'elle, H. A. Eiselt., Location Analysis. A Synthesis and Survey. *European Journal of Operational Research*, No. 1, 2015, pp. 1 - 19; Shamsw Rahman, David K. Smith, Use of Location-allocation Models in Health Service Development Planning in Developing Nations, *European Journal of Operational Research*, No. 3, 2000, pp. 437 - 452; Schilling D. Elzinga DJ. Cohon J, Church R, Revelle C., The Teamifleet Models for Simultaneous Facility and Equipment Sitting, *Transportation Science*, No. 2, 1979, pp. 163 - 175.

[⑤] 姚杰、池宏、计雷：《带有潜变量的结构方程模型在突发事件应急管理中的应用》，《中国管理科学》2005年第7期。

模型，同时评估了消防机构在火灾事件中的表现，并根据评估结果，指出了消防机构需要提升和改进的地方。（2）预案场景选择问题。即怎样利用现有资金、人力制定最佳应对预案，应对危机，有关文献①均为这方面的研究成果。（3）预案的动态调整问题。如前文所述，人们无法知晓危机会在何时何地发生，所以，制定危机应急预案时不能一味地模仿其他地区、国家的模式，而是要以动态的眼光看待危机，将之看作一个博弈过程，比如在《突发事件应急管理中的动态博弈分析》一文中，姚杰②在制定和执行预案决策时就引入了动态博弈网络技术。

3. 人员撤离和教育培训。人员撤离主要是对危机背景下各个区域以及建筑物内人员的撤离和疏散进行研究，包括城市区域人员疏散路线设计、逃生路线设计、逃生通道长短与大小的确定等；应急管理培训有非专业技能培训和专业技能培训之分，前者致力于改善应急管理机构的合作、沟通和协调能力，关于培训原则和方法，有关文献③进行了详细介绍。

三　风险社会问题研究

西方国家主要以政治学、管理学、社会学等学科为基础对社会风险问题进行研究。其中的很多研究理论可以作为国内防控突发风险事件的理论基础和实践指导。从风险理论的发展脉络看主要经历了四个阶段认识。第一阶段为20世纪50年代，这个阶段人们对于核能给人带来好处的同时其隐藏的风险开始有了意识，也由此开始了核能技术管理人员和核能技术专家对于如何使用核能技术、防控核能风险的争论。该阶段主要从商业管理、系统理论分析、游戏规则制定和成本收益问题等方面进行

---

① L. Jenkins, Selecting Scenarios for Environmental Disaster Planning, *European Journal of Operational Research*, Vol. 121, No. 2, 2010, pp. 275 – 286; L. Jenkins, Determining the most informative secenarios of environment impact from potential, *major accidents. Journal of Environmtental Management*, No. ss, 1999, pp. 15 – 25.

② 姚杰、计雷、池宏：《突发事件应急管理中的动态博弈分析》，《管理评论》2005年第3期。

③ Alma M. Schaafstal, 3oan H. John-ston, Randall L. Oser, Training Teams for Emergency Management, *Computers in Human Behavior*, No. 5 – 6, 2001, pp. 615 – 626; M. Crichton, R. Flin, Training for Emergency management: Tactical Decision Games, No. 88, 2001, pp. 255 – 266. Erica Kuligowski: Review of 28 Egress Models [Internet], http://lfire.nist.gov/bfrlpubs/fire05/PDF/f05008.pdf.

研究分析。第二阶段出现在60年代，研究人员通过风险问题比较，提出了社会风险承受能力的观点。在此阶段的争论不仅有专家和管理人员参与，更是有公众参与。第三阶段则是70年代，这个阶段世界观和新旧价值观的争论取代了原先的核能技术和经济分配的探讨。社会大众对核能风险的担忧是这一阶段的显著特点，也由此导致人们以心理学的视角去研究人们对风险担忧的问题。风险研究的第四阶段出现在80年代以后，在这个阶段人们利用多个学科知识进行风险问题研究。开始以社会理论取代之前的技术经济理论去解决"风险"问题，并被人们广泛使用于人文社会学科中。风险研究经过几十年的发展取得了很多研究成果，其中吉登斯的现代性社会风险理论[1]，乌尔里希·贝克的风险社会理论，卢曼的系统理论[2]和道格拉斯、拉什的风险文化理论[3]最具代表性。之后出现了由美国克拉克大学和决策研究院的罗杰·卡斯帕森（RogelKasperson）[4]等人提出的风险社会放大理论。随后保罗斯洛维克（Paul Slovic）提出了"信号价值"的理论——首次将事件场所和危险特征进行了紧密联系，这有助于解释风险的社会建构和传递。[5]

21世纪以来，尤其是"9·11"事件、SARS事件之后，我国关于社会风险的研究引发了一阵热潮，一大批影响较大的成果产生。主要的研究学者有丁元竹等[6]，童星、张海波等[7]，冯必扬[8]，刘挺[9]，李航[10]等。

---

[1] Giddens, A., The Consequences of Modernity, *Cambridge polity*, 1990, p.17.

[2] Berghman, J. & cantillion, B. ed., The European Face of Social Security, *Aldershot Avebury*, 1993, p.185.

[3] Lash, S., Szerszynski, Band wynne, B. Risk, Environment and Modernity, *London sage*, 1996, p.56.

[4] Rnger Kasperson, The Social Amplification of Risk: Progress in Developing An Integrative Framework, *Social Theories of Risk Greenwood Press*, 1992, p.153.

[5] Paul Slovic: "Perception of Risk: Reflections On the Psychometric Paradigm", *Social Theories of Risk*, *Greenwood Press*, 1992, p.125.

[6] 丁元竹等：《中国2010年风险与规避》，中国大百科全书出版社2005年版，第33页。

[7] 童星、张海波等：《中国转型期的社会风险及识别——理论探讨与经验研究》，南京大学出版社2007年版，第66页。

[8] 冯必扬：《不公平竞争与社会风险》，社会科学文献出版社2016年版，第16页。

[9] 刘挺：《经济全球化与社会风险》，社会科学文献出版社2013年版，第37页。

[10] 李航：《我国转型期弱势群体社会风险管理探析》，西南财经大学出版社2015年版，第23页。

丁元竹等对2010年前可能影响到中国经济社会持续发展的风险因素、五大风险领域等进行探讨，并就这些风险因素对国民经济和社会发展的冲击程度进行了分析，并在其著作《中国2010年风险与规避》中进一阐发。童星、张海波等以江苏省为例研究了从社会风险到公共危机的整体框架和路径，并在其著作《中国转型期的社会风险及识别——理论探讨与经验研究》中体现。宋林飞从中国社会转型的实际出发，对中国的社会风险现象以及产生这些现象的原因进行分析、研究，并且根据研究出来的结果主编了社会风险系列丛书。冯必扬在其著作《不公平竞争与社会风险》中分析了不公平竞争导致的不公平现象。刘挺将经济全球化与社会风险结合，从社会风险的角度对经济全球化进行了研究，同时对多元化的社会风险管理模式进行了探讨，写了著作《经济全球化与社会风险》。另外，基于风险治理的视角，学者们加强了城市突发公共事件预警管理、城市突发公共事件治理绩效评估、城市突发事件管理能力及不同区域类型的城市突发公共事件研究。研究成果《危机状态下的政府管理》《群体性突发事件研究专辑》等著作均较全面地概述了不同城市突发公共事件的成因、特点及对策。

综合文献综述看，西方国家较之国内对城市突发公共事件治理的研究更为深入全面，通过多学科方法构建了城市突发公共事件治理的学科体系和理论框架。具有自己鲜明的特色：如研究更加注重开放性、全球性和吸收借鉴他国的研究成果，研究视域和方法不断扩展，既重视基础理论研究更重视实证性实践性应用策略研究。不可否认，因起步较晚、积淀还相当薄弱，我国城市突发公共事件治理的研究还处于引进消化及初步研究层面，完全形成城市突发公共事件治理的理论体系还有很长的路要走。首先，实证性研究不足。我国学术界当前研究城市突发公共事件治理仍处于对西方研究成果的学习借鉴阶段，根据我国城市突发公共事件的创新性应用对策研究明显不够。学术界在加大城市突发事件治理的法制建设力度、构建预警系统、突发事件危机治理策略等方面已有很多共识，但一般只是在"是什么"阶段，在"如何做"阶段上缺乏进一步深化研究。所以需要基于我国城市突发公共事件治理的现状，将风险治理理论与我国城市风险的实际相结合，这将是国内危机治理研究的重要方向。其次，缺乏跨越学科的研究。城市突发公共事件治理涉及众多学科，需要综合研究才能获得高水平成果。当前国内的研究主要集中在政治学和管理学等学科，学者们研究视角过窄导致拓展新领域的创新受到限制。再次，系统化的城市突发公共事件风险治理体系尚未形成。关于城市突发公共事件治理的独创性研究国内目前还比较少。不少研究还停留在对个别现象及问题的阶段分析和阐述上，缺乏系统化地分析与研究"城市突发公共事件治理"的一些基本问题，如城市突发公共事件治理的政策、城市突发公共事件的预警、突发公共事件预案和城市突发公共事件治理机制等。

第三节　研究方法与逻辑思路

一　主要研究方法

本书主要通过文献研究法、系统分析法、比较分析法、案例研究法，对城市突发公共事件风险治理及其实现机制进行全方位的研究和论证。

1. 文献研究法。城市突发公共事件的治理是一个复杂的过程，突发风险治理机制的形成和建立涉及政府和非政府等多方面的力量，是一个长期复杂的过程。城市突发公共事件的治理还涉及诸多问题，如相关机构的设置、程序操作、权限划分、协调合作等。无论是我国政府还是世界上其他国家都制定了城市突发事件治理方面的法律法规、协议以及技术上的操作程序，对突发事件的研究也是一个很好的借鉴。笔者通过电子检索中国学术期刊网数据库和手工检索相关论文、著作、外文资料、统计资料、课题报告、法律法规等资料，梳理了国内外城市突发事件的研究现状及发展脉络，阐释我们在城市突发事件治理方面的成因，提出完善我国城市突发事件风险治理机制的建议及路径。

2. 案例研究法。城市风险不仅局限于理论层面，更广泛存在于现实的城市生活中。案例法是一种"事后分析法"。"事后分析法"是指"对人类生活形式的思索，对它的科学分析总是采取同实际发展相反的道路走向，这种思索是从事后开始的即从发展过程完成的结果开始分析。"[①]这种"事后分析法"实际上就是现实的案例法，只是在使用时两者各有

---

① 《马克思恩格斯全集》第23卷，人民出版社1972年版，第92页。

侧重。城市突发事件风险治理的成效如何要靠实践来验证，而现实社会提供了大量的生动案例。笔者拟选用剖析国内外比较成功的城市突发公共事件治理制度机制，重点阐述突发公共事件治理中存在的现实困境。

3. 比较分析法。即便城市发展没有特殊变化，在不同国家的不同阶段也会表现出不同的特征。要对我国城市风险特征深入讨论，就要对全球范围的城市发展规律进行研究，做一般性和特殊性的对比，做到同中求同、同中求异，由此能够找到我国城市风险和全球一般城市风险存在哪些特征上的差异。不同的国家和地区在城市突发公共事件治理方面特色差异较大，在突发公共危机治理方面的具体做法也不尽相同。发达国家显然在突发公共事件治理方面具有许多先进经验和理念，如在机构设置、法治建设、资源支持、战略规划和职能定位等层面对我国都具有重要的参考意义。因而为了更好地借鉴发达国家城市突发公共事件风险治理的先进理念和做法，对国内外城市突发公共事件治理机制进行比较分析是较好的研究视域。

4. 系统分析法。城市本身就是一个无比复杂的系统，借由系统分析法对这种复杂的结构和功能深入剖析，能够清楚地感知整体与局部的关系，将两者的互动更清晰地展示出来。首先，它为纷繁杂乱、毫无头绪的城市结构分析带来了界限和秩序的明确。系统自身的构成、边界和互动成为本书深入展开的自然顺序。其次，系统论衍生出系统分析法。基于现代城市的不确定性、突变性和脆弱性，本书以系统论进行阐述分析，这也成为本书研究的潜在主题内容。再次，整体性协同风险治理框架成为本书的研究定位，在城市复杂系统和城市风险普遍性特征的作用下，对风险开展全方位、全病理性地考察、辨认和评价，由此制定具有针对性的城市整体系统风险解决策略。本书借鉴吸收国内外众多学者的研究成果和理念，多层面多角度阐述城市突发公共事件和突发事件治理的基本概念、分类和表征。在此基础上，结合我国目前突发公共危机治理的现状，在提出城市突发公共事件治理体制建设的指导思想、原则和目标的前提下，提出了我国城市突发事件风险治理机制的思路与对策。

二 研究框架

本书主要依据社会冲突理论、协同治理理论、风险治理理论、城市协同治理理论、社会燃烧理论等相关理论展开探讨，研究的基本思路和技术路线图如图1—1。

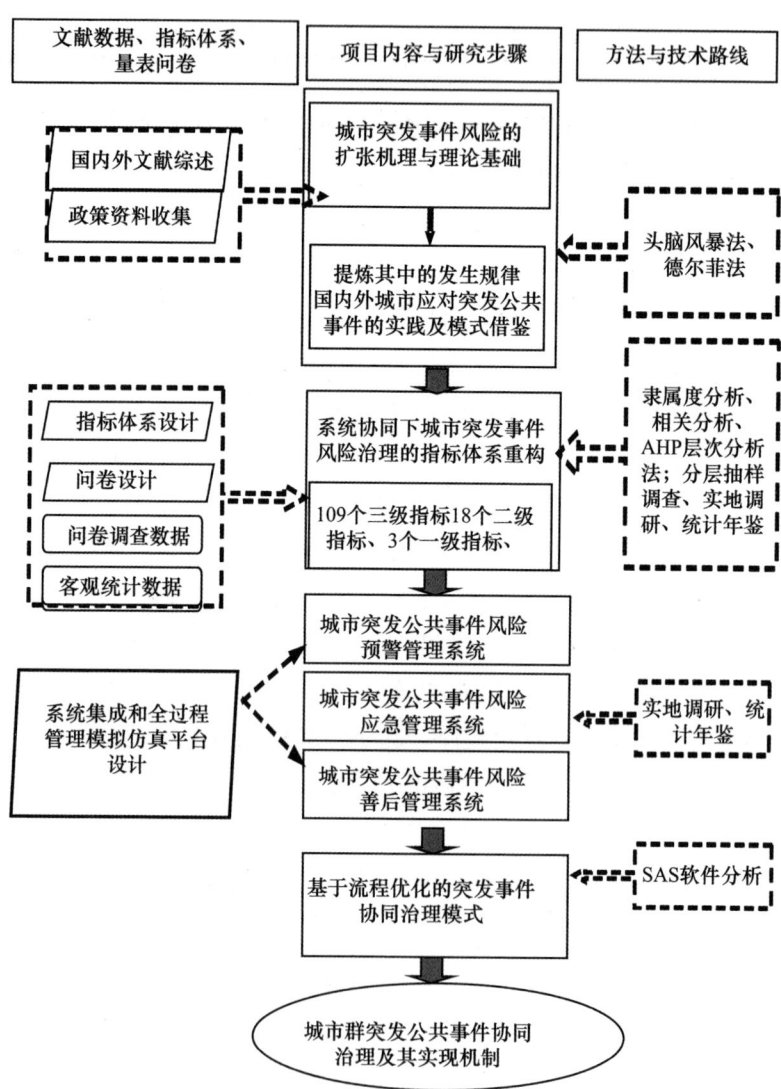

图1—1 城市突发公共事件风险治理及其实现机制基本思路

三 逻辑思路与内容

本书研究的总体思路及内容是:

第一章,导论。本部分对城市突发事件风险治理研究的背景、选题缘由、研究意义情况进行了简单阐释,对国内外有关研究的成果进行了归纳整理,阐述了本书的写作框架、研究方法和创新点等内容。

第二章,城市突发事件风险治理的理论基础与扩张机理。基于危险、风险、突发事件等相关概念阐释,理性审视了转型期风险治理理论。探讨了风险社会成为全球化时代城市不可规避的境遇,解释、分析城市突发事件风险治理产生的理论基础,以社会风险表征为切入点展开协同治理理论、社会冲突理论、社会燃烧理论和相对剥夺理论的初步探究。

第三章,城市突发事件风险治理的现实回应与国际借鉴。本部分致力于国内城市突发公共事件风险治理的机制探寻,把我国的城市风险治理机制划分为四种类型——集权模式典型:南宁市治理机制,授权模式典型:广州市治理机制,代理模式典型:北京市治理机制,协同模式典型:柳州市治理机制。解析城市突发事件应急治理机制存在的困境,从应急体制机制上看纵向单灾种治理模式存在弊端、从应急信息管理上看信息资源利用率低、从处警上看突发事件应急还达不到快速反应、从应急保障上看还存在不系统、不到位的问题。因此了解借鉴美、日、俄等发达国家相对完善的城市突发公共事件治理机制,需要我们强化城市突发事件危机治理意识、推进城市突发公共事件治理的法律建设、建立和完善常设性专门机构和组织体系、加强监控信息系统和防治体系建设、注重城市突发公共事件治理的国际合作与理论研究等。从过程规定性视角、系统规定性视角、对策规定性视角等多向度阐释了城市突发公共事件风险治理的战略情境及扩张机理。

第四章,多主体联动下城市突发公共事件协同治理。全球范围内不断爆发的城市突发公共事件,引起世界各国高度重视和公众严重关切。城市突发事件的处理,仅仅依靠政府的力量还是不够的。公众自身的危机意识、非政府组织、媒体以及危机应对能力是决定城市突发事件治理效率的众多决定性环节。综合管理科学、信息科学、心理科学等跨学科视角,对"城市突发公共事件风险"及其协同治理体系的研究具有重要现实意义。应构建基于流程优化的"主体多元—网络塑造—联动主体—走向协同"为主导的多层次城市突发公共事件协同治理模式。

第五章，系统协同下城市突发事件风险治理的指标体系重构。依据城市突发公共事件风险治理全生命周期理论，我们将城市突发公共事件风险管理系统分为三个子系统——预警管理子系统、应急管理子系统和善后管理子系统，它们共同构成城市突发公共事件风险治理的内容和目标。任何系统的自组织规律，与其他组织效应均要服从于协同学的原理要求。我们从协同学的视角研究、分析三个子系统——预警管理子系统、应急管理子系统和善后管理子系统的协同性并阐述各子系统的评价方法。在此基础上深入探讨城市突发公共事件预警管理、风险治理应急处置、善后评价等指标体系。

第六章，全过程和全系统下城市突发事件风险治理能力评估。本章分析了基于全过程和系统集成管理的城市突发公共事件风险治理，梳理了城市突发事件全过程和全系统风险治理的结构特质、全过程和全系统风险治理的运行方式及过程原则。重点评估审视了基于全过程的城市突发事件风险治理能力，介绍了影响城市突发公共事件风险治理能力的诸多系统：如指挥协调系统、处置实施系统、信息管理系统、工程防御系统、资源保障系统、政府应急反应系统、辅助决策系统、居民应急行为系统。为进一步了解整个系统的综合风险治理能力，阐释指挥调度系统、资源保障系统、辅助决策系统、信息管理系统、处置实施系统等子系统的功能和特征，基于系统动力学对全系统城市突发公共事件管理机理、规律和特征进行了研究。建立了以全面风险治理为指导以城市突发公共事件综合风险治理系统为评估对象的综合评估体系。

第七章，城市群突发公共事件协同治理及其实现机制。新形势下城市群突发公共事件问题日益凸显。本部分梳理了城市群突发公共事件的内涵和复杂性特征，然后利用复杂系统脆性理论、社会燃烧理论、熵与自组织理论阐释了我国城市群突发公共事件的形成机理。构建配套的城市群突发公共事件协同治理的运行机制，有助于理解把握城市群突发公共事件整个过程的演化路径，也有利于提升城市群突发公共事件应急决策的效率和水平。

在笔者看来，本书具有一定的创新性。首先，城市突发公共事件风险治理选题在"非典"事件之后逐渐成为热门话题。多主体参与语境下的城市突发事件风险治理研究，具有较大的理论拓展空间与鲜明的现实针对性。全球范围内不断爆发的城市突发公共事件，引起世界各国高度重视和公众严重关切。本书将综合管理科学、信息科学、心理科学等跨学科视角，切入对城市突发公共事件风险及其协同治理体系的研究。根据笔者所掌握的资料，从政府或企业的角度研究城市突发公共事件治理问题的较多。结合我国社会转型期的时代背景，本书研究多主体参与语境下的城市突发公共事件风险治理、城市群突发公共事件协同治理及其实现机制等课题具有较强的现实针对性和重要的理论价值。其次，从研究视域看过程规定性视角、系统规定性视角、对策规定性视角等多向度研究具有一定的创新价值。本书应用前景理论、突变理论和协同治理理论和方法，从多学科的角度对城市突发公共事件社会风险的深层根源和发生机理进行探究，并从管理学的角度构建基于系统集成和全过程管理的预警系统进行实证分析，为我国城市突发事件社会风险治理提出总体思路和对策性建议。我们在考察、综合已有研究成果的基础上，多向度地分别从过程规定性视角、系统规定性视角和对策规定性视角等来分析城市突发公共事件风险治理，在学界具有一定的创新性。再次，从治理路径看努力构建基于流程优化的"主体多元—网络塑造—联动主体—机制抉择—走向协同"的多层次城市突发公共事件协同治理模式。对突发公共事件风险治理的多主体协同治理模式进行了较为系统的阐释。在此基础上，应用无缝隙化组织、证据合成和多智能体、知识本体等理论和方法，构建多部门协同决策信息资源共享框架、共享模型和资源重构模型。应用模拟仿真、CBR、RBR等技术，设计多部门无缝隙快速决策体系，形成基于系统集成和全过程多部门的城市突发公共事件协同应对机制，为我国科学、高效、有序应对非常规突发事件提供决策参考。最后，从城市治理研究的拓展上看，新形势下城市群突发公共事件问题日益凸显。构建配套的城市群突发公共事件协同治理的运行机制，如构建健全的城市群突发事件预警和技术保障机制、构建科学的城市群突发事件应急决策机制、打造畅通的城市群突发事件信息传播共享机制、建构充足的城市群突发事件资源保障机制、建立健全完善的城市群突发事件法律法规机制等内容，是维持城市群突发公共事件管理系统高效运作的前提条件。它有助于理解把握城市群突发公共事件整个过程的演化路径，也有利于提升城市群突发公共事件应急决策的效率和水平。

  当然，本书仍有许多不足之处。当前我国城市突发公共事件的治理具有显著的不确定性和复杂性，所以如何保证本次研究根据协同治理理论等所构建的城市突发公共事件协同治理模式以及相应的实现路径是否能够真正行之有效仍值得商榷。全过程和全系统视角下的城市突发事件风险治理、城市群突发公共事件协同治理及其实现机制是希望能够为政府在解决城市突发公共事件时提供一定的操作建议，从而有助于我国城市突发公共事件治理水平的提高。但是，在实践中政府所处的治理环境比较复杂，而且城市突发事件涉及太多的不确定因素。我们试图从价值维度、组织维度和制度维度三方面对多主体参与语境下的城市突发事件风险治理进行阐释，显然这方面的论证和研究有待进一步强化和深入。

第二章

城市突发事件风险治理的理论基础与扩张机理

近年来世界范围内的城市突发公共事件表现形式日益多样化,呈现出频率高、领域广、辐射快、损失大等特征。除了地震、火灾、疫病传播等传统灾难外,还有一些诸如生态灾害、恐怖袭击等新型突发公共事件,导致城市突发公共事件成为社会"非常态"之下的"常态"。风险社会已成为全球化背景下各城市无法规避的境遇,解释、分析城市突发事件风险治理产生的理论基础,以社会风险表征为切入点展开协同治理理论、社会冲突理论、社会燃烧理论和相对剥夺理论的初步探究大有裨益。

第一节 城市突发公共事件的分类与表征

目前我国正处于城市突发公共事件的高发期,类似上海外滩踩踏事件、天津港爆炸事故等突发公共事件越来越频繁地刺激公众的神经。基于危险、风险、突发事件等相关概念阐释,我们需要进一步理性审视现阶段的风险治理情景。

一 危险、风险、突发事件等相关概念阐释

在中文词典中"危险"意为"遭受苦难、痛苦的机会,受害受伤或丧命的可能",在英文中则译为"danger"。从更深层的角度而言,"危

险"具有以下内涵①：第一，"危险"指一种状态或事故本身，在该状态下有可能失败或受到一定的损失。人们常说"处在危险的环境中"。第二，"危险"是有遭受失败或者损失的可能性。例如"冒着很大的危险"即冒着失败或者损失的可能性；第三，"危险"主要是指存在的危险事物与危险因素，比方说"剧烈运动可能存在一定风险性"。可以说在危机出现时常常伴随危险发生，"危险性"指存在失败的可能并且可能会造成一定损失；"危机"中必然有"危险"性，"危险因素"是在危险出现时所产生的致命因子；若处于"危险状态"下很容易遭受损失或者是失败。虽说"危险"可能会引发损失或者失败，但是危险的事物或者致命因素不一定能够引发"危机"，而且遭受损失和失败也不一定能够引发危机。

从字源上考察，"危机"（crisis）原本是一个医学术语，即人濒临死亡的一种状态，形容一种至关重要的且需要立刻作出相应决断的状态。"危机"在《辞海》中有三种释义："即'经济危机'""潜伏的祸机""生死成败的紧要关头"。②《现代汉语词典》中的"危机"是指"严重困难的紧急关头""危险的祸根"。③ 有关"危机"的基本含义不同学者从不同角度、不同方式表达了自己的观点，他们都在一定程度上对危机的本质进行了阐释。危机是一种状态，赫尔曼（Hermann）认为主要是决策者在改变决策时受到了一定的威胁，这种威胁的发生在决策者的意料之外并且没有给出反应的时间。④ 危机发生的时候，格林（Green）认为就事态发展来说已经属于难以控制的态势，必须在较短的时间内将损失降到最低限度。突发公共事件治理的任务是在危机发生时尽可能控制事态，如果事态难以控制将重新制定控制规划。⑤ 在1975—1976年耶路撒冷举行的危机问题研讨会上，大会认为危机必须具备以下几个因素：对基本价值形成了巨大威胁；国家内部或外界环境发生变化；危机发生时，需

---

① 《辞海》，上海辞书出版社2009年版，第231页。
② 《辞海》，上海辞书出版社2009年版，第458页。
③ 《现代汉语词典》，商务印书馆2012年版，第605页。
④ Hermann, Charles, ed., *International Crisis: Insight From Behavioral Research*, New York: Free Press, 1972., p.112.
⑤ ［澳］罗伯特·希斯：《危机管理》，王成等译，中信出版社2011年版，第19页。需

要在极短时间内作出反应；有极大的可能已经卷入了军事斗争①。罗森塔尔站在社会的角度对危机进行了重新定义，他认为危机是人们的生命财产安全受到威胁，造成社会价值系统和行为准则受到损害，必须在有限的时间内做出重大决策来予以应对。我国学者张成福认为："危机它的出现和爆发严重影响社会的正常运作，是一种紧急事件或者紧急状态，造成的生命财产安全等损失超出了社会常态和政府治理能力范畴，社会与政府必须采取措施加以应对和解决。"② 学者薛澜认为："危机通常是在决策者的核心价值观念受到严重挑战和威胁，事态发展往往具有高度不确定性并需要及时应对和解决。"③ 危机就是"危险和契机"，朱德武则认为每一次危机既是失败的根源又孕育成功的种子④。

在中文词典中"风险"（risk）指"遭受危险，蒙受损失或伤害的可能性"。它包含两个层面的内容：将来可能发生的事件具有不确定性；这其中必然存在一个或一个以上的事件会带来不利结果。它不仅代表着自然灾害或事故等坏现象的出现，还代表着这些坏现象出现的主要渠道以及出现的可能性。所以，在所有发生的后果中已经发生的不能被称为风险；必然要发生的也不能被称为风险；给人带来好处的亦不能被称为风险。"危机"和"风险"都源于"不确定性"（一定时期内可能产生结果的变动）。但是"风险"不是"危机"，它是一种可能的性状而不是剧变或事件本身；同时，有"风险"——损害发生的可能性——并不一定引发"危机"。

"突发事件"是指突然出现、引起抑或可能会引发某种严重危害，急需采取紧急应对的事故灾害、自然灾害、公共卫生和社会安全事件⑤；而"公共事件"则是指出现在某一特定区域，对区域内外公众有着共同负面

---

① 薛澜、张强、钟开斌：《危机管理——转型期中国面临的挑战》，清华大学出版社2003年版，第25页。

② 张成福：《公共危机管理：全面整合的模式与中国的战略选择》，《中国行政管理》2003年第7期。

③ 薛澜、张强、钟开斌：《危机管理——转型期中国面临的挑战》，清华大学出版社2003年版，第25页。

④ 朱德武编著：《危机管理——面对突发事件的抉择》，广东经济出版社2002年版，第6页。

⑤ 秦启文：《突发事件的应对与管理》，新华出版社2004年版，第56页。

作用的社会性事件。两者具有一定的关联,在事件发生范围、时间等方面有部分交叉即"突发公共事件"①。从释义角度对突发公共事件进行分析时可以将其定义为"在公共环境中突然发生的、具有危害型的事件"②。"突发公共事件"往往是在脱离正常状况后产生,会对社会、生产和生活造成恶劣影响,其主要在公共环境中爆发,一般没有明显征兆,在爆发前无法进行全面的预测和控制,而在爆发后会产生非常严重的社会影响,带来巨大的经济损失或人员伤亡,有时甚至会引发区域乃至全国性的危机。③"突发公共事件"在我国《国家突发公共事件总体应急预案》中指"突然产生、引起抑或可能引发人员伤亡抑或财产损失以及生态环境破坏与社会危害,进而危及公共安全的紧急事件"。④城市突发公共事件,特指突然爆发的对城市社会秩序、居民生命财产以及正常生活造成影响的危害性事件。⑤由城市发展视角来看,突发公共事件一般会对社会造成恶劣的影响,是一种无法预料、难以避免的社会紧急事件,具有特定的产生空间和环境。突发公共事件亦存在一定时间限制,强调偶然性、不可预料性,其在发生过程中往往出乎常规并会造成较大的社会损害,在城市建设和管理工作开展过程中需要全面重视。

综上所述,突发公共事件是突发性、公共性、危害性的事件,其在公共环境中迅速发生并产生一定的社会危害。城市突发公共事件是在城市中突然发生的危机或可能危及社会公共安全的紧急事件,该事件具有突发性、公共性和特殊危害性。与一般事件在空间、时间、性质上有本质的差异,其限定环境为城市公共环境并且爆发迅速,是可能产生社会危害性的特殊事件。

二 城市突发公共事件的类型分析

截至 2019 年年底,我国共有 663 个城市(含港澳台),包括 4 个直

---

① 郭兴旺:《突发公共事件:绕不开的话题》,《中国发展观察》2015 年第 5 期。
② 秦启文:《突发事件的应对与管理》,新华出版社 2004 年版,第 54 页。
③ 秦启文:《突发事件的应对与管理》,新华出版社 2004 年版,第 4 页。
④ 国务院:《国家突发公共事件总体应急预案》,2006 年 1 月 8 日。
⑤ 池宏等:《城市突发公共事件应急管理体系研究》,《中国安防产品信息》2013 年第 4 期。

辖市，2个特别行政区（两个城市），283个地级市和373个县级市①。上述城市划分的过程中主要依照人口状况进行分类，并结合区域规模、经济状况等进行适当调整，形成城市体系。与农村相比，城市经济发展更加迅速，城市建设更加完善，人口密度较高，其突发公共事件数量较多且内容较为复杂，风险治理的难度更大。

我国对突发事件进行划分的过程中主要依照其可预测性（不可预测或可预测）、可防可控性（不可防不可控、可防可控）、成因（社会性与自然性突发事件）、影响范围（全球性、国家性、区域性、地方性）和危害度（重度、中度与轻度危害三种）等。从上述角度出发对城市突发公共事件进行分类也形成相应的类别。分类一：2006年1月国务院公布了《国家突发公共事件总体应急预案》，根据突发公共事件的产生性质、过程、机理的角度将其分为四大类（见表2—1）。分类二：对城市突发公共事件的分类，可根据其根本性质、严重程度等要素进行等级划分，对突发公共事件类别进行设定。依照我国突发事件分类标准可以将城市突发公共事件划分为四个等级，即Ⅰ级（特别重大）、Ⅱ级（重大）、Ⅲ级（较大）和Ⅳ级（一般），见表2—2。在依照等级指标对突发公共事件进行划分的过程中，可以在人员伤亡基础上结合具体的经济损失、环境破坏等状况对其等级进行适当调整，结合不同类别的突发事件以及其他标准进行分析。分类三：城市突发公共事件分类过程中可以依照事中人员态度进行类别划分，一般包括一致性和冲突性两种。一致性城市突发公共事件主要指事中利益主体的利益方向一致、可以协同合作进行处理的事件，如公共卫生安全事件、自然灾害事件等；冲突性城市突发公共事件主要指事中利益主体的利益存在冲突，如社会群体矛盾引起的冲突事件、示威游行等。一致性和冲突性城市突发公共事件中往往利益主体较为复杂，需要把握好突发公共事件中各利益主体的态度，分析各利益主体之间的关系，这样才能够得到准确的分类结果。

---

① 中华人民共和国国家统计局编：《中国统计年鉴》，中国统计出版社2019年版，第252页。

表 2—1　　　　　　　　城市突发公共事件的类别一

类别	具体内容
自然灾害	包含水旱、气象、地震、地质以及海洋、生物灾害与森林草原火灾等
事故灾难	工矿商贸等公司出现的各种环境污染事件和生态破坏事件、交通运输安全事故以及公共设施和设备事故等
公共卫生事件	群体性原因模糊不清疾病、食品安全与职业危害、传染病与动物疫情以及对民众生命安全与健康有着严重影响的事件等
社会安全事件	恐怖袭击、经济安全以及涉外紧急突发事件等

表 2—2　　　　　　　　城市突发公共事件的类别二

类别	具体内容
Ⅰ级（特别重大）	死亡30人以上，交由国务院予以组织处理，比方说汶川地震以及南方雨雪冰冻灾害等
Ⅱ级（重大）	死亡10—30人，交由省级政府予以组织处理
Ⅲ级（较大）	死亡3—10人，交由市级政府予以组织处理
Ⅳ级（一般）	死亡1—3人，交由县级政府予以组织处理

三　城市突发公共事件的表征解析

突发公共事件具有突发性与复杂性，会对社会发展造成一定的影响和危害。城市突发公共事件是在城市范围内产生的具有突发性与复杂性的事件，可以依照具体的环境状况、事件发生状况及事件影响等实施针对性治理，从而全面控制突发公共事件对城市建设的影响，保证城市持续快速健康发展。城市突发公共事件与一般事件存在较大的差别，其主要表现在：（1）突发性。对于发生与否、时间、地点、发生方式和程度情况等均难以准确预测。这主要是由于城市突发公共事件大多由难以控制的客观因素引发且多爆发于人们的知觉盲区或爆发于生活中的细节，往往不能够引起人们的注意和重视，在发生后会产生意识上的突发。（2）复杂性。通常为各类矛盾冲突激化的结果，通常显示出一果多因、互相关联及环环相扣的复杂状态。城市突发公共事件发生的过程中会随着时间的推移产生明显的变化，在空间、事态、范围等方面均具有一定的多变性，导致事件复杂程度较高。（3）破坏性。以人员伤亡、财产损失为标志。一般而言，从损害形式上可以将城市突发公共事件造成的损害划分为直接损害和间接损害，其中直接损害主要为人身安全、身体健康、环境等的损害，而间接损害主要为心理健康、思想、精神等方面的损害。（4）持续性。主要表现形式为蔓延与传导性，某个城市突发事件往往会引发其他突发事件。当前城市突发公共事件发生后往往会持续一个过程（从潜伏期、爆发期、高潮期、缓解期到消退期），需要很长的时间才能彻底消除城市突发公共事件对城市建设的影响，处理难度较大。（5）可控性。可以依照具体的城市突发公共事件状况实施相应的风险治理，结合风险系数对事件进行预防和控制，从而实现系统的调节。

城市突发公共事件与突发公共事件本质上相同，但其又具备城市特征，形成具有区域特色的突发公共事件。从城市角度而言，城市突发公共事件具有一定的高频率性。城市中多元主体和环境复杂程度的日益深入直接导致突发公共事件发生的可能性上升，在一定程度上加大了事件发生的频率。与此同时，受城市地域和人口的影响，城市突发公共事件的发生密度也远高于其他区域，具有较大的社会危害性，但它们都具备突发性、复杂性、破坏性、持续性和可控制性。

我国城市社会发展的各种传统与非传统安全风险因素此起彼伏，风险种类多样化，在信息科学技术发展趋势下又形成新的风险矛盾，危害公共管理秩序[1]。

首先，城市突发公共事件发生频繁，社会风险大。我国经济在经历了改革开放的高速发展期后进入新常态，而经济增长的下降带来了社会转型，制度、公平、环境、安全等各种社会不确定性风险凸显，非传统安全引发的城市突发事件数量激增。其中由于经济增长速度放缓导致的失业人数增加以及劳资关系紧张是城市突发事件的重要影响因素。

根据人社部发布的《2010年度人力资源和社会保障事业发展统计公报》数据显示，2010年全年各级劳动人事争议调解组织和仲裁机构共受

---

[1] 吴志敏：《新媒体视域下城市突发公共事件的风险治理》，《甘肃社会科学》2017年第5期。

理劳动人事争议案件128.7万件①,到2018年这一数据为211.9万件②,增加了64.6%;据《2019年中国法治发展报告》③数据显示,因劳资纠纷引发的群体性事件占城市群体性事件的近30%。同时,生产安全事故、交通事故、卫生安全等也是城市不稳定因素的主要部分。根据《2018年全国突发事件年度分析报告》④ 相关统计,2018年全国发生各类突发事件59000余起,其中事故灾害占84%,社会安全事故、公共卫生以及自然灾害占15%以上,造成的人身伤亡近6万人,事故灾害损害最大,占76.6%;90%以上为一般级别突发事件,较大及重大事件占少数;而在地域分布上,东部沿海地区明显高于中西部地区。伴随着城市突发事件的发生,公众诉求不能得到及时有效化解极容易演变为社会群体性事件,进而影响社会稳定。

其次,城市突发公共事件诱因复杂,风险多样化。随着经济社会发展和城镇化水平不断提高,人们自我意识和法律维权意识不断提升,城市突发事件诱因复杂多样并相互交织,包括环境污染、公共安全、医患纠纷、食品安全、劳资纠纷、涉警事件、事故维权等,造成不同程度的社会治理风险。例如城市公共交通事故,特别是地下轨道交通事故,由于公共交通属于人员密集区,引发轨道交通突发事件的因素不仅包括轨道交通本身建设、管理问题,也可能作为社会矛盾的宣泄口,由此造成的社会风险也多种多样,危及公众人身财产安全以及社会稳定。纵观各种城市突发事件的发生以及引发的风险,往往不是由单一因素引起的,城市突发事件往往只是各种风险的导火索,城市突发事件发生以及处理过程是社会风险的集中释放。例如,在城市突发事件中,参与主体已不单是事件利益当事方,而是更广泛的公众参与。2019年甘肃女生坠楼案引发的城市突发公共事件中,由家属向相关责任方讨要说法引起群众集

---

① 中华人民共和国人力资源和社会保障部:《2010年度人力资源与社会保障事业发展统计公报》,http://www.mohrss.gov.cn/SYrlzyhshbzb/zwgk/szrs/ [2011.07.20]。
② 中华人民共和国人力资源和社会保障部:《2018年度人力资源与社会保障事业发展统计公报》,http://www.mohrss.gov.cn/SYrlzyhshbzb/zwgk/szrs/ [2019.06.11]。
③ 李林、田禾:《中国法制发展报告》,社会科学文献出版社2019年版,第4页。
④ 中国应急服务网:《2018年全国突发事件年度分析报告》,http://www.52safety.com/yjsgzh/4951.jhtml [2019.03.10]。

聚围观，受少数人煽动，进而引发上千群众的围攻冲击行为，造成了严重的社会影响。由此可见，城市突发事件的发生已经超出单一因素的影响，而是各种影响因素和社会风险的共同作用。

最后，网络新媒体等各类风险相互影响，风险扩大化。在网络技术快速发展的今天，城市突发事件经过自媒体的传播，极易引发全国性乃至世界性的网络舆论事件。曾经的热播剧《人民的名义》中"11·6"事件的迅速传播就是现实社会的真实写照。在自媒体时代，城市群体性事件可以做到现场直播，大大压缩了事件及其引发的风险治理的时空性，给事件的合理合法解决带来了极大挑战。网络新媒体对事件披露以及舆论走向的影响力不可小觑。根据《2018年度社会热点事件网络舆情报告》中的相关数据显示[1]，2018年社会热点事件的披露近半数由网络率先发起，确切地说以微博、微信等新媒体工具为主要信息来源阵地。从信息传播数据看，根据应急服务网对2018年全国各地网络热点事件信息传播数据的统计分析[2]，通过网络平台发布为主，微博、微信、博客等平台的传播量占总传播量的近80%，新媒体成为网络热点事件的源头并对舆论走向具有非常重要的影响。从传播方式看，网络"标签化传播"使公众对突发事件传播时具有强烈的代入感以及焦虑心态，对事件真相的全面剖析以及网络舆情扩大化产生了重大影响[3]。同时网络直播的迅速发展也为网民对突发公共事件的参与提供了便利，公众参与度大幅提高，由于每一部手机都可以成为制造舆论的平台和信息传播媒介，这为城市突发公共事件的应对带来了新的变化和挑战。在新媒体舆论影响下，各种社会风险的相互影响更为明显，提高了社会各类风险的不可预测性。如何提高政府相关部门网络舆情应对能力，在网络舆情影响下界定突发事件产生的原因以及预测事件发展方向；如何破解相互交织的社会风险在网络舆情导向下可能产生的风险治理问题等，是当前城市突发事件风险治

---

[1] 新华网网络舆情监测分析中心：《2018年度社会热点事件网络舆情报告》，http://news.xinhuanet.com/yuqing/2019-01/04/c_129432155.htm［2019.01.04］。

[2] 《校园频现毒跑道专题》，应急管理网，http://blog.sina.com.cn/s/blog_15f0777220102wlby.html［2018.06.28］。

[3] 唐绪军、吴信训等：《中国新媒体发展报告（2013）》，社会科学文献出版社2013年版，第87页。

理亟须面对的重要挑战。

笔者曾经发表过新媒体视域下的城市突发公共事件的风险治理等相关文章①，认为非传统安全是相对于传统安全威胁因素而言的，因自然、技术或人为因素等造成的对群体、个人及全社会生存和发展造成的威胁和侵害。非传统安全因素具有多样性特点，特别是在社会经济技术迅速发展的今天，非传统安全因素多种多样并且相互关联，一种因素引起的突发公共事件往往与其他因素交互影响，在广度和深度上都容易产生较大的社会性危害。非传统安全因素影响下城市突发公共事件具有以下显著特征：一是与社会矛盾紧密相连。无论是自然灾害、环境污染还是事故等突发事件，表面上看仅仅是单一灾害或事故，但是在全媒体网络传播下，往往和社会矛盾具有紧密联系。食品安全问题引发网民对生命安全的担忧，公共卫生突发事件不断刷新医患矛盾，而环境污染往往成为地区经济发展不平衡矛盾的发泄口。特别是在我国经济新常态和城镇化快速发展时期，城市突发事件发生频繁，往往具有对象不确定性、涉及范围大、社会关注度较高等特点，容易在网络舆论影响下产生广泛的负面效应。二是传统安全与非传统安全因素相互交织融合。在当前经济社会发展下，传统安全因素与非传统安全因素在发生城市突发事件时往往交叉影响，难以明确区分。但是非传统安全因素又具有特殊性，无法采用城市传统安全因素应急治理机制进行处理，传统媒体对舆论走向和事件发展方向的把控也在新媒体力量影响下显得微不足道。因此，需要从系统的角度，全面分析事件产生的原因，并了解网络媒体信息传播特点，把握突发事件引致因素之间的相互影响关系，正确认识事件原因和发展方向，进行全面系统的风险防范和控制。三是危险源超乎事件本身带来的风险。非传统安全下城市突发事件的危险源往往不是事件本身，而是因为事件发展过程中出现的外部状况，比如事件应急处置与治理措施。比如2014年兰州市水污染事件，事件发生时民众仅是对饮用水安全的担忧，要求相关责任方给出明确解释与处理方案，但是应急处理不当进而导致民众产生更多的抵制和不满情绪，特别是在媒体和网络信息影响下，

---

① 吴志敏：《新媒体视域下城市突发公共事件的风险治理》，《甘肃社会科学》2017年第5期；吴志敏：《大数据与城市应急管理：态势、挑战与展望》，《管理世界》2017年第9期。

引发政府信任危机甚至对社会稳定产生影响。由此可见，在突发公共事件发生后，正确的舆情引导和应急处理是化解信息不对称、防止引发更大风险的关键所在。然而，由于目前对非传统安全事件缺乏针对性和预见性，治理主体对风险认识不足，对事件诱因和发展方向把握不清等原因，使很难对公共突发安全风险制定较为全面的应对措施。

转型期城市突发公共事件发生频率更高、事件内容更加复杂、形式更加多样，在很大程度上加大了城市突发公共事件风险治理的难度，对其进行控制的过程中需要做好城市特征的把握，在该基础上形成全面、科学的风险治理措施，这样才能够从本质上降低突发公共事件对城市建设的影响。

第二节　转型期城市风险治理理论的理性审视

目前，全球各国城市都面临着遭受突发公共风险事件的难题。从各种自然灾害、各国之间的外交矛盾、人畜共患的很多疾病、地区暴力冲突，到接连发生的停电停水、森林大火、爆炸、食物中毒、矿难以及很多恐怖事件，这些都使国家和地区的安稳受到一定的影响，产生多种公共危机。2014年上海外滩踩踏事件、美国"9·11"事件、南方特大雪灾事件等，让人们意识到城市突发事件不再遥不可及。

一　风险社会：全球化时代城市不可规避的境遇

随着社会突发事件的增多，风险已经成为当代社会的重要表征。20世纪80年代以来，一系列空前的风险席卷地球，我们正逐渐进入一个风险社会。从苏联"切尔诺贝利"核泄漏事件到横扫全球的SARS，从"9·11"恐怖袭击到俄罗斯人质事件，从席卷欧洲的英国"疯牛病"事件到波及各沿岸的印度洋海啸，从造成重大食品风险的"苏丹红"到天津港爆炸事故、伦敦连环恐怖爆炸事件、哈尔滨水污染等事件。城市突发公共事件风险严重威胁着人类城市的稳定和安全。

目前学术界关于"风险"一词的定义及其来源尚未完全统一认识。"风险"的相关定义在1979年和1988年出版的《辞海》和在1990年出版的《汉语大词典》中都没有收录。风险（Risk）在西方文化中是指发生毁损、伤害和损失的可能性。风险最初指西方探险家在周游世界中冒险进入新的水域中，随后渐渐转移到对时空的探索上。在吉登斯看来，它是指一个我们既在探索又在努力加以规范与控制的世界。① 后来"风险"逐渐成为商业行为与金融投资中的常性概念，指某项旨在盈利的行为可能承担的利益损失，这种风险损失可以通过计算量化。现代社会中"风险"已经从最初的"遇到危险"转变为将来可能遇到的各种各样的不确定性风险领域②，比如基因风险、生态风险及大规模的核风险等。

乌尔里希·贝克（Ulrich Beck）是德国著名的社会学家，他于1986年在《风险社会》一书中首次提出了风险社会理论。根据贝克等人的观点，社会风险纷繁复杂，与传统工业社会的风险相比，风险社会的特征主要体现在以下几个方面③：

1. 风险的普遍性。风险社会反映的不只是某个领域、某个地区发生的情况，也不只是某些人群的个别感受，它是人类在迈向全球化与走向现代化中所遭遇到的共同问题，是具有普遍性集体反映的一种社会现象。全球化背景下各类资源的加速流动以及各人群、国家的相互依赖与联系加强，也造成了风险的普及性。在世界某一角落发生的风险很快就可以波及其他地方，所以，新型的风险既是本土的又是全球的，它一旦发生，其作用范围将跨越地理的界限。这些风险在扩散过程中，还可能产生互动关系，产生新的风险，加剧风险的后果。

2. 风险的不可预测性和感知性。危险在传统社会是可以通过人体直接感知的。跟传统社会不同，现代风险超出了感知的层面，变得极其复杂，并且难以预测和控制。在全球化背景下，风险的冲突点和始发点没有明显的联系，有时人们甚至生活在远离源头的地方，却同样未能幸免。当代的社会风险，一方面会带来不可挽回的灾难性后果，另一方面爆发的时间却可能是转瞬之间，很难精确预测到。风险不再具体化，它的前

---

① ［英］安东尼·吉登斯：《现代性：吉登斯访谈录》，尹毅译，新华出版社2001年版，第193页。
② ［德］乌尔里希·贝克：《风险社会》，何博闻译，译林出版社2004年版，第21—23页。
③ ［德］乌尔里希·贝克：《世界风险社会》，吴英姿、孙淑敏译，南京大学出版社2004年版，第24页。

因后果不再是简单的线性关系。风险所产生的影响常具有迟延效应和混合出现的可能。吉登斯也指出，对于人造风险，历史上没有为我们提供前车之鉴，我们甚至不知道这些风险是什么，就更不要说对风险的精确计算了。

3. 风险的关联性。贝克认为，从总体上考虑，风险社会指的是世界风险社会。风险具有紧密的关联性。它以一种"风险社会化"或"风险共担"的形式表现出来。在关乎全人类命运的风险面前，性别、阶级、政治、种族等边界都将被弱化，任何个体都不可能摆脱风险的影响。风险所带来的后果不仅给人的生存造成威胁或伤害，还会扩展到经济、政治和社会的各个层面。风险有时会悄悄转化，由经济风险导致市场混乱，资本链条贬值，进而转变为信任风险，最后转化为后果严重的政治风险，有可能导致整个社会处于崩溃边缘。

4. 风险的破坏性与扩散性。全球化背景下的风险具有更强、更快的扩散性。1997开始的亚洲金融危机，从个别国家开始很快向整个亚洲蔓延，然后又迅速地向全世界扩张。"非典"从广东开始爆发，由于当时我们没有认识到它的扩散性危害，导致该病毒得以迅速扩散到全国各个地区。另外，现代社会风险的破坏性极强。它造成的破坏性或是局部的，或是在某些特定领域发生，也可能是全局性的。它可能是周期性的，也可能是继发性或连续性的，但不管如何，一旦它发生蔓延，轻则导致财产损失与人员伤亡，重则导致秩序混乱、社会恐慌或政权更迭，甚至是社会解体。

二　治理理论回顾与范式解读

当前治理理论是学术界最热门的前沿理论之一。1989年世界银行首次使用"治理危机"后，社会科学界越来越广泛地使用"治理"概念，逐渐发展成适用范围宽广、内涵十分丰富的常性词汇。

（一）治理理论提出背景及发展概况

从国际层面看，全球问题的出现需要全球共同治理。全球化不仅表现为贸易增长，现象趋同也带来资本流动加快与分工国际化及技术性事故等现象。全球化背景下，全球问题往往具有外溢性、跨境性及外部性等相关特质。往往一个地区或国家的环境破坏、传染病传播、恐怖主义袭击、金融体系动荡等事件常常会迅速传播蔓延到其他地区和国家。全球问题的这种溢出效应，很容易跨越国境给外部世界带来威胁。互联网、运输等技术文明的进展极大增强了全球相互依赖的广度和深度，全球问题的溢出速度明显加快。全球问题往往威胁所有系统成员的利益，可能带来系统性危机。表现在全球突发事件治理上，世界各国除了疫情、火灾、地震、洪水、台风等传统灾害外新的灾害事故种类不断增多，化学品泄漏、技术性事故、生命线系统事故的威胁、恐怖主义事件等日益凸显。因而，治理全球问题亟须全球共同治理。

从国家层面看，因政府失灵和市场失灵的存在，政府公共管理需要不断革新。在早期资本主义市场中，各市场主体能够自由竞争，市场在资源配置中起决定性作用，而政府则是采取经济、法律、行政等手段进行国家干预，扮演着"守夜人"的角色。随着资本主义的发展，出现了垄断、通货膨胀、贫富差距加大、环境污染等一系列问题，进而导致人民群众对生活用品的需要难以得到满足，此时市场的作用得不到充分发挥，最后引发了20世纪早期的世界性经济危机。这一危机使人们认识到市场调节的局限性，为国家全面干预经济政策做了准备，每个人都是"经济人"，政府工作人员也不例外。他们为了增强自己势力而追求自身利益最大化，因此也就出现了滥用职权的情况。由于政府职能的扩大和福利国家的发展，市场在社会资源配置中的作用得到了限制。除此之外，国家的福利政策给政府带来了沉重的经济负担，对于公共事务支出以及物质文化的需求政府已无力承担，这样就出现了市场和政府都不足以实现社会资源的最佳配置，即市场失灵和政府失灵的问题。由于市场失灵和政府失灵现象，传统的政府—市场二分模式已经不能满足公共事务的支出，由此急需除市场和政府以外的方法来对其进行治理。最佳的方法就是让二者协调发展。由于市场和国家的局限性，导致不少人试图用治理的方法使市场和政府协调发展的愿望成为泡影。[①] 从社会的角度来看，治理实现要归功于公民社会和第三部门的兴起与壮大。在凯恩斯主义主导的经济时期，社会和政府是不可分离的，其他的非政府社会组织难以

---

① ［英］杰索普：《治理的兴起及其失败的风险：以经济发展为例的论述》，《国际社会科学》1999年第2期。

得到有效发展。①

改革开放后面对日益复杂化与多元化的社会发展情势，政府必须寻求一种能管控社会的新型治理模式。这种新治理模式必须允许社会有自主管理、自主组织的自我选择性。"除了国家和政府以外的所有民间组织和民间关系都是公民社会。"② 非政府组织的现代解释即随着经济的发展、市民阶层的壮大，在国家与社会分离的基础上所形成的民间组织，就是公民社会。在提供公益事业和公共服务方面，第三部门发挥的作用越来越重要，承担了一部分原来由市场与政府承担的职能。"治理就是由民间组织自己完成或者与政府合力完成社会管理的过程，这一过程便是治理而非统治"③。

网络信息技术从技术角度为治理发展提供了更为先进的手段。在政府行政管理中，网络信息技术的出现冲击了传统政府官僚体制，改变了其信息渠道的单一和垄断。在有严格等级制度的时期，政府对各种信息进行垄断，导致参与制定政策的官员权力扩大，经常面对大量信息进行处理的流程时出现阻塞，从而阻碍了决策层对各种社会事务的及时决策能力。在网络信息技术的推动下，各种信息的收集、整理和传播更为便利，个人和组织在信息资源公开后也可以获得大量的资源信息。从20世纪90年代以来全球信息以无与伦比的速度扩展，传统官僚政府体制已经难以适应当前时代的发展。拥有信息的有限性使政府解决某些问题时必须借助其他组织或个人，它给政府治理方式和治理理念带来了巨大冲击。政府、社会组织以及个人的参与增加了行政管理参与多样性，并逐渐形成了友好往来的合作关系，建立了一定的自主体系。这种合作关系与自主体系对治理起着至关重要的作用。

（二）治理理论内涵及其蕴意解读

我国文化语境中作为政治词汇的治理具有丰富的内涵特质：（1）"统治"，反映的是统治者与被统治者的关系和统治者对社会的统治，它是治理最原始和最基本的意思。比如"或劳心，或劳力。劳心者治人，劳力

---

① 俞可平主编：《治理与善治》，社会科学文献出版社2000年版，第328页。
② 俞可平主编：《治理与善治》，社会科学文献出版社2000年版，第328页。
③ 俞可平主编：《治理与善治》，社会科学文献出版社2000年版，第329页。

者治于人，治人者食人"①、"治大国若烹小鲜"②、"治世不一道"③ 等都是指"统治"概念。(2) 与"乱"相对应指秩序安定。"天下之生久矣，一治，一乱"④、"烹鲜烦则碎，治民烦则乱"⑤、"天下兼相爱则治，交相恶则乱"⑥、"治国而后天下平"⑦ 等都是指政治社会的稳定秩序的"治"。(3) 整顿和惩处。经常指统治者为达到一定目标对社会政治事务的管理工作。如经常听到的专项治理、综合治理和治理整顿等概念。

"治理"（governance）一词在英语中原意为控制、操纵和引导，源于拉丁文和古希腊语。长期以来它与统治管理和政府活动联系在一起，其主要职能在于合理管控国家公共事务方面的活动。而从 20 世纪末期开始，西方学者开始将其应用于其他领域，其含义也得到了进一步延展。80 年代，世界银行第一次将治理应用于政治发展中，随后该词越来越多地被大量应用在政治发展，尤其是在第三世界的国家发展中。而世界银行 1992 年又将该词进一步扩展，在当时的年度报告中以"治理与发展"（Governance and Development）为标题，除此之外，经合组织也在 20 世纪末期发表了一篇名为"促进参与式发展和善治的项目评估"的报告，同年，联合国开发署发布了题为"人类治理的分工、可持续发展的治理和管理的发展"的报告。联合国相关组织在不断发表关于该方面的报告时，推出了一个新的部门"全球治理委员会"，并出版了一份名为《全球治理》的杂志。

不同的学者研究角度各异，关于治理理论的内涵在表达方面存在比较大的差异。詹姆斯·N. 罗西瑙作为治理理论的主要创始人之一在其代表作《没有政府的治理》中认为一系列活动领域里的管理机制即治理。不同于统治的治理指的是一种由共同的目标支持的活动，主体未必是政府，当然也无须依靠国家的强制力量来实施。⑧ 1995 年全球治理委员会发

---

① 《孟子·滕文公》。
② 《老子》。
③ 《商君书·便法》。
④ 《孟子·滕文公》。
⑤ 《诗经》。
⑥ 《墨子·谦爱上》。
⑦ 《礼记·大学》。
⑧ ［美］詹姆斯·N. 罗西瑙：《没有政府的治理》，张胜军等译，江西人民出版社 2001 年版，第 5 页。

表了《我们的全球伙伴关系》的研究报告认为,治理是一个循序渐进的协调过程,一切都要以协调为主并非控制。"治理使相互冲突的不同利益主体得以调和并采取联合行动的过程情景。"① 格里·斯托克从五个方面阐述了"治理"的特点:(1)政府组织体系只是治理的一部分,治理不仅仅限于政府管理社会公共政策中的行为者或社会机构。(2)在解决一些社会和经济问题时,会造成行动范围与责任的模糊不清,这时治理就发挥它的作用了。此时就需要多个行动主体共同完成公共政策管理,分割行使职权,以减轻各自负担从而减少失误。(3)治理权只能在社会公共机构集体行动中才能行使,并依赖于权力,二者不可分割。(4)治理是一种自我管理机制,并在行为者网络组织中发挥作用。(5)办好事办实事要求政府与公民之间友好往来,建立良好的社会关系,而不是政府一味地行使自己的权利或者利用其权威下达某种命令从而达到某种政治效果,这便是治理的理念。政府的责任就是采取新的治理方式并引导新的控制手段谋求社会的发展。这些解释实际上已经描绘出了当代治理模式动向的一些基本规则和特点。② 罗伯特·罗茨认为,治理不再只是统治的意思,因为有序统治的条件已经发生改变,现在社会的统治则要采取新方式,而这种方式就是治理,它是一种新的统治过程。

在莱斯特·塞拉蒙看来当今的治理被看作一种与传统政府统治完全不同的新制度方式,他用"新治理"(new governance)这一词来定义。在当代社会背景下,治理是一种将网络体系化和超越二元结构("公"与"私")进行创新的过程。它是提高公共服务效率、实现社会公平、追求经济效益的重要手段。"新治理"这一政策改变了公共政策"分析单位"的单一性,使之向治理工具多元化方向发展;由原来在科层制组织纵向管理发展到社会网络体系横向发展;私营部门与公共部门不再对立,而是与其他的社会组织进行友好往来从而形成新型良好社会关系;由原来自上而下命令体系进而发展到以社会网络为基础的合作与协商方式;由原来仅适应公共行政管理进而发展到对权利授予方式

---

① 俞可平:《治理和善治——一种新的政治分析框架》,《南京社会科学》2001 年第 9 期。
② 俞可平:《善治与治理引论》,《马克思主义与现实》1999 年第 5 期。

转变。[1]

毛寿龙在翻译治理这一词时提出:"英文动词 govern 是指政府对公共事务进行管理,它不是行政(administration)和管理(management),更不是统治(rule)的意思。它只负责下达命令而不是执行,因此对公共事务管理也只是间接的,它参与的只是具体事务的管理活动,这种方式代替了从前传统行政方式(韦伯的官僚体制),新公共行政和公共管理便由此出现,故可以将它解释为治理。"[2] 俞可平提出:"在一定范畴内,政府运用公共权力来维护社会秩序从而使公民日益增长的物质文化需要达到满足,这便是治理的内涵。在各种制度关系中,依靠权威来积极引导和有效控制公众的各种行为规范,从而达到公共效益的最大化,这才是治理的根本目的。如果以政治学观点来看,治理是指涵盖政治权威的规范基础、处理政治事务的方式和对公共资源的管理的政治管理过程。在一定范围内,如何正确、依法地运用政治权力和行政权力实现社会平衡才是各个治理方所要考虑的问题。"[3]

关于治理理论的论述虽然表述各异,但基本观点是一致的。它被赋予了多元、互动、协调、合作等新的时代意义。也就是说多元主体为了达到目的而采取的不具有约束力的上下互动、协调合作就是治理。治理概念的一些核心要素为学者们所公认:(1)政府组织不再是唯一的主要负责单位,治理将由政府及政府以外的相应机构进行协调合作,上下互动;(2)在治理过程中,权力不再是一成不变的,而是逐渐成为上下互动、相互合作的新型多元协调关系;(3)治理结构不再单一,而是形成了彼此交错、协调合作的网络组织,对公共事务共同起管理作用;(4)政府要改变策略,顺应时代的发展潮流,进一步做出改变。

三 城市突发事件风险治理的理论基础

解释、分析城市突发事件风险治理产生的理论基础,这里我们以社

---

[1] 莱斯特·M. 塞拉蒙等:《全球公民社会——非营利部门视界》,贾西津等译,社会科学文献出版社 2012 年版,第 53 页。

[2] 毛寿龙:《西方政府的治道变革》,中国人民大学出版社 2008 年版,第 7 页。

[3] 俞可平主编:《治理和善治——一种新的政治分析框架》,《南京社会科学》2001 年第 9 期。

会风险表征为切入点展开社会冲突理论、协同治理理论、社会燃烧理论和相对剥夺理论的初步探究。

(一) 社会冲突理论

卡尔·马克思是首个提出社会冲突理论（Social Conflict Theory）的学者。随后，马克斯·韦伯（Max. Weber）、格奥尔格·齐美尔（Georg. Simmel）、刘易斯·科塞（Lewis. Coser）、拉尔夫·达伦多夫（Rail. Dahrendorf）等学者也开始进一步研究冲突理论，推动了社会冲突理论的进一步完善。科塞和达伦多夫提出的社会冲突理论是20世纪最具代表性的观点，在第二次世界大战后针对西方资本主义社会所出现的民权冲突、学生反叛运动等社会冲突现象作出了解释，并提出这种社会冲突和结构功能主义理论之间存在本质的区别[①]。科塞和达伦多夫提出的社会冲突理论重点探讨了出现社会冲突的原因、形式、功能并提出了解决社会冲突的办法。在结构功能主义理论中强调社会稳定和社会整合也是社会保守学派提出的观点，那么社会激进派提出的观点则强调社会冲突对社会的进一步发展所起到的积极作用。社会激进派认为社会中的资源是有限的，社会中必然会存在资源争夺进而产生社会冲突。社会在发展历程中个人利益和他人利益有可能一致也有可能存在某种冲突，这种一致和冲突都是推动社会存在的重要驱动力。社会存在具有稳定和变迁这两种基本形态。在社会结构中固定的成分就是社会冲突，一旦产生社会冲突就必然会引起社会变迁。社会变迁是一个社会稳定向前发展的必然之路，从这里也可以反证社会冲突所带来的消极影响是不存在的。

学者们长期以来都在不断研究产生社会冲突的原因，也在进一步剖析社会冲突的功能和解决社会冲突的方法。西方社会在分析产生社会冲突的原因时，依托于韦伯所提出的三维分层标准（财产、权力以及声望）研究发现，一旦社会中出现资源分配不均的问题就有可能会引发社会冲突。达伦多夫认为正是因为存在不均的权力分配才会爆发社会冲突："在社会中，社会权力是稀缺资源，一旦这种稀缺资源分配不均就会导致社会中各个层次群体之间出现对立或博弈，这种对立或博弈就是产生社会冲突的根源。"因此，权力与权威作为稀有资源必然会引起社会群体的争

[①] 范和生：《现代社会学》，安徽大学出版社2005年版，第567—572页。

夺进而引发社会冲突。科塞在理解产生社会冲突的原因时和达伦多夫产生了不同的见解，他认为产生社会冲突的关键就在于社会不平等系统中的合法性，不平等社会系统中的中下层群体对稀缺资源的分配方式合法性产生了质疑就会使其向中高层群体发起斗争进而产生社会冲突。

西方冲突理论在探讨解决社会冲突的方法时，主要是从社会冲突的强度和社会冲突的暴力度这两个切入点着手分析的。社会冲突强度主要指的是社会集团成员卷入社会冲突的程度，社会冲突暴力度指的是常规化的暴力程度。在西方冲突理论中将这两个变量衍生为一系列命题，对各个变量之间的关系进行量化分析后，对引起社会冲突的后果作出了预测并依托于预测结果构建了解决社会冲突的方法。科塞就是从引发社会冲突导火索的微小因素来探讨解决社会冲突的方法，借此提出了安全阀制度发挥作用的机制即"替罪羊机制"。他指出有三种敌对情绪表达方式：无对象的情绪发泄、指向替代目标与直接指向对立面。科塞认为将敌对情绪引向替代目标的制度就是"社会安全阀"制度。他认为将人们的不满情绪引离原来的仇恨目标并使其用替代目标来发泄仇恨就能够进一步削弱社会冲突所带来的影响。它使社会中的敌对情绪不断排解，避免矛盾的激化，这就像不断排泄过量蒸汽的安全阀按钮，从而维护整个社会结构。他认为这种"社会安全阀"制度可以为人们提供排泄进攻性情绪与敌对情绪的出口，避免矛盾冲突的不利方面。一个社会系统如果"安全阀"制度不完备甚至缺乏这种"安全阀制度"，就是一种风险潜伏的社会结构，也是一种僵化的社会结构。社会冲突理论则认为科塞所提出来的解决社会冲突的方法是一种特殊的心理疏导方式，社会结构在发展过程中逐渐僵化就会使社会群体和群体之间积累更多的敌对情绪。因此必须建立社会安全阀制度帮助社会某一群体转移目标并发泄敌对情绪。但这种替罪羊制度或社会安全阀制度并不能真正解决社会冲突，只能起到缓解矛盾的功能。

不少西方社会冲突理论者在研究社会冲突时，发现社会冲突并不仅仅只对社会带来负面影响，同时也有正功能。齐美尔在研究中发现社会冲突不仅仅能够帮助人们发泄敌对情绪，阐述不同观点，同时也能够帮助群体之间建立更进一步的关系，人们在这种过程中也能够提高自信心。科塞也发现社会冲突能够帮助社会群体有效疏导敌对情绪，统治阶级和社会管理者也能够借由社会冲突来整合社会资源并进一步完善原有的规则和制度。

社会冲突理论是一项典型的基础性理论，研究城市突发公共事件风险治理过程中不少人都发现社会冲突以及人为因素是产生风险事件的重要原因。因此，我们在探讨城市突发公共事件的成因、社会功能以及处理方法时，结合社会冲突理论分析能够为找到解决城市社会冲突问题的办法获得某种启示性观点。

（二）协同治理理论

协同治理同时融合了治理理论与协同理论，它是基于治理而衍生建立的新型策略。如果指代某一类行为时，协同（Collaboration）表示组织、团体或者个人共同合作努力。如果我们将其视作理论进行讨论，许多研究人员提出了各自不同的见解。哈肯（Haken）作为协同学领域的开创者，他认为协同表示自组织、有序的、同结构的集体行为。不管是人类还是动物，细胞、分子或者原子等宏观、微观结构，其本身的命运都受到内部不同子系统集体行为的影响[1]。基于哈肯的观点，国内研究人员郭治安提出竞争促进发展、协同形成结构的重要规律[2]。学者范如国在研究社会治理时参考了协同论的成果，认为社会不同主体的协同能力、核心主体的力量等是决策社会发展协调与否的关系性因素[3]。科佐尔（Kozoll）把协同视为不同组织或个体共同努力而实现相同目标的途径[4]。赫哈姆（Huxham）则提出协同是站在相同目标基础上但形式不限的部门间合作。[5] 戈瑞（Gray）表示协同实现的过程依赖若干个主体相互交互、动态的影响，最终完成配合[6]。张国伟表示协同是基于信任的彼此进行资源的

---

[1] ［德］赫尔曼·哈肯：《协同学——大自然构成的奥秘》，凌复华译，上海译文出版社2005年版，第8页。

[2] 郭治安等：《协同学入门》，四川人民出版社2008年版，第24页。

[3] 范如国：《复杂网络结构范型下的社会治理协同创新》，《中国社会科学》2014年第4期。

[4] Donaldson, Joe F. and Charles E. Kozoll, *Collaborative Program Planning*: *Principles*, *Practices*, *and Strategies*, Melbourne, FL: Krieger Publishing Co, 1999, pp.1-2.

[5] Huxham, Chris and Siv Vangen, *Managing to Collaborateahe Theory and Practice of Collaborative Advantage*, Routledge, Abingdon, 2015, p.4.

[6] Gray, Barbra, *Collaborating*: *Finding common Ground for Multi-Party Problems*, SanFrancisco, CA: Jossey-Bass, 1989, p.15.

分享，然后制定统一的规则来解决社会生活中的某些问题，最终共同承担责任和分享利益[1]。希梅尔（Himmelman）表示主体协同是为了实现共同的目标，需要在承担同样责任的基础上进行资源、信息共享以及付出积极的行动，以追求利益共享[2]。

学术界对"协同治理"的理解和解释存在分歧。有学者认为协同治理覆盖了政府和非政府等大大小小的合作。哈利（Hartley）等人提出协同治理特别需要第一、第二、第三部门中多元角色的参与[3]。俞可平认为民间组织、政府组织一同担负起公共治理的任务与责任就是国家社会的协同治理，也体现了公民和政府合作管理社会政治事务的过程[4]。张康之指出能够适应社会转型的治理模式应当是政府与非政府等不同主体相互合作的模式[5]。邓穗欣提出协同治理是社会组织、市场、政府等若干数量的部门自愿参与、共同努力、利用自身的资源与优势，彼此期望最终有效地解决单一部门不能解决的复杂公共管理任务。[6] 安塞尔等提出协同治理即由若干数量的公共机构为主导的前提下，让个人或非政府组织但具有利益相关的主体参与民主群体决策，目的是管理公共财产、项目，执行或者制定公共政策。郁建兴等人坚持协同治理必须政府主导，协同的平台由政府来搭建，但对其他社会主体地位予以尊重和保护[7]。

笔者认为协同治理理论涉及以下几点：首先，协同治理则表示治理主体呈现出多元化。如今高度复杂的社会组成中，政府不再是仅有的治理社会公共事务的主体。公共服务需求的多元化，需要不同的治理主体参与进来。在特定的条件下，社会、经济组织都可能发展成为治理主体。

---

[1] 陈恒钧、张国伟：《协力模型之初探》，《中国软科学》2005年第9期。

[2] Himmelman, A. T.，*Collaboration for a Change*: *Definitions, Decision-making Models, Roles, and Collaboration Process Guide*, Himmelman Consulting, Minneapolis, 2002, p. 3.

[3] Jean Hartley, Jacob Torfing, collaborative Innovation: A Viable Alternative to Market Competition and Organazitional Entre Preneurship. *Public Administration Review*, Vol. 73, No. 6, November/December 2013, pp. 821–830.

[4] 俞可平：《重构社会秩序走向官民共治》，《国家行政学院学报》2012年第4期。

[5] 张康之：《论主体多元化条件下的社会治理》，《中国人民大学学报》2014年第2期。

[6] 邓穗欣：《理性选择视角下的协同治理》，《复旦公共行政评论》2011年第9期。

[7] 郁建兴、任泽涛：《当代中国社会建设中的协同治理——一个分析框架》，《学习月刊》2012年第5期。

其次，多元主体协同共治的制度安排即表现为协同治理。协同治理属于一种集体运行，集体行动就要求各个行为主体制定、遵从特定的规则。多元治理主体皆认同的行动规则表现出的制度安排就是协同治理。再者，协同治理的合作共治需要在政府主导下进行。政府虽然以主导者进行协同治理，但政府并不通过传统的强制性权力进行命令，取而代之的是与其他社会、经济组织等治理主体开展对话，共同管理公共事务。

以协同治理理论为启发，我们可以借助其寻找一条城市突发事件协同治理的实践路线。公众对突发事件服务表现出更加多元化的需求，政府则可以通过协同治理的方式进行满足。协同治理是个庞大的系统工程，要实现该目标必须获得公民、企业以及非政府组织等不同力量的共同合作。公民、企业以及非政府组织等若能够彼此功能互补，发挥自身优势，本着积极主动态度和弘扬高度的社会责任感，则多主体协同治理的模式必然能够发挥出"1+1>2"的功能。

（三）社会燃烧理论

在21世纪的科学研究领域中开始越来越广泛地运用隐喻这种形象的比喻方式，隐喻能够更直观地用跨学科的特定名词或含义来解释某学科内容。1994年中国科学院院士牛文元提出了"社会燃烧"这一社会学领域中的概念，人们用物理学中的"燃烧"来解释"社会燃烧"，能够使其变得更加形象生动。"社会燃烧"实质上指代的是社会系统失去稳定和秩序后所产生的燃烧现象。在特定的时间、空间以及社会规模尺度下，社会系统会从常态过渡到非常态，人们也将其看成是一种典型的动力学度量[1]。它可以用公式表示如下。

$$SCT(t, a, B) = f1(M) \cdot f2(A) \cdot f3(D)$$

公式中，t：特定的时间；a：特定的空间；B：社会规模尺度；f1（M）：社会燃烧物质（社会基础能）；f2（A）：社会助燃剂（社会激发能）；f3（D）：社会点燃温度（社会触发阈值）。事实上，社会中的个体目标和期望的虚拟社会目标之间始终存在差异，这种差异可以分为观念、文化、民族、宗教以及贫富五种类型。正是存在上述五种情况的差异才会逐渐积累产生社会燃烧。f2（A）社会助燃剂主要由动荡、社会痛苦度

---

[1] 牛文元：《社会物理学理论与应用》，科学出版社2009年版，第4—5页。

以及外部舆论导向这三方面的因素组成，动荡以及外部舆论导向这两个因素将共同作用于社会，当社会中的温度达到某个临界点后就会使社会产生动荡并爆发灾难。

社会燃烧理论中包含自然、个体心理、人文以及社会等各个要素，运用社会燃烧理论能够进一步探究社会系统的和谐程度，并分析治理城市社会系统所需要面临的风险问题。

（四）相对剥夺理论

20世纪50年代以来人们常常运用社会心理学理论来探究人的反叛社会行为。提出了相对剥夺理论，该理论主要研究人们在满足实际需求后会将满足的实际需求和期望需求进行对比后产生的差距。美国社会学家萨缪尔·斯托弗（Samuel A. Stouffer）[①]等是最早提出"相对剥夺"（relative deprivation）这一概念的学者。随后，朗斯曼（W. G Runciman）[②]等从更深层次的角度解释了相对剥夺理论。朗斯曼认为当人处于挫折感之中就会产生相互比较的感觉，这种相互比较的感觉就是相对剥夺，当人的挫折感越强，其产生危害社会行为的可能性就越大。

在研究城市突发公共事件风险时，需要借鉴相对剥夺理论才能更好地阐释如城市群体性事件风险、社会公共安全风险等突发公共事件：（1）以参照群体来进行社会比较就会形成相对剥夺感。人们需要拥有内涵的价值观才能够建立社会比较的标准，同时每一个个体的心理特征也会对该个体所产生的相对剥夺感带来较大的影响。个体在认知自我和认知他人时因个体的不同而会产生差异，这种差异也是个体产生相对剥夺感的心理因素。（2）在任何社会中都会产生相对剥夺感，尤其是在社会的改革时期人们所产生的相对剥夺感更加强烈。当代中国正处于迅猛发展期，社会贫富差距较大，社会分层速度较快，在这个资源和利益的重新分配过程中新旧体制同时对社会群体产生作用，不同的群体得到的感受不同，相互之间互不认可就会产生剧烈的相对剥夺感。（3）相对剥夺

[①] Taylor, D. M. & Moghaddam, F. M., *Theories of Inter Group Relations International Social Psychological Perspectives*, NY: Praeger, 1987, p. 20.

[②] Runciman, W. G., *Relative Deprivation and Social Justice: A Study of Attitudes to Social Inequality, in Twentieth-century, England.* Berkeley: University of California Press, 1996, p. 56.

感所产生的社会效应：当某个群体被剥夺利益以后，他们会对社会整体或剥夺他们利益的群体产生仇视心理并极度缺乏合作精神，对社会规则、规范以及一切社会活动产生强烈的不满和质疑潜伏着爆发社会冲突的因子。

运用相对剥夺理论研究城市突发公共事件风险（如城市群体性事件风险、社会公共安全风险等），对相对剥夺群体进行社会心理调适、提供社会支持具有重要的理论意义和现实价值。

第三节 转型期城市突发公共事件情境及扩张机理

改革开放以来，我国政府对城市突发事件的重视程度日益提高，通过制定一系列有效措施大大提升了我国在应对社会骚乱、事故灾难、自然灾害等突发事件的能力，积累了许多经验。目前社会转型是我国城市突发事件演化进程的重要背景，在这种背景下城市突发事件的很多特点被凸显出来。按照《国家突发公共事件总体应急预案》（以下简称《预案》），当前突发公共事件主要表现形式有自然灾害、事故灾难、公共卫生和社会安全事件四大类。随着我国经济体制改革的不断深入，城市突发事件的爆发频率逐渐提高。一方面，频频出现的城市突发事件已经严重威胁到我国社会和经济的稳定发展；另一方面，不同类型的城市突发事件带来的危害程度也不尽相同，政府方面应采取针对性措施来应对各种突发事件。因而，我们有必要构建完善的应急机制和治理体系，认真分析城市突发公共事件的各种表现形式，在此基础上制定针对性应对措施。

一 社会转型期城市突发事件的情境厘析

2006年初，国务院出台了《国家突发公共事件总体应急预案》（下文中简称为《预案》），其中明确了我国各级部门对城市突发事件的管理职责，这也标志着中国城市突发事件治理正式进入一个全新的发展阶段。在《预案》中将我国突发事件划分为社会安全事件、公共卫生事件、事故灾难以及自然灾害这四大类,如表2—3所示①。上述四种突发公共事件的形成原因、表现形式、影响范围等均各有差异。

表2—3　　　　　　　　突发公事事件类型

突发公共事件类型	突发公共事件例示
自然灾害	水旱灾,台风、冰雹、雪、高温、沙尘暴等气象灾害,地震、山体崩塌、滑坡、泥石流等地质灾害,森林火灾和重大生物灾害等
事故灾难	民航、铁路、公路、水运、轨道交通等重大交通运输事故,工矿企业、建筑工程、公共场所及机关、企事业单位发生的各类重大安全事故,造成重大影响和损失的供水、供电、供油和供气等城市生命线事故以及通信、信息网络、特种设备等安全事故,核辐射事故,重大环境污染和生态破坏事故等
公共卫生事件	突然发生、造成或可能造成社会公共健康严重损害的重大传染病疫情,群体性不明原因疾病,重大食物和职业中毒,重大动物疫情以及其他严重影响公众健康的事件
社会安全事件	重大刑事案件,经济安全事件,涉外突发事件,恐怖袭击事件以及规模较大的群体性突发事件

(一) 自然灾害

人们将一切会对人类生存条件以及生命财产带来不同程度危害的事件统称为灾害。从大量历史资料中我们不难看到,灾难出现的原因一般由人为和自然因素导致。我们一般将人为造成的灾害叫作人为灾害,比方说交通事故等。将自然变异产生的灾害叫作自然灾害,比方说风暴潮、地震等。我国地处海洋和大陆的结合部,西有世界屋脊之称的青藏高原,东靠地球上最大的海洋——太平洋,最北方和最南方的纬度跨度极高,各个地区的地理生态环境差异明显。因特有的地理环境与地质构造,我国是自然灾害频发的国家,也是自然灾害最严重的国家之一。最近数年,我国的自然灾害已经体现出一些新的特征,比如危害程度进一步提高、

---

① 薛澜、钟开斌:《突发公共事件分类、分级与周期:应急体制的管理基础》,《中国行政管理》2006年第7期。

出现频率上升、人为性因素增多等。① 根据有关观测数据显示，我国在 20 世纪中因气候突变导致的极端天气事件已经频频出现，比如沙尘暴、冰雹、雷暴、洪涝等，这些自然灾害的出现频率大幅度提高，带来的危害也大大增加，使国民经济蒙受巨大损失。

比如我国南方地区 2008 年出现了被称为"百年不遇"的恶劣天气，低温、雨雪冰冻持续时间长、影响范围大、破坏性强，造成了严重的自然灾害。从民政部获悉，在短短两个月的时间里恶劣天气就已经给我国造成了高达 1000 亿元的经济损失。低温雨雪冰冻灾害造成上海、江苏、浙江、安徽、福建、江西、河南、云南、山西、重庆、贵州、湖北、广东、青海、广西、宁夏、新疆等地不同程度受灾，事件中有 107 人丧身、8 人失踪、150 多万人被紧急转移，将近 1.8 亿亩的农作物受灾，其中 2500 多亩绝收，2.6 亿多亩森林受灾，35 万多间房屋倒塌②。

（二）事故灾难

《预案》对"事故灾难"的定义为："工矿商贸等企业的一系列安全事故、环境生态破坏事件、公共设备事故、交通运输事故等。"③ 2015 年 8 月 12 日，位于天津市滨海新区天津港的瑞海公司危险品仓库发生火灾爆炸事故，共造成 165 人遇难、798 人受伤，304 幢建筑物、7533 个集装箱和 12428 辆商品汽车受损④。一般情况下，事故灾难多因人为导致，和自然灾害比起来，这种类型的灾害发生范围不大，但是如果未能对其进行合理处置可能造成灾害迅速升级，事态不断扩大。比方说 2005 年 11 月 21 日的松花江污染事件，中石油吉林分公司的双苯厂出现爆炸后由于未得到及时处理，造成大面积水污染，哈尔滨市一度出现了严重的供水危机。由于哈尔滨市政府未能采取科学的应对措施，使这一事件不断升级，在社会上产生了极其恶劣的影响。在经济快速发展的今天，事故灾害会造成大量的经济损失，而且随着社会的不断进步，致灾因素也在进一步

---

① 龚维斌：《公共危机管理》，新华出版社 2004 年版，第 225—227 页。
② 曲晓波、矫梅燕：《2008 年初中国南方持续性低温雨雪冰冻灾害天气分析》，气象出版社 2008 年版，第 156 页。
③ 国务院：《国家突发公共事件总体应急预案》，2006 年 1 月 8 日，第 99 页。
④ 国家安监总局网站，《天津港"8·12"瑞海公司危险品仓库特别重大火灾爆炸事故调查报告》，http：//news.xinhuanet.com/legal/2016-02/05/c_128706930.htm ［2016.02.05］。

增多①。自20世纪70年代后人为灾害的出现频率越来越高,特别是在一些大中型城市中极易出现②。

我国公共安全基础工作薄弱,又处在经济转轨和迅速发展的历史阶段,重特大事故灾难时有发生。以我国能源生产行业事故灾难较多的煤炭行业为例,高瓦斯矿井数量大,经营者安全意识淡薄,煤矿安全基础脆弱等种种因素导致了煤炭安全事故的频频发生。煤炭行业事故存在以下特点:首先,事故总数不断激增。根据有关数据显示,2015年,我国全年共发生的事故总数约72万起,其中造成约12.7万人丧身。其次,特大事故出现频率提高。2010—2015年,每年平均会出现15起死亡人数在30人以上的特大事故,还有120起死亡人数在10—29人的特大事故。2015年,我国出现死亡人数在10人以上的特大事故共134起,其中有58起煤矿事故,尤其还出现了4起死亡人数超过100人的特大矿难。最后,职业危害不断加重。我国至今仍未妥善解决毒物、粉尘以及噪声等职业危害问题,这些问题严重威胁到相关从业人员的生命健康,尤其是一些农民工③。这种重大的生产行业事故,不但给普通百姓特别是弱势群体带来巨大伤害,同时也严重影响我国城市突发事件治理的效力。

(三)公共卫生事件

"公共卫生事件"在《预案》中定义为"食品安全和职业危害、群体性传染病疫情、动物疫情、不明原因疾病以及其他会对公众健康和生命安全带来严重影响的事件"④。在法律上目前对传染病有明确的定义:"凡是被法律规定的传染病病种都称为法定管理传染病源"。群体性不明原因疾病是指在一定时间内某个相对集中的区域内相继或同时出现多个共同临床患者表现,暂时又不能明确诊断的疾病。它可能是中毒事件,也可能是传染病。⑤ 由于是一种不能被完全认识清楚的新型病毒,2003年

---

① 李经中:《政府危机管理》,中国城市出版社2013年版,第272页。
② 王绍玉、冯百侠:《城市灾害应急与管理》,重庆出版社2005年版,第358页。
③ 中华人民共和国国家统计局编:《中国统计年鉴》,中国统计出版社2016年版,第87页。
④ 国务院:《国家突发公共事件总体应急预案》,2006年1月8日。
⑤ 龚维斌:《公共危机管理》,新华出版社2004年版,第169页。

SARS 病毒刚出现时被称为群体性不明原因疾病。[①] 动物疫情是指突然发生、迅速传播的发病率或者死亡率高的动物疾病。这种疾病会严重危害到养殖业的生产安全，甚至还可能危害到社会公众的生命健康。[②] 2005 年在全国爆发的高致病性禽流感就是动物疫情的例子。突发公共卫生事件对人类生命和健康危害很大，对生命财产安全构成严重威胁。上海 1988 年甲肝流行。1988 年 1 月上海市急性病毒性肝炎发病数成倍增长，两月内共发生急性病毒性肝炎 292301 例，为常年发病率的 12 倍，平均罹患率 4082.6/10 万，死亡率为 3.76/10 万。肝炎事件中患者发病时间比往年约提前 1 个半月，而且日最高发病数比以往流行年高峰日病例数高 52 倍，引发上海市乃至全国的大恐慌[③]。

（四）社会安全事件

社会安全事件是指涉外突发事件、恐怖袭击事件、重特大刑事案件、重大火灾事件、金融安全事件、民族宗教突发群体事件、学校安全事件以及其他社会影响严重的突发性事件。引发社会安全事件的主要原因包括：社会经济发展因素，通常是指一国 GDP、工业化程度及经济发达水平等指数；经济社会变迁，主要是指现代化进程，包括城市化进程、工业化进程等；政治发展，主要是指一国政治民主化的程度；社会不平等、社会分化加剧以及社会结构的失衡等。

长期以来，我国城市公共安全形势不容乐观。公共安全呈现出了人民内部矛盾与敌我矛盾的相互交织、历史遗留问题和改革中出现的新问题交替出现、境内问题和境外问题的相互渗透的复杂局面。境内外的暴力恐怖组织、民族分裂势力、敌对分子和宗教极端势力，通过各种手段策划各种暴力事件。

另外，我国的社会治安状况不容乐观。首先，我国刑事犯罪率始终保持一个较高水平。进入到 21 世纪后，我国刑事犯罪总量已经超过每年四百万起。根据有关数据显示，2015 年我国一共发生 465 万起刑事案件，其中包括 54 万起严重暴力犯罪事件，还有 398 万起抢劫抢夺盗窃案件，

[①] 龚维斌：《公共危机管理》，新华出版社 2004 年版，第 170 页。
[②] 国务院：《重大动物疫情应急条例》，2005 年 11 月 21 日，第 43 页。
[③] 李经中：《政府危机管理》，中国城市出版社 2013 年版，第 86 页。

一共造成近 400 亿元直接经济损失，7 万多人因此失去了宝贵的生命。另外每年经济犯罪的涉案金额也超过了 800 亿元①。其次，就犯罪类型而言，经济犯罪、侵犯犯罪的数量开始激增，严重暴力犯罪带来的后果也在不断加重。自 2010 年起，我国各地公安机关立案的抢夺抢劫盗窃类案件占总刑事犯罪案件的八成以上，给社会的治安稳定和群众生命财产安全造成严重威胁。

上述分类本质上是基于事件发生的诱因，这样做的意义在于：一方面为预防城市突发事件提供线索；另一方面，也为国家采取有效的应急措施提供基本依据。但是，上述分类并非是截然对立的，而是相互之间越发呈现多元和共时的特征，在一些特殊情况下甚至出现相互转化的情况，产生"涟漪效应"。因此，我们在城市突发事件治理中，应当以城市突发事件为中心，通过对各类城市突发事件的特征以及应对机理进行深入分析，在此基础上强化城市突发事件应对能力，不断降低城市突发事件的发生频率。

二　社会转型期城市突发事件的扩张机理

如前文所述，在社会转型期中会有大量社会问题应运而生。如贫富分化扩大、全球化进程、传统道德体系失稳、公共安全严峻都易引发城市突发事件，严重影响社会的稳定与和谐。

（一）贫富分化扩大易引发城市突发事件

1922 年，意大利著名学者基尼提出了"基尼系数"的概念。他利用这一基尼系数来对一个国家的收入分配差异程度进行衡量，目前该系数已经成为世界各国用于评估贫富差距的核心指标。基尼系数的经济含义：在国民所有收入中能够用于不平均分配的收入占比。1997 年世界银行发表的《共享不断提高的收入》中明确指出我国在 20 世纪 80 年代初的基尼系数只有 0.28，但是十年后这一系数已经激增到了 0.46，这意味着我国贫富差距已经较大。该报告中还指出全球两百多个国家和地区中，至今未出现过任何一个在不到 15 年的时间就出现如此大的贫富差距的国家。

---

① 浦树柔：《公共安全：一年丧生 20 万》，《瞭望》2015 年第 8 期。

改革开放以来,我国居民的收入普遍提高,生活有了很大改善。贫富差距日益明显,缩小贫富差距、全面建成小康社会已成为我国构建和谐社会亟须解决的问题。国务院发展研究中心吴敬琏曾指出垄断和腐败是部分富人掌握社会财富的结果。腐败引发社会不公,破坏社会和谐;垄断行业的人均收入是弱势群体人均收入的几十倍甚至上百倍。另外,城乡贫富差距扩大化也比较严重。从某种角度来看,改革必然会牺牲一部分人的利益,这种牺牲以贫富差距的现象直观地表现了出来,是一个不可规避的问题。但面对严重的社会分配不公以及产生的利益差别过分悬殊,绝大多数社会成员尤其是普通劳动者会有一种强烈的被剥夺感,会影响城市安定。社会学理论认为,社会稳定性的缺失很大程度上是因为相对剥夺感造成的[①]。当贫困群体认为获益群体的存在是造成自身困境的原因,那么他们就会与获益群体对立起来。不仅如此,贫困群体的仇视范围会进一步扩大,甚至不再相信和支持当代社会的制度、核心价值观以及体制,抑或出现反社会思想。随着时间的推移,这样一个群体随时会成为破坏社会秩序,打破社会平衡的潜在威胁,成为引发社会城市突发事件的重要源泉。

(二)全球化进程加大城市外来风险

经济一体化是全球化的第一步。全球化下各国之间经济贸易往来日渐频繁。全球化有利也有弊,既能为各国创造宝贵的发展机会,也潜藏着无数严峻的挑战和风险。自我国实施改革开放国策以来,我国对外开放程度越来越高,主动与其他国家进行贸易往来。随着世界经济一体化程度的推进,我国对外依赖程度越来越高,这从一定程度上弱化了资本的管制程度,国际经济环境日益复杂。面对此种情形,我国只能进一步加大经济开放程度,跟上全球化的进程,这势必会造成国内经济格局的变化,引起一系列连锁反应。我国实行全面的对外开放政策,全国尤其是各沿江沿边开放城市主动融入全球化进程,获得了更多的发展机遇,但同时受到外来风险影响的可能性也在增加[②]。我国进行改革开放以及加

[①] 连玉明、武建中:《中国国力报告》,中国时代经济出版社2005年版,第43页。
[②] 郭济主编:《中央和大城市政府应急机制建设》,中国人民大学出版社2005年版,第34页。

入世界贸易组织的时间间隔很短,这导致中国很多领域和行业只能被动地接受改革的成果,这种不适感导致了思想认识的偏差,也埋下了许多发展隐患。加入WTO弱化了我国保护城市货物流通、国内服务市场、资本流动领域的能力,而且随着世界范围内"比较势力"的不断壮大和扩散。我国产业结构变化明显,这会导致社会上缺乏国际竞争力,无法适应全球化节奏的地区、人群、行业和部门无法享受到全球化的"果实",这会进一步拉开社会差距,影响社会分配的公平性。此时若不能及时缩小社会分配差距,就可能由经济危机引发城市社会突发事件。

不少学者指出,资本主义国家向发展中国家进行文化输出的过程就是全球化的本质。我国城市的稳定可能会因为世界政治经济格局的变化、经济形势的变化以及重大恶性事件的出现而被打破。首先,国际社会在经济、政治和文化等方面的重大变化都会不同程度地波及我国(如禽流感事件)。其次,国内政治激进势力、宗教极端势力、民族分裂势力、恐怖组织等与国际反华势力互为呼应紧密勾结严重危害我国国家安全。随着我国公民与其他国家和地区的交流日益增多,他们在境外的人身财产安全也常常成为各类恐怖主义的侵害目标。

(三)传统道德体系失稳潜伏着城市危机

道德是人类在长期的社会活动中形成的一种不同于法律、制度等强制性的规范文化。改革开放前,社会主义、集体主义和整体主义的道德规范和核心价值为人们所推崇。转型期由于受城市化、工业化、市场化、现代化等客观因素的影响,消费主义、技术主义、功利主义、拜金主义、个体主义等价值取向与以集体主义为核心的价值取向发生了激烈的交锋,由此产生了一系列的道德和价值困境。以前大多数人崇尚君子人格价值的"重义轻利",而今有少部分人却崇尚小人人格的价值的"重利轻义"。对"尊老爱幼""勤俭节约""克己奉公"等优秀传统文化,不少人则不以为然。

我国政府一直都相当重视道德体系的建设。2001年10月中共中央正式下发了《公民道德建设实施纲要》指明:我国社会中有不少领域存在不分善恶、美丑、是非,极度缺乏道德水准的现象,个别个体、单位和团体还存在享乐主义、拜金主义、极端个人主义,社会上充斥着各种腐化堕落的现象。比如欺骗欺诈、不守诚信、以权谋私、收受贿赂、社会公害等。若任由这些现象继续发展下去，社会矛盾只会越来越尖锐，改革进程也会受到阻滞。实际上，转型期的社会变革是价值观和道德观规范发生巨大改变的重要原因。因为思想道德发展和社会意识的相对滞后性与独立性，道德规范和城市价值观困惑带来的社会问题仍将继续下去。"严重的规范偏离、规范缺失现象和社会结构变迁的加剧以及科学技术的飞速发展，部分规范系统已经完全与社会发展相脱节，导致人们缺乏一个能够引导他们适应新行动内容和社会环境的体系，这种体系的缺失造成了人们在具体行动中的严重偏离和越轨。"[1] 社会转型对道德文化体系的冲击，潜伏着城市突发事件的诱因。

(四) 公共安全严峻易引发城市社会震荡

转型中的中国社会面临着城市公共安全问题的严峻挑战。一方面，各种安全事故频发，人员伤亡重大。据有关资料显示：2018年全国共发生各类安全事故717938起，死亡127089人。其中一次性死亡30人以上的特别重大事故17起，死亡1200人；一次性死亡10人以上的特大事故134起，死亡3049人。煤矿事故在城市特大及重大事故中的占比越来越高，而且事故造成的影响和后果越来越严重，2015年矿井坍塌、瓦斯爆炸等事故共计造成8000多人死亡。根据有关资料显示，全国每天有3—9人于重大事故中丧生，死亡人数超过10人的特大事故几乎每3天就上演一次，死亡人数超过30人的特别重大事故几乎每月都发生。[2] 虽然我国一直反复强调安全生产的重要性，且制定了一篮子的安全指标，但是生产安全状况依然不容乐观，事故发生率始终居高不下。另一方面，国内城市的各种刑事案件居高不下。大案要案和跨地区跨国犯罪在各种刑事案件中较多，绑架、投放危险物质、故意杀人和爆炸等犯罪现象严重，组织化、智能化、暴力化和低龄化的犯罪趋向越来越显现。尤其值得注意的是，有些群体性事件是来自于人民内部矛盾，甚至已经对社会稳定构成了威胁。为此我们必须有效防范和处理突发社会安全事件，毫不动

---

[1] 薛澜、张强、钟开斌：《危机管理——转型期中国面临的挑战》，清华大学出版社2003年版，第16页。

[2] 中华人民共和国国家统计局编：《中国统计年鉴》，中国统计出版社2019年版，第46页。

摇地严厉打击刑事犯罪分子，全力维护社会稳定，为构建社会主义和谐社会创造良好的社会氛围。不仅如此，我国还是一个自然灾害频发的国家，每年都有数十万人因重大自然灾害失去家园，流离失所。尤其是在生态环境日益恶劣的当今，每年都有上万人因泥石流、滑坡、暴雨、台风、洪水等灾害而失去生命。

　　公共安全问题也是一个十分棘手的问题。以 2003 年的非典型性肺炎事件为例，在防疫和治理过程中不少人被夺去了生命。人们一度陷入恐慌之中，很多城市和相关领域停止了运营，这些负面影响都是无法通过数字直观地体现出来的。这意味着我国要加快建设城市公共安全保障体系的步伐，以更好地抵御社会风险，解决公共安全问题。

第 三 章

城市突发事件风险治理的现实回应与国际借鉴

　　加快城市化步伐是世界各国走向现代化的一致选择。随着城市化进程的加快,人们对城市安全的要求越来越高。"非典"疫情、上海踩踏事故等威胁社会正常运转的各类城市突发事件频繁发生,我国城市面临的挑战日益严峻。如何将这些问题有效且及时地处理,成了当今各个国家城市面临的严峻课题。城市在面临各类突发事件中具备的安全程度,特别是与国家经济和社会安定息息相关的各大中心城市的安全程度,已经成为人民安定与社会稳定最为重要的事情之一。致力于探寻国内城市突发公共事件风险治理的机制,需要借鉴美日俄等发达国家相对完善的城市突发公共事件治理机制。反观我们城市突发事件应急治理机制存在的困境,需要我们强化城市突发事件危机治理意识,推进城市突发公共事件治理的法律建设,建立和完善常设性专门机构和组织体系,加强监控信息系统和防治体系建设,注重城市突发公共事件治理的国际合作与理论研究等。从过程规定性视角、系统规定性视角、对策规定性视角等多向度来阐释城市突发公共事件风险治理的战略情境具有重要的现实意义和理论价值。

第一节　城市突发公共事件风险治理的现实背景

　　我国改革开放取得了举世瞩目的巨大成就,城市的发展带来了发达的城市经济、现代化的城市生活。然而，随着城市的不断发展，人们渐渐发现繁荣的城市面貌、便捷与富裕的城市生活，远非期待中那般安定与幸福，城市正成为风险的滋生地与酿造地。在发展城市的同时，人们也为自己制造了不少风险。

一 国内城市突发公共事件风险治理的机制探寻

城市应急联动机制起着信息收集、处理、传递、管理及指挥协调的功能，是政府突发公共事件应急治理的重要操作平台①。目前城市应急联动机制在我国还没有统一的分类标准，从应急联动中心与原有各指挥分中心之间的关系看，我国的城市风险治理机制划分为集权模式的南宁市治理机制、授权模式的广州市治理机制、代理模式的北京市治理机制和协同模式的柳州市治理机制四种类型。

（一）集权模式典型：南宁市治理机制

集权模式比较典型的是南宁市应急联动系统。一般认为集权模式是指在整合政府与社会所有应急资源的基础上成立专门的城市应急联动中心，政府的应急联动指挥权全权由它行使。作为政府管理的一个部门，应急中心有专门的预算和编制，具有政府投资、政府牵头、集中管理等基本特征。在处置紧急事件时联动中心有权调动政府任何部门和资源。当发生重大事件时相应的政府领导可在指挥中心直接进行指挥。

南宁市1998年年底就开始着手市政府应急联动中心的建设工作。经过一年多的努力，南宁市正式成立受市委市政府直接领导的政府社会应急联动中心。一级处警、集中接警是中心采取的重要模式，它利用网络化和集成的数字化技术把120、122和110等纳入调度系统进行统一指挥。中心在接到市民拨打的其中任何一个号码，接警席都会在第一时间立即转到处警席，并下达指令出警。数字录音设备把与事件有关的这些通话在接处警的过程都要存档记录。在联动中心定编的人员配置主要来源于从社会上进行招聘、市里选调和原单位的派驻等共计169人。政府社会应急联动中心的主任和副主任则由市委直接任命；接警人员由中心直接对

---

① 于新恒、魏芙蓉：《公共危机管理：现代政府面临的新挑战》，《中国经济时报》2006年8月15日第三版。

其进行管理但采取的是社会招聘形式；处警人员主要从急救部门、交通部门、公安部门等部门选派，实行的是双重治理模式，当然管理上主要以派驻单位为主。

（二）授权模式典型：广州市治理机制

广州市应急联动系统是典型的授权模式。借助现有的应急指挥资源，政府通过局部体制的调整，统筹城市应急联动的要求，授权给应急基础比较好的部门比如公安部门来执行应急治理层面的城市任务，即授权模式[①]。此模式的特征体现为以公安处警作为核心，政府授权应急联动指挥权并协同其他联动部门共同处警应对。公安部门当前实施的是122、110和119三合一应急的联动体系，公安部门代表政府协调与监督紧急事务的处理，在市民遇到紧急情况时迅速调动各部门联合行动。

广州市社会联合行动服务小组于1998年成立，以110指挥中心为龙头部门，还包括23个政府职能部门如环卫部门、工商部门、供电部门、医疗部门、环保部门和供水部门等。该小组负责统一落实城市突发事件的处置工作和全市的应急求助工作。由市长担任社会联合行动服务小组组长，小组依据要求挂靠在公安局并下设社会联动中心和办公室，开展日常督导与定期考核检查工作、处理日常的各类应急联动事务是其主要职责。广州市公安局指挥中心和市社会联动中心是一套人马两块牌子，该中心获得市政府授权后具有指挥相关联动职能部门处置城市突发事件和全市应急求助的职责。广州市委与市政府领导在发生重大城市突发事件或重大灾害事故的情景下可直接坐镇指挥于联动中心。市公安系统还建立火警和交通应急处置系统指挥，一旦市民拨打122或110等服务号码就能获得相应的服务帮助。

（三）代理模式典型：北京市治理机制

北京市政府成立统一的接警或呼叫中心系统，由中心系统代理政府负责接听市民的应急呼叫并安排进行处理。由此可见，北京应急联动系统是典型的代理模式。由政府负责牵头的北京市代理模式统一代理紧急呼叫的入口服务；北京市各部门进行分头处警和各自进行指挥的功能；

---

① 李笃武：《社会转型期主流意识形态认同危机与对策》，《河南师范大学学报》（哲学社会科学版）2013年第2期。

接警中心需要负责把接警的处理信息向上汇报反馈并监督跟踪各部门处置事件的过程和进度情况。从本质上说这种模式和真正意义上的应急联动相去甚远，然而提供统一化的城市紧急呼叫入口有助于市民在紧急情况下获得及时的帮助。"统一指挥、集中领导；功能全面、结构完整；运转高效、反应灵敏"的应急治理机制逐渐形成于北京市；该机制的特色主要有在整合应急资源的基础上联动122、110等报警服务台构建了相应的紧急报警中心服务；逐步形成公众沟通与动员机制；为实施高效的应急管理构建了完善的社会治理机制。

北京市政府于2002年年底开始运作现代化城市公共安全应急治理体系，该体系以政府为核心同时各社会力量积极参与。北京市公共安全应急指挥系统分上下两个层次，其中上层是市应急委员会，由北京市政府负责并领导实施，市应急委员会的日常办事机构是具有完备应急指挥的工作平台，也是处理突发公共事件的指挥场所，主要由它负责市突发公共事件的预防以及应对工作。市应急委员会下设5个小组，即预案管理组、宣教动员组、应急指挥组、技术通信组和综合信息组。13个专项应急指挥部是北京市公共安全应急指挥系统的下层，这其中包括区县政府领导的18个区县应急指挥中心。

(四) 协同模式典型：柳州市治理机制

柳州市应急联动系统是典型的协同模式。借助网络把多个不同层次类型的指挥中心以及执行机构组合起来，依据约定的流程实施相应的联合行动即协同模式。多个不同类型以及多层次的指挥系统构成应急联动机制。基本不动原有的机构是这种模式的重要特征，适合中、小城市，因为投资成本最节省也更方便。当前柳州市已经建立起相应的应急救助系统，比如"防空、水、电、气、防震以及防洪"等应急救助系统和"119、120、122、110"等报警救助系统。市信息产业局负责牵头投资建设城市应急联动指挥体系共享平台（即CERS）。该平台整合报警救助系统和应急救助系统并把它们统一纳入指挥调度系统中心。柳州市应急联动指挥能力在该平台建成后获得了较大幅度的提升，为市民提供更多更好的便捷服务。

从实践层面看，我国各大城市已相继建立了城市应急管理体系，较有代表性的还有：深圳紧急事务管理体系、上海城市综合减灾体系、乌鲁木齐"110"和"120"社会联动体系、成都城市应急管理联动体系等。实践上看，这些城市的应急管理体系多数起到了信息共享、多部门联动的作用，大大提升了应对突发事件时多部门合作的能力和效率。

二 城市突发事件应急治理机制存在的困境管窥

第一，从应急机制上看，纵向单灾种治理模式存在弊端。绝大部分城市目前实行的这种模式将救援部门分割成块，一种灾情一个管理部门，如果发生多种灾情时，无法进行全局指挥及保证指挥的高效性。由于应急管理部门数量多，建设时容易出现人力、财力的浪费，每个部门都有一套自己的信息指挥管理系统和应急队伍，很多时候这些系统和人都处于闲置状态，这就大大降低了资源的利用效率。由于没有统一的管理部门，出现问题时各个部门相互推诿现象普遍存在。这样也不利于私人机构、志愿者组织和非政府组织的投入，不利于救援工作的顺利开展。对各种灾害的研究目前大多以某一个具体的灾害为对象，不能很好地发挥出整体的研究优势和特色[1]。

第二，从应急信息管理上看，信息资源利用率低。只重视建设部门内部的信息管理系统，各政府有关部门间的沟通交流较少，没有建立较为完善的资源共享系统。相对独立的信息处理机制难以实现有效的信息交流，应急信息的利用率较低；应急信息汇总、采集、整合、汇报的流动通道很多但较为分散，不能及时有效地处理紧急公共事件；没有建立健全信息统一管理的综合平台，缺少对应急情况下信息采集、整合以及公开方案的综合处理。

第三，从处警上看，突发事件应急快速反应有待增强。我国目前的紧急救助系统主要有两大功能：第一种是紧急求救功能，主要包括119火警电话、红十字会999急救电话、110警匪电话、各医院的120急救电话、122交通事故报警，为遭遇紧急情况的人们提供援助，处理包括火灾、刑事案件、自杀、突发疾病、交通事故等对人民生命财产造成严重威胁的事件；第二种是市领导、各政府职能部门参与构建的群众生活服务电话，涉及包括电力、供暖、自来水、天然气在内的政府职能部门，

---

[1] 金磊：《城市灾害学研究及科学建议》，《自然灾害学报》2000年第3期。

为人们提供评价、建议、投诉的渠道①。但服务电话较复杂又极易混淆，报警电话拨打错误情况时有发生，而各报警网络系统互不关联，在出现紧急事件时报警中心和各紧急事件处理部门难以实现有效沟通，不能快速地对紧急事件作出反应，及时地为需要帮助的人们提供援助，导致人们的生命财产安全受到严重威胁。

第四，从应急保障上看，还存在不到位、不系统的困境。（1）应急救援力量较分散。对于我国多数城市，其紧急事件救援力量由众多救援团队组成且各团队相互独立。林业部门组建了森林消防队，交通部门组建了海上救援队和港口消防队，矿产部门组建了事故抢险队，航空企业组建了机场消防队，地震局成立了地震抢险队，民营化工厂组建了化学事故抢险队，还有各地方医院救护队和公安部门消防队。但这种各自为营的紧急救援系统存在较大的缺陷。首先，救援团队的建设和维持需要耗费大量资源而且资源浪费情况严重；其次，各部门没有明确的职能划分。存在职能重叠的多部门极易出现相互推脱责任的情况。一旦遭遇严重灾害，特别是性质复杂、涉及多种灾害类型的紧急事故时，很有可能由于推脱责任而延误了救灾工作，即使事故造成严重的损失也难以追究责任。（2）紧急事故救援演练开展较少，实际救援行动能力较低。(3) 政府的重视程度有待提升。由于政府投入资金较少，救援团队大多存在救援技术落后、救援设备更新缓慢的问题。没有制订系统的救援物资管理方案，救援物资数量和种类的匮乏远不能满足实际救援工作所需，这些原因都直接导致了救援效率低下。

造成上述问题首先是体制性障碍削弱了应对城市突发公共事件的能力。新中国成立以来经济制度经历多次变革，计划经济曾在我国盛行较长时间，并对我国的应急治理体制产生重大影响。应急管理部门习惯于单独处理应急情况，没有对应急情况的规律和救援行动的各个环节进行深入研究，没有制订一套系统的灾害救援方案，造成整体灾害救援能力较低。其次是城市突发公共事件的危机意识不强。这里既有城市治理者政府层面的危机意识不强，也有社会层面、民众层面的危机意识不够的问题。最后是城市突发公共事件应急治理的法律不健全不完善。坚持依

---

① 陈为邦：《城市是国家防灾减灾的中心和重点》，《城市发展研究》1998 年第 2 期。

法治国，需要完善公共紧急事件防控治理的法律建设。经过几十年的发展，这方面的法律建设水平不断提升，但仍存在许多缺陷。

第二节 城市突发公共事件风险治理的国际借鉴

世界上许多国家都非常重视对本国城市突发公共事件的风险管控，从本国城市实际情况出发建立健全城市突发公共事件风险治理模式和机制。在长期的城市治理实践中，西方国家逐步建立了一整套较成熟的城市化突发公共事件治理机制，这是我国建立现代城市应急治理机制需要借鉴的。西方国家城市建构得比较成熟的应急治理体系，体现出公共治理结构完善的特点。

一 国外城市突发公共事件治理机制举要

多元化的世界格局正在形成，各国城市在公共安全治理方面所面临的挑战也越来越严峻。新形势下我国各城市亟须建立健全危机治理机制，了解借鉴发达国家相对完善的城市突发公共事件治理机制显得十分必要。

（一）美国城市突发公共事件治理机制

美国突发公共事件治理机制的总特征是"强总统，大协调"，是以总统作为整个治理机制的核心，国家安全委员会为系统内部枢纽，其他多部门共同合作的危机治理系统。美国诸多城市如纽约市在过去半个多世纪里，发展出了一套完备有效的突发公共事件应急治理体系。2001年的"9·11"恐怖袭击及2003年的大停电突发事件，纽约市出色的反应能力使美国城市突发公共事件治理机制得到了很好的检验。综观美国的城市突发事件应急治理机制，因时代、任务不同，相应的应急治理体制、治理流程上也有不少差别。

1. 较完备的突发事件治理核心机构。从国家层面上看，由联邦紧急事务管理局（FEMA）、联邦调查局（FBI）、中央情报局（CIA）、国家安全委员会（NSC）等机构共同构成整个美国突发事件治理系统的核心，起到统一协调管理的作用。在2001年美国"9·11"事件发生之前，成立于1979年的联邦紧急事务管理局在整个突发事件治理过程中起主要作用，它由总统直接领导，是具有高度独立性的专门负责处理国家突发事件的政府机构。联邦紧急事务管理局在多年处理突发事件的过程中，整合出了一套相对完备的"综合应急管理系统"，建立了包含军方、警察、消防、医疗、民间救助组织的一体化应急体系。国家一旦突发危机事件，即可在第一时间内调配一切资源，迅速展开救援工作，将突发事件带来的影响和损失减少到最小。其他相关的突发事件应对处理机构，在处理突发事件时都扮演着关键角色，随时协调解决突发事件处理过程中遇到的困难。2003年美国联邦应急事务管理局被纳入新成立的国土安全部中。国土安全部在国内负责协调联邦行动来应对和控制重大灾害、恐怖事件等。

美国庞大的应急治理体系明确各个职能部门的分工，优化流程上的处理都有赖于国家突发事件管理系统（National Incident Management System, NIMS）。依据NIMS，美国政府制定了国家应急预案（National Response Planning, NRP）。NRP有助于各级政府和相关应急管理机构更好地履行各自的责任和义务，也有利于协调各州、市政府应对城市突发事件建立长效机制。美国应急治理平台体系具体的运行机构是各层级的应急行动中心（Emergency Operation Center, EOC），由市、州、联邦等各级应急平台构成。市级的城市突发事件应急运行处置中心则由市政府应急行动中心启动。应急平台依靠应急行动中心现代集成技术有效地进行城市突发事件的紧急应对、预测预警和发展走势通告等工作（如图3—1所示）。此外，美国还非常重视对公众的应急教育及对应急管理专业人才的培训工作，各类应急准备、自救逃生等相关课程普遍开设。

从城市突发事件治理系统层面看，如美国纽约等市都拥有强有力的突发事件治理核心机构。拥有众多高层建筑的纽约市，同时也有世界上最复杂的地下交通系统，这些都大大增加了公共交通混乱、高楼坍塌等城市突发事件的可能性。纽约市应急管理办公室是纽约应对城市突发事件的常设机构，也是进行突发公共事件治理的最高指挥协调机构。它与纽约市消防局、警察局以及医疗服务机构通力合作，共同设计并组织实施突发公共事件的应急方案。另外，纽约市应急办不仅与许多州和联邦一级的政府机构有成熟的合作关系，还与私营机构、非营利机构通力合作共同应对城市突发事件。

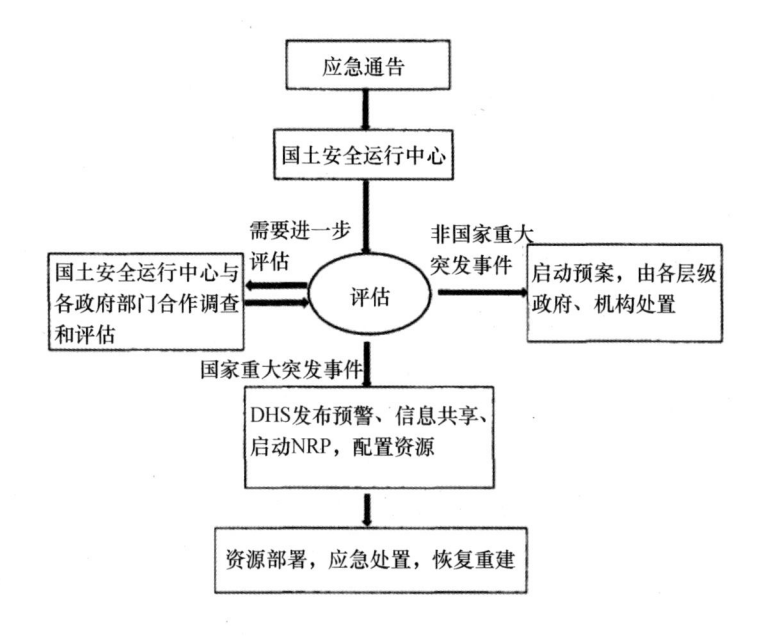

```
           ┌──────────────┐
           │   应急通告    │
           └──────┬───────┘
                  ↓
           ┌──────────────┐
           │国土安全运行中心│
           └──────┬───────┘
      需要进一步         非国家重大
      评估               突发事件
┌──────────┐   ┌────┐   ┌──────────────┐
│国土安全运行│←─│评估│─→│启动预案，由各层级│
│中心与各政府│   │    │   │政府、机构处置  │
│部门合作调查│   └─┬──┘   └──────────────┘
│和评估    │     │
└──────────┘     │国家重大突发事件
                 ↓
         ┌──────────────────┐
         │DHS发布预警、信息共享、│
         │启动NRP，配置资源    │
         └──────┬───────────┘
                ↓
         ┌──────────────────┐
         │资源部署，应急处置，恢复重建│
         └──────────────────┘
```

图 3—1　美国应急管理体系平台[①]

2. 完善的突发事件治理机制和相关法律体系。1992 年美国政府颁布了第一部《联邦应急计划（FRP）》，新的修订版在 1999 年 4 月颁布，这部法律对于任何自然灾害和突发紧急事件都适用。FRP 对城市突发事件发生后的应对政策、应急预案设计的前提、方案的运行、具体应对策略的实施做了具体的阐述，并且规定了 27 个联邦州政府机构在发生不同城市突发事件情况下的主要职责与应采取的措施。FRP 作为美国政府城市突发事件应对战略基本的指导方针，整个联邦政府依据总统发布应对自然灾难或突发事件执行文件内容去执行，与各部门之间协同实现应对突发事件时的高效性与及时性。通过在实际应用过程中不断发现 FRP 的问题，不断地进行修订，当城市突发公共事件发生时，就可以确保 FRP 在进行突发事件应对时发挥有效作用。"9·11"恐怖袭击事件发生之后，美国政府依据 FRP 做的应急预案，进行了应急处理。这些以立法形成的制度设计，既规范了政府部门在应对城市突发公共事件时的具体职能，

[①] 刘奕、翁文国：《城市安全与应急管理》，中国城市出版社 2012 年版，第 17 页。

又确保了政府机构的正常运转。颁布"联邦应急计划"的目的,是为了帮助各级州政府部门去应对超出自身可执行能力的自然灾害和突发危机事件,有效地保护市民的生命安全、保护公众财产不受损失以及实现地区的重建。

美国城市部门所建立的相对成熟的城市突发事件应对体系,不只是设立关键的几个中心部门,更为重要的是城市以立法的形式对相关事务做了制度性的规定。截至目前,美国政府依据《国家安全法》《反恐主义法》等相关法律建立了一整套完备的以国家突发事件应对为主要内容的法律体系,这些法律相互协同、相互补充,引导各级城市部门建立相应的安全制度。在国家遭遇突发危机事件时美国《全国紧急状态法》对进入紧急状态的宣布方式、在期限内的权利使用都有明确的规定和界限。另外,美国城市部门除了这些纲要性的法律外,还颁布了一系列专门针对不同城市突发事件处理的具体规定。

3. 全面的城市突发事件应对网络。政府在应对城市突发公共事件时,由于自身在资源拥有、人员调配以及组织体系等方面存在不足,因而不管是对城市突发事件的监控、预警,还是后期城市突发事件发生后的灾害救助阶段,都应当积极吸纳社会力量加入风险治理的行列。当国家在面临重大灾难、宣布进入紧急状态时,美国现存的城市突发事件治理体系能在第一时间进行协调运作,关键是因为它建有全面的城市突发事件应对网络。

美国城市建立的全面突发事件应对网络不仅包括高效运作的核心城市机构和健全的法制体系,还有国际资源、社会志愿者组织以及良好的危机沟通机制等丰富的社会层面资源。美国政府方面拥有一套整体考虑与专业应对相结合、中央与地方相依靠的高效城市突发事件治理机构。在这套机构的运作下制订标准的救援计划并进行专业训练;在构筑突发事件应急治理体系时美国城市非常注重社区间的灾难联防体系的建设,吸引社区持续参与城市突发事件的应急处置;积极利用民间组织及社区救灾力量,制定各级救灾组织的施工流程标准、指挥体系及奖罚制度规则;呼吁民间的志愿者参与第一线的救灾工作中,实施社会人力资源的合理调度;积极动员民间慈善机构参与赈灾救灾过程,努力在整合民间资源基础上成立民间赈灾组织;由城市主管宗教部门牵头指导教堂等宗教组织的负责人成立宗教服务小分队，统计受灾群众并积极拓宽救灾物资发放渠道等。"9·11"恐怖袭击事件后宗教人员主持遇难者的追悼仪式，民间社会组织与城市职能部门共同投入到应急治理事务工作中，动员人民参加捐助物资及献血等活动。美国社会力量的积极参与在一定程度上有效地缓解了城市职能部门应对城市突发事件时的压力。

4. 相对成熟的社会应对能力。如何对城市突发公共事件进行治理，不仅是对城市职能部门的考验，也是对一个国家的社会应对能力的考验。所以美国政府注重对政府人员应对城市突发事件能力培训的同时，也很关心对全民的危机意识教育，注重提高他们的危机意识与应对城市突发事件的能力。在"9·11"袭击事件发生之后，纽约市民在撤离过程中体现出了很好的心理素质，救援人员在救援过程中也体现出了专业技能。这次恐怖袭击事件中美国社会所呈现出的内在有序性和恢复能力，不仅取决于法律法规的普及程度，也取决于政府对市民危机教育的重视。美国所构建的城市突发事件应急治理体系，是基于其强大的整体治理能力并辅以法制化的手段，将城市突发事件处理预案、核心的协调沟通机构和城市突发事件应对能力整合到体系中。

(二) 日本城市突发公共事件治理机制

由于所处位置的特殊性，岛国日本经常会发生海啸、地震等自然灾害。近年来各种城市突发公共事件也时有发生。为此日本政府根据本国情况建立起一套符合国情的城市突发公共事件应急治理体系，提高了政府职能部门处理各种城市突发事件的能力。

1. 强权集中的中枢指挥系统。从国家层面上看，日本的突发事件应急治理体系，与美国的治理体系十分相近，其中首相处于核心领导地位，拥有极大的权力并且起到十分重要的作用。根据日本制定的突发事件应急治理机制，依据2001年新修改的新内阁法的实施，一旦发生危害到国民安全的突发危机事件时，根据事态发展程度，首相可以决定是否需要召开内阁会议。针对现行政策以及其他相关法案，首相可以在内阁会议上提出修订议案，与各内阁进行商议并作出决定。2003年6月国家立法机关出台的"有事法制"三法案中对首相的职能做出详细规定，在国家遭遇特殊安全的紧急情况下，首相可以直接下令调动自卫部队进行作战，而不需要经过内阁会议的商定。

日本内阁官房机构是处理突发危机事件的核心指挥机构。它直接为首相服务，其职能是获取情报处理分析后向相应部门传达，召集各政府商定相应的突发事件应对机制。同时他们还负责进行社会危机公关，向社会通告突发事件处理进程以及政府所采取的应对手段等信息。此外，为进一步提升国家整体应对突发事件的治理能力，日本政府还设立了更为详细的应对各类不同突发事件有关的审议会，如安全保障议会、中央防灾议会等。其中安全保障议会主要承担国家安全突发事件治理应对职能，由首相直接领导内阁大臣，主要包括总务大臣、外务大臣、财政大臣等。其中安全保障议会下设"事态对策专门委员会"，专门为解决决策执行过程中遇到的问题提供建议与解决方法。日本内阁通过召开中央防灾会议，制订防灾减灾基本计划，并对该计划审核修订。中央防灾议会其主要职能是当某一地区发生地震、海啸等自然灾害时，负责制订具体的防灾减灾救援规划和督促其实施过程落到实处。

从城市突发事件治理系统层面看，如东京等市都拥有强有力的核心治理机构。东京早在 2002 年就提出了"面对多样的城市突发事件、建设迅速并且正确应对的全都机制"。2003 年东京建立了知事直管型应急治理机制。该机制主要设置局长级的"突发事件治理总监"，成立综合防灾部改组灾害对策部，使之成为能够面对各种城市突发事件的全政府型机制（如图 3—2 所示）。

2. 较为健全的法律法规制度体系。由于特殊的地理位置导致日本自然灾害频发，日本的《灾害管理基本法》很早就颁布且较为完善。经过多年的发展与不断完善，已经形成一个较为健全的灾害法律法规体系。这一体系可以帮助引导政府依照法律法规建立完备的国家安全体制，防止出现以权谋私、损害国家与人民的利益、危害国家政治稳定的事件发生。截至目前，日本共出台各类防灾减灾法律近 40 部，其中《灾害对策基本法》《传染病防治法》等相关法律最具有代表性。除了出台大量的法律法规，日本政府在近几年实践过程中还不断修订完善法律制度与当前城市突发事件应急治理机制中存在矛盾的地方。在 2003 年 6 月召开的国会参议院全体会议上，参议大臣商定通过了三部专门应对突发安全事件的法律《自卫队法修改案》《应对武力攻击事态法案》和《安全保障会议设置法修改案》。这三部法律的主要内容是在发生危害公众安全的武装

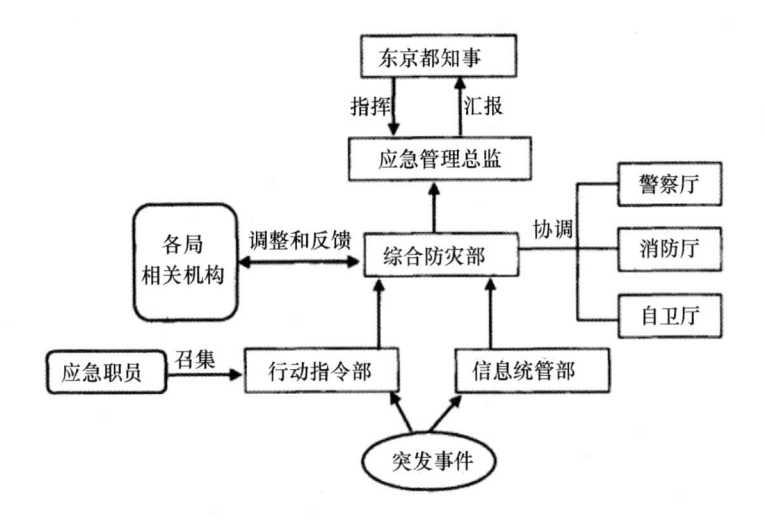

图3—2 东京知事直管型突发事件管理体系

事件或预判可能发生武装危害事件时，就政府部门和民众如何应对进行了指导。由于法律体系不断地完善，日本政府所制定的城市突发事件应急治理机制在防灾救灾及民众保护等方面起到了巨大的作用。

3. "多中心"参与的公共治理体系。在应对城市突发危机事件应急过程中，要凸显出政府部门核心的领导作用，也要充分利用一切社会上可供调配的组织资源，共同处理好突发危机事件，将损失降到最低。自1970年以来，在世界范围内有关公共治理理论开始广泛传播。这一理论主要强调"多中心治理"的方针，提倡社会组织与全体公民参与国家公共管理当中，形成一种以政府为主导社会组织、公众参与的互动管理模式。日本在建立本国城市突发公共事件应急治理体系时，也深受这些理论的影响，并积极地将其运用到城市突发事件治理体系建设中。日本政府提倡构建的社会模式为人人互相帮助，以"自己保护自己的城市和社区""自己对自己负责"为基本的发展策略，改变了以政府为主的城市突发事件应急治理体系，筹建包括政府机构在内的所有社会组织及个人团体多方合作的减灾救灾体系。在东京城市突发事件如2000年地铁脱轨、2004年禽流感等事件中取得了良好效果。政府要在鼓励社会组织发展的同时给予他们一定的帮助和正确引导，加快他们组织建设的进度。除此之外，社会群体可以通过事先与城市部门签订合作协议的方式来帮助政府应对城市突发危机事件的压力。例如，首都东京市就制订了"首都区域圈共同合作计划"，由周围7个都市县共同协商签订应对城市突发事件的相互协助机制。协议中具体规定了对于发生城市突发事件的地区、其他都市县救灾物资的提供、调拨以及技术人员的派遣，还有对救援车辆船只的供应以及城市设施的修复等方面的内容。

4. 严格高效的情报系统。情报系统在城市突发事件治理方面所发挥的作用是至关重要的。第二次世界大战后日本与美国缔结了《日美安全条约》，对于情报的收集与获取尤其是针对战略、军事等方面的情报主要依赖于美国。冷战结束后，日本一方面保持与美情报系统的联系来获取情报，另一方面对自身的情报机制不断地构建与优化。20世纪90年代末，日本正式设立了战后首个公开的对情报进行收集与开展战略分析的情报机构即日本情报本部。日本情报本部是参谋长联席会议的从属部门，防卫厅的一个下属部门防卫情报委员会直接对其进行领导，其内部具体包含了电波部、总务部以及计划部等机构单位，不仅对公开情报、电波情报等一系列情报信息进行收集，而且对防卫厅及各省、厅传递而来的相关情报进行汇总研究。另外，日本不仅在各种具备现代化、高科技的情报装备方面投入了大量精力，而且非常重视优化情报系统，与时俱进地调整情报政策，对情报效用起到了积极的促进作用。

(三) 俄罗斯城市突发公共事件治理机制

近年来在政治结构、社会形态上俄罗斯都发生了巨大变化。政治权力危机、经济金融危机以及车臣内战冲突都给俄罗斯国民、国家和社会带来巨大灾难。因此，俄罗斯在国家层面逐步建立了以总统为核心以联邦安全会议为决策中枢系统，各市政府部门分工合作、相互协调的城市突发事件治理体系。

1. 强有力的中枢指挥系统。一个在总统直接领导下俄罗斯联邦突发事件应对机制是由警察、交通、国家安全、医疗、卫生和消防等部门组成的庞大系统。总统在突发事件治理与国家政治结构中发挥着决定性作用，直接领导7个强力部门如对外情报局、国防部、内务部、联邦政府通讯与情报署、紧急情况部、外交部和联邦安全局等，并且拥有立法提案等多种权力。俄罗斯联邦安全会议负责分析情报汇总、酝酿决策草案以及采取决策等流程中的诸多环节，是俄罗斯突发事件治理体制中枢指挥系统的重要组成部分。在国防领域推行国家政策和实行国家管理方面国防部发挥了重要作用，协调联邦主体执行权力机构、联邦部委和其他联邦执行权力机构在国防领域执行权力。

2. 逐步健全的法律法规制度体系。俄罗斯的法律系统自苏联解体后不断得到健全与完善。叶利钦政府时期面临着诸多危机困境，因此极大地影响了社会以及政权的稳定。1994—1999 年，俄罗斯出台了一系列法律法规如《俄罗斯联邦公共卫生流行病防疫法》《关于保护居民和领土免遭自然和人为灾害法》《民防法》等。普京总统上台后，针对国家面临的各种危机，对国家权力机制进行了积极强力的建设，健全突发事件治理的法律机制是其尤为关键的部分。普京于 21 世纪初签署了《俄罗斯联邦紧急状态法》，对紧急状态的界定、期限以及具体实施流程、终止方式等，都进行了细致的阐述。该法只有在影响公民生活与安全或者国内的宪法制度等受到威胁且必须采取紧急处置才能消除这种威胁的情况下才能生效。必须由联邦总统发布命令才能在俄罗斯联邦全境或个别地区实行紧急状态，需立刻通报议会上院（联邦委员会）与议会下院（国家杜马），并送联邦委员会批准。2002 年 1 月签署的《俄罗斯联邦战时状态法》标志着俄罗斯在城市突发事件治理法制化方面又迈出了一大步。

3. 完善的信息管理与援助保障体系。俄罗斯强有力部门都由总统直接领导是俄罗斯突发事件治理支援保障与信息支持系统的最大特色。也就是说俄罗斯逐步建立了以总统为核心以联邦安全会议为决策中枢系统，各市政府部门分工合作、相互协调的城市突发事件治理系统。1994—1998 年，叶利钦总统签署了一系列相关的总统令，相继将国防部、联邦保卫总局、外交部等一部分联邦执行权力机关划入总统直接领导的领域范围内。这些部门单位都和突发事件治理有着十分紧密的联系，它们不仅是总统针对突发事件处理以及发号施令的重要工具，而且是维护政权的有力保障。[①] 在突发事件治理机制中，信息管理系统不仅承担着向决策者传递精确及时情报的职能责任，而且还要承担向民众传递适当信息的

[①] 中国现代国际关系研究所危机管理与对策研究中心：《国际危机管理概论》，时事出版社 2003 年版，第 72 页。

功能。俄罗斯各级政府对媒体的掌控与管理工作非常重视。如当城市突发危机事件或者政府在对突发事件进行处理时，莫斯科市政府以及有关的职能单位会尽快确定及时向公众发布信息的主流媒体，主动与媒体进行合作。同时莫斯科市长等为了防止错误信息对民众的扰乱，安抚人民以及整个社会的紧张情绪，会采取直接接受媒体采访或者发表多媒体讲话等方式来及时公开有关消息。

（四）以色列城市突发公共事件治理机制

以色列1948年正式建国后爆发了一系列战争与冲突危机，国家一直处于动荡不安的状态。在此背景下，以色列构建了一个卓有成效的城市突发事件治理机制体系。相较于其他国家这一突发事件应对系统凸显出深厚的战备成分，"小核心、小范围"是其体现出来的特点，总理是国家的最高权威代表，不仅拥有行政职权，还掌握军权。

1. 完善的决策指挥系统。作为突发事件治理的中心系统，中枢指挥机制和参谋咨询机制主要负责针对突发事件制定出决策。中枢指挥机制构成人员有总理、国防委员会等，处理突发事件的最高权力则掌握在总理手中。根据相关安全法律体系的指导，中枢指挥机制在突发事件爆发时快速地应急启动运行。随后安全内阁的各成员以及政府各部门在内部召开紧急会议开展沟通协调，进行部署工作。在突发事件治理的总体过程中，总理拥有着极大的权力，能对人力和物力进行及时且充分的调动，推动突发事件解决的进程。咨询机构与情报体系是参谋咨询系统最为重要的两个组成内容。向突发事件决策机构提供相关的突发事件情报信息与解决策略是参谋咨询系统最重要的工作内容。以色列建设出了一个具备高度严谨性与有效性的情报收集与分析体系。作为全球著名的政府信息管理部门，摩萨德的主要工作就是对与国家各种安全问题有关的信息与情报进行收集并研究分析。对以色列各城市而言，摩萨德不仅是情报机构也是重要的突发事件应对机构。

2. 突发事件应对的法律依据。建国以来以色列颁发了一系列法令条例，经历了以紧急状态法为核心的安全法律系统的建构过程。尽管以色列缺乏主要的紧急状态法，经常临时制定并实行相关的紧急状态法条款，即处于战争状态下的法令。该类法令是针对爆发战争的状态下国家安全、物品供应等特殊背景而制定的。比如20世纪末期的海湾战争中，伊拉克发射导弹对以色列进行打击，随后以色列颁布了包含紧急状态下的民防、无线电通讯等方面的紧急状态法令与条例；对原有紧急状态法涉及的范围进行特殊扩展的法令条例。为了保障公共安全、物品供应与国家基础设施的正常运行等。

3. 支援、保障和信息系统。突发事件治理的支援和保障系统是处置突发事件的直接机构，具体包含国家安全机构、警察、医疗、交通等一系列部门机构。有效落实突发事件中枢指挥系统颁布的决策是其主要负责的工作，为决策得到社会各单位的高效协作提供了有力保证。新闻媒体、教育等部门单位共同组成了信息系统。以色列创建了一个包含反恐怖科学及教育学在内的行之有效的反恐怖学科系统，同时将其落实到军队的课程教育中。以色列还意识到新闻媒体对城市突发事件治理所发挥的重要作用。借助主流媒体搭建政府与城市社会力量沟通的桥梁，积极引导媒体舆论并对其采取法律的手段进行规范，在城市突发事件期间依法照章加强对媒体的管理与掌控。以色列城市政府还建立了以反恐为核心的城市突发事件预警系统，该系统对相关的恐怖情报信息进行多渠道收集，同时进行深入的归纳与分析[①]。

二 各国城市突发事件治理经验的当代价值及启示

按照我国自身的特点建立的城市突发事件治理体系，既有自己的优势也有自身的缺陷，既积累了一定的成功经验也存在一定的不足与问题。美、日、俄等发达国家在城市突发事件治理方面积累了丰富的经验，建立了相对成熟和完善的城市突发事件治理体制和机制，其中许多先进的理念和措施对我国城市突发事件的风险治理具有很强的借鉴意义。

（一）强化城市突发事件危机治理意识

建立健全城市突发事件治理体系需要引导人民群众树立正确的危机意识。公共危机意识是针对城市突发事件产生的根本原因、危害以及对于突发事件的预防、控制等情况而具有的认识与重视。国外的许多国家在提升公民危机治理意识以及抗压力方面，开展了一系列危机治理全民教育、危机培训等素质教育活动。如日本城市在社会公众当中开展的危

---

① 曹宏：《摩西的门徒——以色列情报机构揭秘》，国防大学出版社2008年版，第56页。

机教育包含日常生活与学校两个方面。日本每年投入的防灾经费十分巨大，这使日本防灾科普工作得到了有效的发展。日本专门设立了"防灾日"，每年都会在各地区有序开展各式各样的防震、防灾演练。美国民众能在危险来临的时候经常临危不乱、从容应对，其原因在于美国城市在民众安全教育方面做得非常到位。美国城市突发事件危机治理意识的教育内容贴合生活针对性强，易于民众操作。联邦紧急事件管理局曾把美国全国范围内存在潜在危险的地区包括核电站、高危水坝、活火山、地震带、易发生恐怖袭击的地区地址全面地大范围地分发给了各州城市和民众；美国电视台有专门的频道对儿童在发生城市突发事件时如何自救和他救进行讲解；充分利用互联网等多媒体发布有关应对城市突发事件的知识[①]。"9·11"事件曾给美国造成重创，为了防止此类恐怖袭击再次发生，美国政府积极组织反恐行动队和警察、医护人员等，在全国共120个人口密度大的城市展开模拟反恐怖袭击演练。

　　中国处于急剧社会转型期，我们面临的非典型性城市突发事件越来越多。如果缺乏足够的危机治理意识和心理准备，在这样的城市突发事件面前人们就会措手不及。如2003年春"非典"疫情初期在我国迅速扩大，除了人们对"非典"的传染性和可控性认识不足外，市民及城市相关部门危机治理意识的缺乏也是一个重要原因。我国想要建立城市突发事件预警系统从而从容应对各种突发事件，首先需要加强对城市突发事件应对人员的培训。比如政府工作人员的城市突发事件应对培训和对广大民众的危机意识的培养和教育，全面提高我国处理城市突发事件的能力。只有全民参与进来，增强危机处理意识和能力，才能使大家在应对各种城市突发事件中游刃有余。这就需要政府重视起来，通过媒体传播城市突发事件处理知识，甚至将其作为中小学生素质教育的一部分内容。[②] 除了通过社交媒体来增强广大人民群众的危机意识和应对能力，政府官员也应加强危机意识，首先应定期加强城市突发事件应对方面的教育，从城市突发事件的特征、规律、危害性等方面加以宣传培训，其次

---

① 吴仲飞：《"9·11"与美国的紧急事件处置》，《人民公安》2002年第11期。
② 张成福：《公共危机管理：全面整合的模式与中国的战略选择》，《中国行政管理》2005年第7期。

应该在上述理论学习的前提下让政府官员行动起来，让理论应用到实践，开展城市突发事件应对演习，让政府官员切身体会到城市突发事件的危害性，如此才能让他们更加重视突发事件应对。

（二）推进城市突发公共事件治理的法律建设

法律手段是我们进行城市突发事件治理时的有力武器，重视法律在城市突发事件治理中的作用是西方发达国家的典型经验。西方各国看到了法律在城市突发事件治理过程中的重要性，普遍设立专门法律进行危机处理。比如英国发布的《传染病法案》、美国的《国家安全法》《全国紧急状态法》、日本的《武力攻击事态对应法案》等法案均在城市突发公共事件治理方面有重要价值。上述法律国别不同名称各异，但它们设立的目的都是一样的：通过法律框架规范国家领导人及政府应对危机的权力，最大程度上减少危机给本国带来的损失。西方发达国家高度重视危机治理的职能部门建设，建立相关法律法规，并且通过法律细化落实危机治理过程中各部门的职能。美国联邦应急法案将27个联邦政府职能细化落实到危机的具体阶段。俄罗斯也利用法律细化了各部门职能，除了联邦和各个城市及政府各机构外，企业、团体、个人也在法律细化下明确了危机应对过程中的权力和责任。

如果一个国家想要临危不乱，尽最大可能地保障本国人民权益，就必须建立健全完善的法律体系。此外，规范的法律体系还有利于减少本国在国际社会中与其他国家交往的风险，有利于危机过后对社会秩序的重建。我国已经制定和颁布了一些应对危机状态的法律、法规，也出台了《紧急状态法》。《紧急状态法》是一部确定紧急状态下危机处理的方式流程和政府应尽职责的法律，对处理城市突发事件时政府权力和社会公众的权利保障有明确的规定。推进城市突发公共事件治理的法律建设，有必要学习借鉴发达国家建立的完善的法律法规，确保各城市部门相关机构依照法律办事，有序处理危机事务。

（三）建立和完善常设性专门机构和组织体系

组织机构是我们进行城市突发公共事件治理的依托和组织保证。当今世界，全球化进程日益加速，世界各国都遭受着城市突发事件的困扰。因此，许多国家建立和完善常设性的突发公共事件专门机构，以减少城市突发事件带来的损失。比如日本政府在内阁中建立了内阁危机治理中心,内阁危机治理中心设治理总监主管。在俄罗斯,各跨部门委员会成为处理突发事件的主力,俄罗斯的联邦安全会议作为俄罗斯政府处理公共危机事件的部门,将具体的公共危机事件细化,并设专门的临时跨部门委员会进行处理。除此之外,俄罗斯政府还允许联邦安全会议在突发事件时建立临时性专门机构应对突发事件。联邦安全会议的主要工作内容为收集和分析情报、协调各部门工作、准备最终决策方案以及后续评估,其工作内容贯彻整个决策过程。美国设立了联邦紧急事务管理局,又在1979年设立联邦紧急事态管理局,这两个机构的主要职责就是向总统报告公共危机事件的情况并加以处理。"9·11"事件发生之后,美国的"综合应急管理系统"在短时间内快速启动,帮助美国最大程度上减少了恐怖袭击带来的损失。

我国积极建立和完善常设性专门机构和组织体系。如深圳市不仅构建了处理城市突发公共事件的管理系统,还建立了"深圳市紧急处置事件委员会"作为全市处理危机事务的最高机构。现行我国的城市突发公共事件治理体系常常依赖于现有的各级政府行政设置,缺乏常设专门的突发公共事件治理机构。危机来临时各个部门为应付危机仓促成立工作小组,亟须建立健全将政府各个相关部门组织起来共同行动、共同面对突发公共事件的协调机构。我们应该借鉴美日欧等国家的先进经验,积极建立常设性的危机治理机构,明确各部门的任务和职能,加强他们的协调和沟通,组织政府官员和有危机处理经验的专家总结各类危机。在中央政府的统一领导下,危机治理组织体系应整合到各级政府和各个部门的职能体系中去,协调综合危机治理的决策体系、指挥体系、预警体系、救助体系、评估体系、信息体系等,建设一个运转灵活、前后衔接、综合配套、功能齐全的危机治理体系。危机治理组织系统的权威性是保证果断决策、统一指挥的前提,直接决定着危机治理的成败。

(四)加强监控信息系统和防治体系建设

危机信息的获取和预警是城市突发公共事件治理的关键。建立一套发达的监控信息系统对突发性公共事件及其他恐怖活动的及时探测与发现至关重要。国外的许多经验在这方面值得借鉴。澳大利亚城市建立综合的灾情网络信息发布平台,充分利用各种媒体和网络技术及时向公众公布有用的信息。信息发布平台也可以收集到包括技术、人力、财务等各种信息,以利于救灾行动。在澳大利亚各地分布着覆盖所有行政区域的十几个应急疾病监控中心,能够充分运用无线有线通信网,不断改善通信联络体系,保证各医院与信息中心之间通信联络随时畅通。收集危害健康的信息和提高对策的信息是日本突发公共卫生事件应急管理的最主要任务。在医生和兽医发现各种传染病后,国立感染病研究所感染信息中心跟踪监控调查感染病发生动向,根据性质和分类必须在规定时间内向都道府县知事和指定机关进行汇报后报告厚生大臣。如果发现新感染病等处于严重状态时,国立感染病研究所感染信息中心必须报告总理大臣与世界卫生组织。

当前世界各国城市突发公共事件治理的工作思路发生了明显转变,在预防和准备方面都大幅度投入资金和设备。以色列十分注重危机预警机制建设,注重论证各种日常生活中可能发生的突发事件,收集尽可能多的相关情报并预测事情可能发生的状况,防患于未然。把危机预警分为战略级别和战术级别。以色列政府一旦发现重大的突发事件,就会从战略层次上通过政府首脑动员外交、军事、政治、经济和法律五个系统统一行动。欧盟建立了相对完善的警报系统,食品安全局的常规性任务就是信息搜寻与处理、风险识别与评估等工作。危机预警与早期识别的重要性在欧盟现行机制中更加突出了。首先是新机制拥有从次国家到国家再到超国家相对完善的系统警报,为欧盟信息沟通、迅速下达有关政策指令等提供了保障体系。其次虽然在常态下欧委会一般不介入具体的预警和识别方案,但在常态与非常态下食品安全局与成员国的相关职能组织都处于积极的运转之中,这为危机的有效预防与控制创造了条件。[1]

(五) 注重城市突发公共事件治理的国际合作和理论研究

一个国家或地区出现的突发事件,在全球化时代不可避免地会产生国际性的影响。国际突发事件国内化和国内突发事件国际化的情形将越来越普遍,要有效地预警和解决突发公共事件均有赖于加强国际合作。世界各国城市面对的很多危机都具有国际性,比如沙尘暴、酸雨等危害

---

[1] 刘长敏主编:《危机应对的全球视角——各国危机应对机制与实践比较研究》,中国政法大学出版社2004年版,第112—122页。

各国安全的灾害；战争、国际性的贩毒、区域冲突和偷渡等跨国危机。有效应对这些城市突发事件都需要各国政府的参与和合作。事实证明，多年来各国发生的一些处理比较成功的城市突发事件都十分注重治理过程中的国际合作和协调。震惊世界的美国"9·11"事件、发端于英国后蔓延于欧洲的"疯牛病"危机事件，因世界各国政府对危机发生国处理城市突发事件的积极参与和支持才取得了满意的应对效果。2003年2月23日越南发现第一例SARS患者至76例临床确诊病例（其中死亡5例），4月28日世界卫生组织宣布越南成为控制住SARS疫情的国家，随即解除去越南旅游的全球警告。越南之所以能够如此迅速化解SARS危机，就是他们在疫情发生时与国际组织展开了富有成效的合作，获得了非常及时的外援。这种国际合作，随着全球化趋势的加强已经成为各国成功处理突发事件的重要因素。许多城市在加强国际合作的同时，都设立了专门的机构加强对突发事件治理理论的研究，如美国行政管理协会的危机治理分会等。

随着国际交往的增多，发生在一国的城市突发事件可能会迅速波及其他国家，甚至造成全球性的连带性冲击。在我国历史上形成的遇事喜欢自我独立解决的习惯，使我国不大愿意主动地在面对城市突发事件时向外界公开并寻求合作。在不损害国家安全利益的前提下，要有效地处理各种城市突发事件，必须加强与他国和国际组织的合作。首先，要加强与各国及与国际组织的学习借鉴；其次是加强与各国及与国际组织在危机治理方面的合作互动；最后要加强在打击恐怖主义、环境保护、金融犯罪、地区安全、毒品方面的合作，从源头上遏制危机。在全球合作下的危机应对使各国可以获得更多的谅解，提高危机救治效率，降低救治成本，[1]更好地恢复社会秩序并重建文明的世界。我国在加强国际合作的同时，还必须大力推进自己的城市突发公共事件治理研究。加强与科研机构的合作，各级城市部门要组织有关专家对危机治理机制问题开展深入研究，总结国内外危机治理机制建设方面的经验教训，特别要系统分析国内外发生的城市突发事件及处理过程，为以后的城市突发公共事

---

[1] 叶国文：《预警和救治：从"9·11"事件看政府危机管理》，《国际论坛》2002年第3期。

件治理提供理论支撑。

第三节 城市突发公共事件治理研究向度的多维视角

笔者认为城市突发事件治理理论体系至少应包括突发事件治理的系统理论、过程理论和对策理论等几个部分。从系统规定性视角、过程规定性视角、对策规定性视角等多向度[①]来分析城市突发事件治理的战略情境，实际上是从研究角度所做的区分。城市突发事件治理在实践中就是它本身，所谓的系统、过程和对策实际上是密不可分、相互关联的统一体。

一 系统规定性视角的城市突发事件治理向度分析

当前，人们对城市突发事件系统元素如突发事件中的政府、媒体及突发事件治理利益相关者等已有较多研究。由于认识得比较晚，学界对于城市突发事件的系统特征如突发事件的系统方法等研究还比较薄弱。

（一）突发事件系统观和系统方法

必须从系统的观点出发理解和管理城市突发事件。经典的突发事件系统观点及方法是所谓的"新三论"，即突变论、协同论和耗散结构论。耗散结构论认为，一种脱离平衡的开放系统，不论是化学的、动力学的、环境学的，还是人文地理的、社会经济的各种不同类型、不同组织的系统，与外界进行相互串通，进行各种能量以及物质的交换，当代表系统内部的某一个参数上升到一定高度时，在经历过程变化之后，系统将会突变，这就是非平衡相变，这一种相对比较混乱状态下成功地转变为在各种不同环境状况的有序性，处于没有平衡支撑的非线性区所构建的稳定、有序的框架结构，在与外界进行物质与能量的交换之后，才可以保持结构稳定，这种情况被称为"耗散结构"。协同论针对子系统所构建的系统宏观结构质变进行研究，总结出了序参量之间的合作和竞争。从协

---

① 葛晓鹏：《银行机构危机管理——基于危机管理理论的研究》，西南财经大学博士学位论文，2005年，第112页。

同理论我们能够得知，系统从无序到有序的过程中，不管原先是平衡相变，还是非平衡相变，都遵守相同的基本规律，即协调规律。突变论指出，系统所保持的基本状态，一般可以使用参数来表示。此时系统保持稳定状态，用来表示状态的函数是一个唯一数值。如果参数在特定环境当中发生变化，系统则会随之改变，处于不稳定状态。还有一些研究者认为，当系统状态发生变化时，参数也会随之发生再改变，不稳定状态也有可能会产生稳定状态，此时，系统状态则会发生突变。

软系统方法、博弈论等许多新方法随着系统理论的发展对城市突发事件中的问题都有很强的解释解决效用。在城市突发事件中如何分别选择并运用这些系统方法的研究目前还处于初步探索阶段，根据系统的层次和特点对突发事件进行类型划分可作为一项非常重要的前期准备程序。在这一方面，很多研究者开展了相应的研究分析工作。与此同时，研究者根据系统范围，将突发事件划分为个人突发事件、组织突发事件、国家突发事件等。按照突发事件来源将突发事件分为内生型突发事件和外生型突发事件。按照突发事件状态的复杂程度、性质以及控制的可能性将突发事件划分为结构良好的突发事件和结构不良的突发事件。根据系统属性将突发事件分为金融突发事件、政治突发事件、社会突发事件、经济突发事件。

（二）系统角色研究

1. 政府。政府权力源自于人民，其存在价值即为人民谋求福祉。城市突发事件的发生危及人民的生命和财产安全，因此，政府承担城市突发事件治理的责任是政府存在的目的使然。加快政府转型是适应我国城市突发事件变化的必然要求，作为政府转型的目标——建设公共服务型政府对我国政府的绩效标准、政府职能、管理方式、施政理念等都提出了新要求。政府管理着大量的公共事务，不仅行使着各种权力，同时还要承担行政、法律责任，因此，政府必须在突发事件情况下处于绝对责任主体地位，它担负着人民乃至国家安全责任，必须管控好突发事件并减轻突发事件造成的危害。政府权力的行使必须在符合大多数人利益的基础上有效防范突发事件，实现社会的良性发展。这是政府突发事件治理的内在价值准则。基于此，政府在突发事件治理中的功能在于提供有效的制度供给，在畅通信息渠道科学决策的基础上实施有效对策并积极维护社会稳定。

2. 非政府组织。非政府组织是依法建立的具有一定志愿性质的、非营利、非党派、非政府、自主管理并致力于解决各种社会性困境的社会组织①。目前，在社会经济、政治和环境保护等领域非政府组织已成为影响与推动社会发展的重要力量。非政府组织复杂多样，称谓五花八门，但它们具有一些共有特性，如民间性、专业性、灵活性等。在专业技术、灵活性、组织机制上具有优势，这有利于非政府组织在应对城市突发事件时发挥重要作用。非政府组织作为政府职能的延伸，在城市突发事件治理中具有突发事件预警、信息传递、心理疏导、信念支撑、汇集社会资源等功能。

3. 媒体。媒体作为城市突发事件传播中最主要的信息沟通渠道，它的功能发挥直接关系到突发事件传播和突发事件治理的效果。2003年"非典"突发事件后，在政策的支持下，国内媒体在城市突发事件传播的参与中日益呈现出不断发展、不断突破的趋势，开始发挥越来越重要的作用。媒体是突发事件的预警者，突发事件信息的传递者，社会关系的协调者，社会动员和舆论引导者、监督者和反思者。一旦城市突发公共事件，遭受突如其来冲击的社会群体心理上往往出现不同程度的忧虑和恐慌。人们在这个时候会比平常更加迫切地关注媒体以获得更多的信息。但是，在"双重属性"的运作逻辑下媒体徘徊在政府监管的"失语"和商业驱动的"喧哗"之间，尚未确立独立的报道立场和报道原则，其背后是某些媒介社会责任感及媒介从业人员职业精神和专业意识的缺失与不足。

4. 社会公众。社会公众是城市突发事件的直接侵害对象，市民的生命和财产安全是城市突发事件治理最重要的内容。市民的危机意识、预防能力和应对水平是决定城市突发事件治理效果的重要因素。公众参与有助于政府充分考虑和重视广大人民群众的疾苦，并可以使政府在城市突发事件治理的过程中充分考虑广大公众的利益和愿望，减少决策的盲目性，提高政策的合法性。公众参与还可以降低执行时遇到的困难，有利于政策的有效执行。另外，市民通过参与，可以提高突发事件处理过

---

① 赵黎青：《非政府组织问题初探》，《中共中央党校学报》1997年第4期。

程中的责任感和对城市突发事件决策的宽容精神，还可使公众成长为更具民主观念和民主能力的人，可以坚定公众在城市突发事件治理中的主体地位。这样能够帮助政策执行主体认识到尊重政策相对人所享有的权利和人格，同时重视提示政策相对人对政策的认可度和参与积极性，提高政策执行效率，降低政策执行过程中具有强迫性以及人格侮辱等违法行为的发生概率。

二　过程规定性视角的城市突发事件治理向度分析

城市突发事件治理过程理论视突发事件为动态的存在过程，积极探索其发生、发展过程中的整体及各阶段的基本表征。起初突发事件治理过程理论对突发事件周期性复发重视程度不够，针对单个突发事件阶段及其发展过程研究分析较多。近几年由于相似突发事件经常发生和组织学习理论的活跃，学习过程被作为突发事件过程理论的重要组成部分。

首先，潜伏期理论。城市突发事件治理的一个基本前提就是认为突发事件在爆发之前都会有各种各样的前期征兆和苗头。及时发现这些可能导致突发事件的先兆并采取适当的措施应对则可能防止突发事件的爆发。通过收集和整理各种信息，采取科学合理的方法进行研究，就可以对激发突发事件发生的"导火索"采取必要的防范、控制策略，避免突发事件的发生。但是基于城市突发事件爆发的不确定性，人们必须牢固树立危机意识，善于捕捉突发事件征兆的各种信息，以做好应对各种突发事件的心理和物质准备。其次，突发事件生命周期理论。突发事件生命周期理论是指突发事件因子从出现到处理结束的过程中，有不同的生命特征。突发事件治理的单周期过程模型通常可以分为三个阶段：突发事件前、突发事件和突发事件后。有部分研究者将周期划分为潜伏期、发展期、爆发期、治愈期四个阶段，还有研究者把周期划分为潜伏期、显现爆发期、持续演进期、消解减缓期和解除消失期五个阶段，还有些甚至将周期分为六个、七个阶段。突发事件尽管可能会经历生命周期等几个阶段，但只要处理得当，突发事件可能根本不会发生，即在突发事件处理的过程中将其彻底消灭。再次，突发事件学习理论。近年来，同类型的突发事件呈现出某种循环特征并不断发生，引发人们特别重视突发事件生命过程的周期性和跨时空的相似性规律。因此，在城市突发事件治理中组织学习理论得到应用并发展成突发事件学习理论。突发事件学习理论认为突发事件具有跨组织的周期性与相似性，要有意识地不断学习并积极改进突发事件治理方法，不断提升应对相似性城市突发事件的治理能力。

三 对策规定性视角的城市突发事件治理向度分析

在对突发事件客观过程认识的基础上城市突发事件治理的对策理论研究如何挖掘人和系统的潜力达到趋利避害的策略和效果。目前，城市突发事件治理中人们研究最多也最为成熟的一部分内容就是突发事件治理对策理论。

（一）事前对策

首先，突发事件预防。城市突发事件预防是突发事件治理中最为高效的管理方式，它致力于从根本上减少突发事件的发生及事态的恶化以防范缩减城市突发事件。当前，我国正处于经济转轨、社会转型的重要机遇期，突发事件的发生概率大大增强。实际上人们往往将关注重点放在应对和解决突发事件的对策上。当代城市突发事件治理的精髓在于突发事件潜伏期的准备预防。其次，突发事件预警。在某种程度上城市突发事件状态的预警以及突发事件升级的预警比某一突发事件的解决显得更加重要。在突发事件未发生之前如果能够及时消除产生突发事件的根源则可以为我们节约大量的人力、物力和财力。城市突发事件预警要求一个组织预先制定应对突发事件的应急策略，防范在突发事件发生时无法积极响应以致束手无策。但是预警也有对预警系统的过分依赖、错误预警和系统失灵等自身的局限性。再次，突发事件情景模拟。我们这里讲的城市突发事件情景模拟指通过对城市突发事件情境下系统运行的模仿与演练达到突发事件准备并提高突发事件治理能力。情景模拟的关键在于尽可能多地还原现实场景和环境等因素，塑造一个真实性高的突发事件情景，结合所设定的场景和研究目的，在已有前期计划基础上进行模拟活动的同时，不断总结过程中的细节和经验，以此来完善计划。随着科学技术的不断更新和发展，这样情景模拟可以以多形式展开，打破传统技术困境，不局限于实地演练，还可以充分利用强大的计算机技术，虚拟场景进行模拟，也可以以理论的形式，用思维能力通过推理，这些模拟模式不仅能提高研究成果转化，还能在人力、物力财力上极大地节约投入。

（二）事中对策

城市突发事件治理中的事中对策主要包含突发事件决策、危机公关、突发事件隔离控制。（1）进行突发事件隔离控制。即在城市突发事件发生后，要立即考虑采取一切可能的隔离措施，将突发事件控制在可能控制的范围之内，切断一切使突发事件得以蔓延的途径。这就要求城市突发事件治理主体提前找出问题即时评价并彻底阻断危及系统其他通道的根源；强化现场控制力度，疏散转移相关参与者，实时评价突发事件发生规模、严重性，达到实时监控的程度；保证信息畅通、资源充足，积极争取相关利益者的合作，并考虑决策对突发事件后续的影响程度。（2）危机公关。危机公关的概念在20世纪90年代左右进入中国，在西方比较流行且有一定的历史。危机公关其实质就是依赖民间组织的力量，发挥大范围的监督机制，在危机预防和控制上下重锤，团结一切可以团结的力量，维护社会组织稳定和发展。危机公关独特之处是在危机爆发后，社会组织自我恢复能力极强，它通过前期与公众建立良好信誉关系后，面对小危机时可利用的隐形资产进行应对。然而这样的措施对于大的严重的突发事件来说抵抗力较弱，如果过分依赖这种手段，一旦遭遇大危机，那后果将是不可想象的。（3）突发事件决策。城市突发事件决策主要研究各种因素对最终决策产生的影响。作为非程序化决策的城市突发事件决策与常规决策差别较大。城市突发事件治理中的决策涉及不同利益相关者的利益时，突发事件治理决策必须遵循以决策过程中最为重要的治理行为涉及的利益有优先地位[1]。人们在突发事件中的信息处理能力的偏差、个人尤其是领导者等关键人物的认知偏差、不良的精神状态及无意识都会对决策产生重要影响。

（三）事后对策

城市突发事件治理的事后对策主要包含：（1）突发事件干预。城市突发事件干预，属广义的心理治疗范畴。突发事件干预指借用简单心理治疗的手段，帮助当事人，处理迫在眉睫的问题，恢复心理平衡，安全

---

[1] 蔡志强：《社会危机治理价值变迁与治理成长》，上海人民出版社2006年版，第120页。

度过危机。城市突发事件来临时，遭受突如其来冲击的社会群体，心理上往往出现不同程度的恐慌和忧虑。突发事件受害人的康复不仅仅需要医生的干预，更需要家庭、社区等多方干预。（2）危机恢复。如何尽快消除危机爆发后的影响，重建修补设施、维护更新设备是危机恢复的必要环节，对组织的可持续发展至关重要，但并非危机恢复的全部。危机恢复既要注意有形的恢复又要关注社会心理等无形的恢复程度。（3）危机谋利。某种程度上城市突发事件不仅意味着危险，也意味着机会和转机的来临。如果正视并解决危机事件所反映出来的问题，善于积极总结反思突发事件的各种因素有可能成为创造新生的契机和革新的动力。笔者用危机谋利指代在危机中利用"机会"谋求有利结果。突发事件中的"机会"既表现为异向机会也表现为同向机会。我们从系统变化看无论是同向机会还是异向机会最终都表现为系统的变化，如果处理得当那么危机即变为契机。

第四章

多主体联动下城市突发
公共事件协同治理

全球范围内不断爆发的城市突发公共事件，引起世界各国高度重视和公众严重关切。城市突发事件，仅仅依靠政府的力量很难有效地应对。非政府主体以及公众自身的危机意识、突发事件协防能力和应对水平便成为决定城市突发事件治理效率的重要因素。因而在强调政府部门突发公共事件的快速反应、责任性、透明性和合法性等原则的同时，还需要重视政府突发公共事件治理体系中其他参与主体的作用，尽最大努力将社会力量吸引进来，使社会力量能够有效参与城市突发公共事件处理中。"国家组织、非政府组织、企业、家庭和个人在内的全部社会组织和行为都可以作为治理的主体，都需要纳入治理活动中，都享有治理结果的权利。"[1] 构建基于流程优化的"主体多元—网络塑造—联动主体—走向协同"的多主体联动下的城市突发事件协同治理模式对应对城市突发公共事件具有重要的现实意义。

第一节　城市突发公共事件多主体
协同治理模式的构建

当前，我国尚未形成统一的多主体城市突发公共事件协同治理模式。各主体间的合作还仅局限于政府的公示、接受群众咨询以及听证会等，

---

[1] 杨雪冬等：《风险社会与秩序重建》，社会科学文献出版社2006年版，第289页。

并未达到不同主体有效协同的目的要求，其他主体在这一过程中均是被动角色，相应作用并未获得充分发挥。现行模式的主要特点体现在由政府主导、分类管理与条块分割等。显然，该模式不能为各社会力量获得发挥创造相应的良好条件，无法起到协同的效果，我们要全面地革新并搭建更为有效的城市突发公共事件治理模式，从而为城市安全提供更有力的保障。新的城市突发公共事件多主体协同治理模式，需要纳入政府、非政府组织、企业及社会公众等诸多力量，在这基础上搭建相应的网络平台，让性质及背景不同的组织、个人等能参与其中，实现信息共享、统一目标、彼此信任和统一资源，积极构建全方位的互动关系，为城市突发公共事件的风险治理出谋划策。

一　城市突发公共事件协同治理多主体审视

城市突发公共事件协同治理模式的建构，不仅是降低城市突发公共事件发生率的有效办法，还是不确定性情境下积极应对城市突发公共事件治理的必要途径。在社会风险日益严重化的今天，一方面城市突发公共事件逐渐表现出爆发性、连锁性及衍生性等特点，使城市突发公共事件治理的不确定性增大。在该背景下社会各界必须要进行广泛合作，共同克服城市突发公共事件方面的风险隐患。另一方面，城市突发公共事件治理模式和国家治理模式之间存在紧密的关联，前者的发展充分证明后者在不断走向成熟。

（一）城市突发公共事件协同治理模式的提出

当前，我国的治理体系正在全面革新并朝着现代化方向发展。不同主体彼此协作所具有的重要性逐渐受到相应重视，过去从上到下的这种全能管控模式逐渐被多层次合作的协同治理模式取代[1]。在以往的国家治理体系之下，政府、非政府组织等主体彼此的协同均受到限制，针对该情况，出于提高城市安全治理成效的需要，必须将各个主体的能量尽可能发挥出来。而想要达到这一目的，创建和应用多主体协同治理模式不仅关键且是重要前提。

---

[1] 徐琳：《公民参与视角下的中国国家治理能力现代化》，《新疆师范大学学报》2014年第8期。

治理模式是以政府、非政府组织、企业、社会公众为主体而形成的网络结构体系，要成功搭建这一体系，所有主体必须拥有同样的目标，彼此要充分信任并愿意进行知识、技术以及信息等方面的分享。形成治理模式的过程实际上是上述主体在整个网络体系中目标协同、信任巩固、信息分享、共同解决城市突发公共事件并不断磨合的过程。城市突发公共事件协同治理模式指的是将政府、非政府组织、企业及社会公众全部纳入并搭建共同合作的网络，让性质、背景存在差异的组织和个人参与进来，实现信息共享、调整目标方向趋于一致、彼此信任、统一资源及形成全方位的互动关系，为城市突发公共事件事务的治理出谋划策。需要注意的是，在搭建城市突发事件合作网络时，不能忽视该网络体系的整体目标。任何一个成员都必须为这一目标的实现作出相应贡献，同时不能违背治理的规则以及程序，为达成这一目标而展开不同层次和维度的交流协作。该模式旨在满足公众应对突发公共事件方面的需求，并在目标、信息、组织彼此协同的前提下，为应对如今风险社会背景下城市突发公共事件治理不确定性问题提供有效的措施。

推行城市突发公共事件协同治理的过程中能够将不同主体掌握的资源全部集中在一起从而达到取长补短的效果，这是创建突发公共事件治理网络结构体系的重要条件。事实上，只有这样才能提升城市突发公共事件的治理绩效，为城市的长期稳定健康发展奠定扎实的基础。

（二）基于流程优化的多层次城市突发事件协同治理模式

针对如何划分城市协同治理主体学术界普遍存在两大观点：从宏观层面上包括了政府、社会以及市场三个主体[①]；从微观层面上包括了政府、社会、民间组织、社会公众、市场等主体[②]。两种划分方式的主要区别在于后者进一步将社会细化成了更多的主体。然而即便是微观层面的划分方式，学术界至今仍未达成一致。比如部分学者认为社会组织应该包括民间组织和事业单位等[③]。还有一些学者提出，"基层组织"不应该

[①] 吴丹、华涛：《合作治理——公共事务治理的新逻辑》，《中共福建省委党校学报》2015年第2期。

[②] 那静野：《中国社会协同治理机制建设研究》，吉林大学出版社2014年版，第38页。

[③] 孙秀艳：《社会协同的内涵解析与路径选择》，《中共福建省委党校学报》2011年第10期。

和事业单位一并划分出来，这是因为社区街道办事处也属于事业单位范畴。在划分城市突发公共事件协同治理主体的多元性时，应该结合具体的研究内容和目的进行划分，以微观或宏观的角度为侧重点。在划分之前需要确定参照系，如果研究课题涉及的是国家机构改革的顶层设计，可以以宏观划分方式为主，但如果是探讨协同的形式、规律、机制等问题，则应该选择微观划分方式。再如把参照系定位于社会发展的主题，对于以往的城市一元治理模式在划分时要单独列出"基层组织"，而在现代化的治理模式下，则应该将其进一步分为"社区居委会""基层自治组织"等。

多元主体是城市突发公共事件治理最为显著的特点，是确保不同主体彼此能够协同作用的基础。多元主体模式在公共事务管理的很多方面，诸如公共服务以及环境治理等均获得广泛应用。该城市治理模式强调的是关注不同的主体，并使这些主体积极参与竞争、交流以及协调等诸多活动，以期为解决问题寻找更为有效的措施。城市治理的核心要义体现在主体的多元性方面，主体从单一性变为多元化，安全管理也过渡到安全治理上。各个主体在城市突发公共事件治理中具有平等的地位，同时也表现出一定的独立性特点。这种独立性指各个主体都能够在一定范围内自主地调配和运用资源以及开展行动，平等的地位主要指各个主体之间为合作关系，并非以往的领导和被领导的关系。

基于流程优化的城市突发事件协同治理模式下，各个主体会更加主动地参与突发公共事件事务治理中，同时在这一过程中彼此协作，因此其具有自治和共治的双重特点。从整体上来看，这种模式需要在自治理念下进行运行，也就是各个主体进行自我管理和协调并排除外部干扰。不过，由于各个主体都承担着一定的责任，因此必须将自治和共治结合在一起，在不断交流及合作中开展自身活动，进而达成共同的利益诉求。为此，在创建并运行城市突发事件协同治理模式之前，必须从理论方面着手搭建不同主体取长补短、资源整合的框架，以便为这一模式的运行奠定更加扎实的基础。

从理论角度上，城市突发公共事件治理多元社会主体有效协同的过程，是不同主体彼此不断磨合的过程。城市突发事件协同治理模式是在约翰森（Johanson）等创建的关系和互动模型以及孙国强创建模型基础上,融入"多元主体""机制抉择"要素,从而构建基于流程优化的"主体多元—网络塑造—联动主体—走向协同"为主导的多层次城市突发公共事件协同治理模式。城市突发公共事件协同治理模式涉及拥有一定独立性和平等性地位的各种主体,朝着一个目标和一个方向前行,在既定的规则范围内形成互为导向的关系,然后彼此再进行博弈、沟通与协调等,最终利用整合机制达到城市公共治理整体性与一致性的目标要求,进而使共同治理的协同效应充分地展示出来。

二 城市突发公共事件协同治理中的网络塑造

网络塑造是城市突发公共事件协同治理达到预期成效的重要前提。多元主体参与突发公共事件治理中并不一定会形成协同效应,即不同主体的简单加总并非一定会创造更高的成效与价值。在探讨城市突发公共事件协同治理之前首先要思考怎样才能使不同主体形成一个有机的整体,各个相互协同的主体只有将其掌握的资源全部整合在一起才能达到共赢的目的。从网络关系(Network Tie)理论的相应观点可以得知,在一个网络组织(Network Organization)里面,一个节点的行为、资源都会对其他节点造成影响,不同节点的利益是因为整合全部节点资源创造出来的成果[①],所以主体多元网络结构塑造是实现更高网络组织利益的重要保障。在城市突发事件风险治理网络关系中不同主体彼此依赖,其利益诉求和整个网络组织的利益诉求是一致的,在决策和行动时不仅仅考虑自身利益和目标,同时还强调和其他主体共同构成彼此制约及依赖的组织结构。各个主体都愿意参与共同合作中,按照特定的规则行事,只有这样才能将自身能力在最大程度上发挥出来,进而形成主体行为的系统性和整体性,使各自掌握的资源更好地整合在一起,保持城市治理行动方向的一致性。

从公共管理角度上来看,网络指彼此存在多重联系多个节点形成的管理结构[②]。城市突发公共事件协同治理模式的结构,是多个主体节点经

---

① 孙国强:《关系、互动与协同:网络组织的治理逻辑》,《中国工业经济》2013年第11期。

② 王宏伟:《试析应急社会动员的基本问题》,《中国应急管理》2011年第8期。

过长时间的沟通和互动而搭建起来的城市突发公共事件治理组织网络，它同时表现出节点的特性和不同节点之间的联系。城市突发公共事件治理的各个节点在网络中紧密相连，并在这基础上构成全新的治理结构[1]。"城市突发公共事件治理网络包含所有主体，这些主体在塑造网络结构时会作出自身贡献，同时还承担起城市突发公共事件治理中的工作任务，并确保城市突发公共事件治理活动能够顺利、有序地开展。"[2] 城市突发公共事件治理涉及的不同节点构成网络结构后，会在网络中体现自身的优势，形成更加强大的合力、实现更可观的突发公共事件治理成效。城市突发公共事件治理网络结构体系中各地政府机构存在交流互动，各个主体之间也会联合运作。如缺乏协调性、合作性以及资源共享等基础，则城市突发公共事件治理工作就难以顺利推进。合作网络可以将政府、市场、社会的治理能力，全部融合到城市突发公共事件治理体系中，从而使城市突发公共事件治理效果获得一定幅度的提升[3]。

（一）网络结构的构成要素与相应特征

城市政府及企业等不同主体为了降低突发事件发生的可能性或负面影响，在各种信息网络技术下搭建的彼此依赖权力分享和互动的动态自组织网络即城市突发公共事件协同治理网络结构。在治理主导机构的引导下，它包含不同节点的静态网络，也是不同节点重复建构、重构、解构的动态系统网络。在网络和信息技术的支持下动态系统中的不同节点开展交流互动活动，这样确保处在社会各个空间的节点将资源能够整合起来，搭建起具有扁平化、弹性化特点的城市突发公共事件治理组织结构和网络。利用动态的组织的网络合作关系取代以往政府的官僚层级体系，通过有效的工作方式和组织结构，确保城市突发公共事件治理形成合力，同时使系统本身能更好地适应外部环境出现的各种变化。

1. 网络结构多主体协同的构成要素

协同目标、组织网络以及构成网络的各个节点三个部分构成了网络

---

[1] 康伟、陈波：《公共危机管理领域中的社会网络分析——现状、问题与研究方法》，《公共管理学报》2013年第4期。
[2] 刘学彬：《论地方政府应急管理的协调联动》，《四川行政学院学报》2008年第6期。
[3] Kyoo-Man Ha and Ji-Young Ahn, Application of the "Spider-Web Approach" to Korean Emergency Management, *Journal of Homeland Security and Emergency Management*, No.1, 2009, p.2.

结构多主体协同结构。城市突发公共事件协同治理网络各节点指的是承担城市突发公共事件治理工作的不同主体，它包含了组织成员以及成员组织。也就是说，任何能够在城市突发公共事件治理方面起到积极作用的成员和组织都能够被当成网络里面的节点。在发生不同城市突发事件或采取不同应对措施时，参与节点往往也不同，这是城市突发公共事件治理网络体系能够适应各种事件的重要前提。组织网络是不同节点在各种环境下彼此交流、互动的平台。当前，信息及网络技术获得迅猛发展，不同主体协同网络的渠道日益丰富，使不同主体的互动日渐多元，而在组织节点的沟通合作方面也突破了时间和空间的限制。协同是为了让不同节点在城市突发公共事件治理中保持良好的交流和协作，从而促进各个主体形成紧密的依赖和合作关系，将不同节点的行动整合在一起，从而形成多主体的整体合力。城市突发公共事件协同治理网络中不同节点采取方向一致的集体行动的前提在于拥有同一个目标。整体而言，不同主体对协同目标的认可，使城市突发公共事件协同治理多主体协同网络的权威以及一致行为获得保障。

2. 网络结构多主体协同的特征

对比过去以政府为唯一主体的情况看，城市突发公共事件协同治理网络结构体系的不同点主要体现在：一是多元性。多主体协同网络结构体系并未遵循以往的行政中心主义，对公共部门承担所有公共事务的观念提出挑战，引导更多的主体参与进来。在理顺政府组织关系的前提下，将社会和市场的力量整合在一起，在此基础上搭建多主体协同的制度化体系以及组织化的治理网络。在这一过程中，政府和其他主体都是合作者的身份，政府不像以往那样凌驾于社会之上。二是层次性。根据城市突发公共事件的影响范围的差异性，以事件的影响范围为依据把网络结构体系划分为多种层次，比如以国际组织和国家为主体的体系、国家内部的体系、地方级别的治理体系等。各级行政区域都能够形成自身的治理网络体系，在面对各种突发事件的过程中采取各种联合行动。三是交互性。社会管理权力在过去运行中具有单向性的弊端，上级组织按照官僚制度等级原理向下级发布命令并由下级执行，通过这种方式达到管理和控制的目的。但对于现代城市突发公共事件治理而言，它根据网络治理理论并应用上下互动方式，实现多向性及交互性的权力分布。各个主体进行广泛、深入的交流和合作，从而达到城市突发公共事件治理的协同效应的目的。四是统一性。城市突发公共事件治理网络组织节点间的联结比较松散，在网络的作用下整合在一起，具有一定的独立性和自由，但这并不意味着治理网络内部是没有权力结构和等级的。各种层次的城市突发公共事件治理网络，在城市突发性公共事件中统一行动。在权力等级基础上实现分类管理、统一指挥和调度、严格执行监督[①]。五是技术性。应用网络和信息技术是搭建城市突发公共事件治理网络体系的重要前提。该技术的应用能让不同组织节点之间的交流和互动突破时间、空间的限制，这样不同层级的网络体系和各个主体才能实现跨地域、跨边界的互动，以更好地应对城市突发公共事件问题。

城市突发公共事件治理多主体协同网络结构是多重网络即政府网络、社会网络、企业网络彼此交织在一起构成的有机结构。其中最重要的是政府网络，它扮演着主导者的角色，在城市突发公共事件治理方面承担着资源分配、目标聚合的工作，然后基于同一个目标和计划，把其他的主体更好地串联起来，由此打造出上下贯通、内外协调、彼此相连、宽松自如的合作网络，在城市突发公共事件治理方面形成合力。无论是从治理权力、主体关系、结构边界、运行规律，还是从职权来源、信息传递、决策模式角度上来看，该多元网络结构和以往的政府管控型结构体系均具有明显差异。正是该差异的存在，使网络关系体系在各个方面都具有显著优势。

城市突发公共事件协同治理网络结构由政府内网络和外网络构成。前者包含上下级政府间关系、平级政府关系、政府不同部门关系等，后者主要指政府和其他主体，比如企业、社会公众等的关系。它基于多元协同治理理念，搭建起政府和其他主体彼此协同的实现机制。在塑造城市突发公共事件协同治理网络结构时，首先，必须彻底抛弃以往的从上到下的管理思想，突破官僚组织的层级限制；其次，搭建各个主体协作的良好平台，丰富交流渠道；最后，将各方主体的力量整合在一起，制定和设计不同主体合作的制度和协同的机制。确保各方主体的行动融合

---

① 杨志军：《城市公共危机治理：体系结构与框架战略》，《中共天津市委党校学报》2012年第9期。

在一起，打造合作同盟，而非将政府置于其他主体之上。

(二) 城市突发公共事件协同治理中网络塑造的基础

其他治理网络和城市突发公共事件协同治理网络具有明显不同，其在明确战略愿景指导下搭建起相应的制度框架。在战略方面通过权力及其约束工具，从而将多主体的目标的方向调整到一个方向上，并给予各个主体的治理行为提供相应指导。从战术上来看，通过不同主体彼此间的交流、反馈，让各个组织节点达成良好的互动关系。

1. 目标的统一性。政府不但要主动将其他主体及其拥有的力量融合到城市突发公共事件治理网络中来，同时要提出各方主体的共同目标，以此为导向开展互动合作，实现不同主体的协同效应，这是形成城市突发公共事件治理合力的重要基础。城市突发公共事件治理目标，指通过城市突发公共事件治理所需达成的目的。从我国的层面上来说主要存在三个目标：其一，为居民的生命、财产安全提供保障。这是城市突发公共事件治理最重要的目标，在搭建城市突发公共事件治理网络结构时不能脱离这一目标。该目标主要体现在当社会公众的生命安全受到威胁时，及时地提供救援和救助，同时将各种突发事件对社会公众财产造成的影响控制在更低范围内。其二，资源整合。它指的是对各个主体所掌握的资源进行转移、吸收、消化、共享、利用等。资源整合是城市突发公共事件治理网络塑造的主要目标，它是建立有序的网络结构的重要前提。在打造网络结构时要彻底抛弃部门主义思想，将各个节点掌握的资源整合在一起实现技术、信息、物资共享的目的。其三，实现更高的绩效。当前的城市突发公共事件治理，是为了更好地应对各种城市突发公共事件而随机融合起来的临时性的协同。在协同规划和协调方面做得不到位，从而使不同主体对对方的信任不够、无法有效地进行互动。参与城市突发公共事件治理网络的任何组织都要在对突发事件全面了解的基础上及时地分享信息，实现更高效的互动和决策以提高城市治理活动的整体成效。

2. 权力的约束性。在城市突发公共事件协同治理中，政府借助手中的国家紧急权力来完成规划拟订、资源配置、关系协调等工作，进而提高其他主体的行动能力。这种权力指的是决定权、公布权、执行权以及监督权。拥有这些权力，就具备了权威性的地位。这些权力由政府掌握，因此政府应该承担利用国家紧急权力处理城市突发事件的责任，这种权力是不能和其他主体分享的。当然，政府也不能滥用这种权力，只有在出现突发事件的情况下，在法律允许的范围内行使这一权力。在政府行使权力的过程中，其他主体应对其予以监督。另外，权力行使旨在维护公众利益，降低各种城市突发事件的影响，为城市实现长期稳定健康发展创造更好的条件。

3. 工具的使用性。城市突发公共事件治理多主体协同参与工具指的是为了处理突发事件，打造不同主体的协同关系而应用的各种措施和手段，比如行政、法律等方面的手段。就我国而言，行政手段主要指的是行政协调，该手段不但能够在短时间内起到立竿见影的效果，还可以高效地协调不同系统间的关系，从而更好、更快地应对突发事件。行政协调追求的是理性和效率，强调强化权力、统一组织结构、使用紧急权力[1]。当然，行政手段并不能解决所有的问题，因此合理应用法律手段就显得非常有必要。该手段能将政府的行政行为约束在一定范围内，能有效避免政府逃避责任的同时还能提高政府行为的规范性。法律要明确城市突发公共事件的常态管理以及非常态管理的范围，对二者转换的前提进行阐述。除此之外，在城市突发公共事件治理方面经常使用到的工具还有经济以及社会手段。前者能够起到平衡不同主体利益诉求的作用，从而更好地将各个主体拥有的资源整合在一起；后者则是一些柔性的工具，比如教育、情感等工具。

4. 沟通的顺畅性。不同主体间进行的沟通和反馈行为是建立有序协同非常重要的前提，这一点特别适用于城市突发公共事件治理网络结构。其一，沟通。参与城市突发公共事件治理的各个主体通过沟通能够更好地分享信息了解对方的需求和现状，从而使城市突发事件风险治理网络系统的整体效应发挥出来。搭建城市突发公共事件治理多主体网络结构需要有效的交流沟通。沟通能够巩固信任提高社会网络纽带的可靠性，将协同成本控制在更低范围内，为发挥更大的协同效应奠定基础。各个主体通过有效的交流能够提高对彼此的信任度，从而实现协同的目标。来自各个城市或同一个城市的不同政府部门，因为地理区位上的距离，

---

[1] 刘霞、向良云：《公共危机治理》，上海交通大学出版社2010年版，第84页。

或是管理方式的差异，对彼此的了解是非常有限的。在这种情况下只有足够的信任才能让他们共同地应对城市突发事件。其二，反馈。城市突发公共事件治理网络结构，是具有复杂性、适应性特点的系统，各个节点彼此间的反馈是达到协同目的的前提条件。在各个主体的引导下，城市突发公共事件治理活动全面开展，资源、信息和组织被整合在一起，从而提高城市突发事件应急工作的有序性，使城市功能安全治理的协同效应能够在更大程度上发挥出来。若协同效应和之前设定的治理协同目标是相同的，证明治理目标已经达成；否则就要调整城市突发公共事件治理系统要素的配置，持续地优化并设计新方案直到城市突发公共事件治理目标能够达成。通过上述分析可知，反馈的主要作用体现在纠正错误的协同行为，使应急预案、突发公共事件处置等行动和实际情况相符，防止出现信息和资源分配不均的问题，从而提升城市突发公共事件治理方面信息和资源配置的合理性水平。

城市突发公共事件协同治理涉及不同的主体，能否达成预期的治理目标和协同效应在很大程度上是由不同主体的交流和反馈效果决定的。搭建高效的、合理的城市突发事件风险治理网络协同体系的前提在于同一个协同目标、对权力进行约束、利用有效的工具、保持不同主体良好的沟通和反馈。

三　城市突发公共事件协同治理中的主体联动

城市突发公共事件协同治理中最核心的内容是主体联动。在城市突发事件风险治理中，主体联动能够促使各主体不断加强合作并形成规则及构建共同目标，最终促使各主体将共制及自制充分融合。主体联动能够确保主体间功能实现互补，从而确保整个组织的综合绩效能够得到充分提升。一旦网络结构的建设能达到相应目标，城市突发事件风险治理主体间关系的调整势必会对网络带来较为明显的影响，每个主体都是其中十分重要的内容，都无法脱离彼此的相互作用。可见，在城市突发事件风险治理主体网络完成后，还要对运营中的沟通互动及协作加以关注，确保上述网络的正常运行。城市突发事件风险治理主体联动对资源和行动功能的互补有着较为明显的帮助，在上述关系网络中，由于主体之间无论在资源还是功能方面都表现出彼此互补的状态，因此彼此的依赖性表现得较为突出，即共生性依赖①。上述组织网络对资源的配置以及行动力的提升必须借助互动达到目标，而主体的活动及资源通常散落在网络之中。城市突发事件风险治理主体联动对其进行有效整合使相关功能互补，确保资源水平优化并不断提升其行动力，最终确保整体网络的行动和资源使用效率得到显著提升。

（一）城市突发事件协同治理多主体联动的功能阐释

对城市突发公共事件协同治理的主体而言，其具有各自优势，单纯叠加无法构成互动，城市突发事件风险治理多主体联动同基于独立条件的功能、机构间的互补存在较为密切的联系。这一互动类型强调的是在城市突发事件风险治理中，包括政府等其他各类组织在内的达成互动的操作形式。对主体联动类型展开细致分析对于达到协同效果具有极为关键的价值。就此必须要对政府、市场及社会竞争合作的程度展开详细研究，从城市突发事件风险治理主体关联度、依赖度方面入手对目标与利益的一致性展开分析。笔者围绕主体目标、利益融合与分离等将互动类型划分为竞争型互动与合作型互动。

城市突发公共事件协同治理多主体联动的主要功能重点涵盖资源凝聚等多方面内容：

1. 资源凝聚。城市公共协同治理涉及的资源首先是自有资源，其次为合作资源。对后者来说，主要涵盖了那些为应对城市突发事件展开的投资、搭建各类信息系统并以此来确保实现信息共享等。另外，如团队信任、合作程序规则等各类无形资源也可被纳入其中。就这一功能而言，其主要强调的是社会主体提供各类资源来满足协作要求，最终确保城市突发事件风险治理协同效应目标的落实。在这一操作过程中，政府居于治理主导的地位，其自身掌握着较为庞大的资源，也拥有着较强的权威性，如果同其他主体进行对比，显然其优势更为明显。不过在这一过程中若过多强调强权治理，会导致多元社会主体合作无法长久持续下去，同时从长远来看可能会产生较为突出的负面效应。鉴于此，政府组织要积极扭转传统思维，秉持更为积极和开放的理念，构建新的合作机制使社会主体的合作意愿能充分挖掘出来，以尽可能地形成强大的凝聚力。

---

① 董文琪：《政府、企业及非营利组织的共生关系探析》，《江淮论坛》2006年第2期。

在这一过程中应以城市突发事件风险治理多元主体合作愿望为基础，努力充实各类资源，加强信息共享，同时要在政策上给予倾斜。各类非政府组织不断提升专业实力，加强资金协助，确保多主体合作及沟通活动得以顺利展开。加强信任，打造良好的信任文化，以此来确保城市突发事件风险治理多主体资源能够得到合理有效的应用。

2. 信息共享。城市突发事件风险治理多主体联动一方面可以凝聚资源，另一方面还能够确保对各类信息的共享。对国内城市突发公共事件管理机制展开分析不难发现，在过去的理念中，针对各类突发事件，政府在信息处理中大多习惯于采用封锁信息的操作方式，但这种方式不光无法快速解决问题，还会导致社会恐慌进而加剧问题处置的难度。信息透明公开可以让广大公众看清城市突发事件事实真相及相应的发展变化，同时，还能够借此对政府及相关机构的应对措施有更为全面的了解，使社会能够同政府共同面对相关问题。由此可见，信息资源的共享对城市突发公共事件治理极具价值，一方面能够对城市突发事件进行有效控制，另一方面还能够充分维护政府自身形象并加强主体联动。

3. 融合互动。各个组织自身的利益都具有独立性，但在各类城市突发事件面前，通常需要同其他组织之间建立密切联系，编制有效的各类城市突发事件系统。加强主体联动能够加快资源与功能的优化配置，确保组织能够顺畅联系达到在更短的时间内恢复和组织生产的目标。在具体操作中，一方面政府组织内部要注意做好沟通，使各层级协调组织繁杂、职责及协调关系较为模糊的问题得到全面改善。另一方面政府同各类组织要展开积极互动、加强联系，同各类非政府组织及民间力量等实现密切合作，确保沟通渠道的通畅。

4. 机制协同。面对城市突发公共事件构成的危机环境，各组织在彼此凝聚的过程中拥有了较为一致的利益诉求，同时由于互动增强导致彼此更为信任，这使协同机制的建立变得更为容易。不过应当注意上述协同的实现是建立在信任及危机压力之下，其自身的风险较为突出。一方面，其基于道义精神而融入网络组织之中，但在整体目标上显然拥有一定差别。如果基于目标要求需要相关利益做出牺牲时，很可能导致协同取向无法长期维系。另一方面，面对城市突发事件引发的危机状态，核心领导层大多会采用集权关系结构来进行应对。此类结构包括灾害应对责任都表现出了过于顶端化的特点。尽管面对灾害应对工作，能够充分提升组织效率并提供坚实保障。但从某一侧面来看，其应对失败的风险也在不断上升。如我国汶川地震的组织网络结构是通过民政部与抗震救灾总指挥部共同搭建的，如果剥离上述组织便意味着这一网络的彻底瘫痪。鉴于此，针对城市突发事件组织系统协同的建设除了要注意建立完整的系统目标，同时要注意做好整体结构的优化。

城市突发公共事件协同治理互动的组织网络，彼此的互动关系不能经常表现出较为明显的预见性特征。汶川地震组织网络关系的整体结构体现出了较为明显的效果，但若是将其照搬至今后的灾害应对工作中，则很有可能无法充分施展自身的作用。我国针对城市突发事件应对及相关系统机制的建设，必须要注意将人道主义精神及人文情感融入其中，在加强细节关怀的同时要注意对未来目标系统的建设投入更多关注。相关系统在非危机状态时的组织目标是努力为各组织提供彼此交流互动的平台，确保加强沟通使网络空间的凝聚功能即吸引力得到充分提升。

城市突发公共事件协同治理的整体架构表现出"核心—边缘"特征。核心部分永远为政府组织，其他组织位于边缘区域，因此针对网络结构层的目标展现出被动接受的特点。上述网络在结构调整过程中首先要注意使各层次成员加强互联互通。针对边缘组织尤其要在利益划分、目标确认等方面不断提升认可程度，以确保综合绩效的提升。其次注意在城市突发事件风险治理主体间建立合作渠道，确保信息及资源的共享互通。除此之外，各类组织应当加强有效互动，尤其是在政府及各类组织之间可借助相应的制度或者设置中介组织来确保上述目标的实现。

(二) 城市突发公共事件协同治理多主体联动的原则

城市突发事件风险治理多主体联动的主要原则涉及以下几个层面的内容：其一，公众利益至上原则。公众利益至上原则是现代政府管理理念中极为关键的原则之一，具有十分重要的地位。城市突发事件通常具备包括不可抗性在内的多种特征，普通公众在面对此类事件时的表现也较为茫然。正因如此，应当将公众利益至上原则作为多主体联动的第一原则，同时也是实现互动的前置性条件。其二，责任共担原则。政府在城市突发事件风险治理中承担着十分重要的角色，其责任也表现得尤为关键。政府必须针对城市安全工作及其风险做出预警，同时要对各类风险展开评估。一旦遭遇城市突发事件，政府需积极应对并展开科学处置。在处置完成以后，政府应针对城市突发公共事件管理做出评价，同时展开深入学习和总结。另外，政府需要在此类事件中尽职尽责，肩负起自身的责任，而包括企业等在内的各类组织也应当对自身责任进行明确并同政府一起做到责任共担。其三，动态权变原则。城市突发公共事件协同治理多主体联动阶段应以现实环境等为参照，认真分析当前形势，采用有针对性的交流方式等对目标和规划内容做出相应调整。坚持这一原则主要是城市突发事件其本身具备较强的不确定性等特征，同时具有较强的变化性，会根据事态发展而发生相应的转化。此类事件通常具有突发性的特点，因此牵涉的各方利益势必存在更大差异，这就要求城市突发事件风险治理各主体在此情况下尽可能展开充分交流和沟通等。外界环境随时出于变化之中，不同主体只能掌握一定量的信息，因此其对事件发展状况、走向等都无法做到准确预估。这要求各主体能够参照相关条件对合作策略展开优化。各主体在突发状况下受制于时间、信息匮乏等多方面因素，其初始目标会在发展过程中产生较多的变化。若要确保计划的动态性就应当参照现实状况，结合自身状况，对相关对策进行持续完善，确保其更具现实操作性，因此必须参照这一原则来执行相应的操作。其四，快速反应原则。城市突发事件整体危害性是极为突出的，若没有得到科学处置与控制其结果势必更加难以应对。面对此类事件，首先要注意在最短时间内选派相关工作人员对事故发生原因进行彻查，尽力安抚群众，确保对事态范围进行有效控制，其次注意同各路宣传媒体展开沟通，及时对外发布事实，尽最大限度谋求公众知晓谅解。若在反应及决策速度上存在重大失误，城市突发事件势必无法得到有效控制，并极有可能导致更为被动的局面。

第二节　城市突发公共事件治理中的政府

基于我国转型期城市突发事件体现出来的新特点，给城市突发事件治理提出了新课题和新考验。实施城市突发事件治理是政府的当然职责，保障公众生命、财产安全，让公众免受恐惧是政府不可推卸的义务。

一 城市突发事件治理中的政府权责定位

政府权力来源于人民,并为人民谋求福祉而存在,而城市突发事件的发生危及人民的生命和财产安全,因此承担城市突发事件治理的责任是政府存在的目的[1]。在城市突发事件治理中政府的表现如何直接关系到国家经济发展和社会稳定的大局。对于政府这一重要和核心的城市突发事件治理主体来说,首先是政府内部纵向权力的划分。[2] 纵向权力划分可以描述为中央和地方政府的权力分配。面对城市突发公共事件,时间紧张、资源有限、信息不畅,而政府部门需要改变过去分而治之的权责机制,从城市突发公共事件的具体情况出发,对政府权力科学地再次分配。这一再次分配的过程,需要城市突发事件最高决策中心拥有一定的集权来应对。突发性和危害性是突发公共事件表现的最基本特征,从客观上,国家和社会的一切力量需要共同配合才能将危机最短的时间内解除。中央政府一定要设置一个有着关键性作用的最高权力指挥机关,便于行动中发出最高命令,对各个部门、资源、冲突和矛盾能够进行统一性地处置和安排,便于为各级政府机关的救治行动提供指导性意见。最高决策中心要求能够拥有一定程度的集权去进行城市突发公共事件治理。

最高决策中心必须拥有一定权威,然而过度集权也会贻误城市突发事件的救治行动[3]。一方面,因为城市突发公共事件发生,尤其是重大城市突发公共事件,就会突出表现为紧急情况的发生,各个地方的情况也会随时发生变化,最高决策中心倘若要负责所有决策的发布几乎是不可能完成的工作。另一方面,倘若政府及其部门将最终决策权交付出去,就意味着责任的旁落,自然在行动中就不会真正将责任承担起来。另外,各级地方政府对城市突发公共事件的真实性往往了解得最为透彻,城市突发公共事件信息由下而上地传递到最高决策中心后,已经被处理多次,

---

[1] 马晓东:《多中心理论视角下城市突发事件治理研究》,中央民族大学硕士学位论文,2014年,第26页。

[2] 曹现强、赵宁:《危机管理中多元参与主体的权责机制分析》,《中国行政管理》2004年第7期。

[3] 曹现强、赵宁:《危机管理中多元参与主体的权责机制分析》,《中国行政管理》2004年第7期。

复杂性也被大大降低，所以，即便信息没有错误，经历了多个环节的传送也使处理时机被大大拖延，工作效率无法得到保障。为此，最高决策中心可以将权力部分授权给各级政府及其部门，将权力科学配置到所需环节，同时将责任也付与相关部门。从这一点看，集权和分权，统一指挥和分权治理是和谐一致的。划分最突出的表现就是权力在最高决策中心得到了微观弱化和宏观强化。在我国，服务型政府构建最为复杂的结构性难题就是如何分权，如果得不到有效解决，就会对我国经济社会的持续成长带来阻碍，使社会陷入混乱和无序的状态，这也是分权所要避免的不良结果。

对政府内部横向的权力分配和约束也要注意。① 横向权力划分可以表述为权力在政府各部门的分配，也就是每一级政府都会将权力分配到各个不同职能部门手中。对权力进行横向分配时，在城市突发公共事件治理面前，各级决策中心与职能部门地位平等，信息在各级决策中心与职能部门进行传递较之于上下级传递更为高效且便利。基于此，城市突发公共事件治理中的权责分配，无需如同上下级政府间的充分授权，各级决策中心可以适当包揽更多指挥权，便于救治行动开展。横向权力划分要关注几个层面的问题。诸如各部门强化沟通和交流，要以大局为重尽可能避免部门分而治之各自为政的现象。这样整个救治体系会以更为高效的状态进行工作，协调一致并做到分工有序。各个职能部门必须明确自身的职责，并在救治行动中予以落实，也减少可能出现的职能不清、权责混乱、敷衍塞责的情况。尤其是城市重大突发公共事件面前，一定要做好各个部门的行动配合，将多方力量集中起来重新分配，成立不同的救治队伍，每个队伍都要具备一定的人员和设备供应。由此，决策指挥中心不再是部门的集合，而是各个分队的集合。在城市突发公共事件现场，各个分队将人员和设备充分配合使用起来，全面开展救治行动。

二　加快政府转型是适应我国城市突发事件变化的必然要求

政府要有效解决日益突出的城市突发公共事件，必须顺应公共行政

---

① 曹现强、赵宁：《危机管理中多元参与主体的权责机制分析》，《中国行政管理》2014 年第 7 期。

环境变化的要求实现全面转型，进一步转变政府职能，使自己的行为更加符合要求①。在以人为本理念的指导下，政府转型的目标就是由公共服务型代替经济建设型政府；由经济性公共服务主体代替经济建设性主体；以制度创新为中心代替以 GDP 为中心；关注社会和谐成长代替单纯性的经济增长。政府转型的总体思路是加快政府职能转变、深化政府机构改革、健全科学民主决策机制、加快推进法治建设。

施政理念的转变。"不应该做什么""应该做什么"以及"应该怎样做"的原则体现了政府的施政理念。首先改变过去长期形成的"管制"理念才能真正推进政府职能转变、改进政府组织结构及其权力配置。这种转变首先体现在建立"全面、协调、可持续的发展观"。过去常常以 GDP 增长作为社会发展的重要指标和政府的首要任务，在强调经济发展的同时忽视了社会发展中存在的不均衡问题。政府现在希望"统筹人与自然和谐发展、区域发展、国内发展和对外开放、城乡发展、经济社会发展"。作为执政党强调"立党为公、执政为民"。作为政府强调将工作的落脚点放在提高老百姓的物质文化水平上。我国正处于社会转型期，施政改革不仅是政府行为方面的改进更是行政理念方面的变革；实现政府转型不仅意味着公共服务型政府目标模式的确立也体现了政府全面更新施政理念的新方向。

政府职能的变化。计划经济时代产生了全能型政府的职能模式，也是当前经济体制改革的重点目标。计划经济时代，政府借助于指令性计划和行政措施来管理经济和社会工作，政府有着全能型的职能。政府兼具了生产者、监督者和控制者三种职能，而其自身应当为社会和民众做出的公共服务职能却被忽视。社会主义市场经济的成长，迫切要求政府将微观经济活动转交给市场进行处理。过去的微观主体指令性管理行动变为服务市场主体活动，变为帮助企业在生产经营活动中获得良好的外在发展环境。而社会主义市场经济的成长，特别是国有经济在布局上的战略性转变，国有资产进行体制性变革，政府的公共管理职能区别于国有资产出资人的职能，市场活动中的政府和国有企业角色得到了明确的

---

① 王郅强：《试论政府转型的动因与目标模式》，在吉林省行政管理学会政府管理创新研讨会上的发言，2004 年 4 月。

厘清；政府对经济的管理方式也在非公有制经济的发展中走上正轨；现代产权制度的构建将政企不分、政社不分和政事不分的问题一并处理掉。实践说明，市场主体掌握了经济决策权，并且为各类市场主体创造了自由竞争和公平交易的外在环境，使市场主体能够独立对经济后果和社会影响予以担负，政府也能将精力集中用于对市场环境和秩序的宏观掌控上，便于市场经济得到更多活力。

管控方式的转变。管控方式的转变体现为政府内部管理方式和对城市突发事件的治理方式两个层面的转变：在政府内部管理方式上要充分利用信息技术和网络技术优化政府管理环节提高流程效率。党的十九大报告明确提出了"以信息化带动工业化""大力加强电子政务建设"的战略方针。电子政务的发展对传统的政府管理体制和管理方式提出了挑战。在电子政务下政府要逐步建立起以客户为中心的管理模式，不断改进领导方式和决策方式以及公务员的工作方式，以便符合"行为规范、运转协调、公正透明、廉洁高效"的行政管理体制构建要求。在城市突发事件的治理方式上，"有所为有所不为"的政府才可能激发社会的自我实现能力。政府要由原来的直接管钱、管物、管人转变到制定规则、维护秩序、提供公共服务上来，由直接管理走向间接管理、由微观控制走向宏观调控、由以行政手段为主走向以经济、法律、行政手段的综合运用。政府要借助于公共管理、公共政策、服务水平、任务和原则的明确和监管落实来推动社会服务质量的提升，以此帮助公众获得更多权益和福利，以维护社会发展的基本秩序，保证民本政府的宗旨落到实处。

绩效标准的变化。传统的管制型政府以硬性经济指标如经济总量、增长速度及投资规模等为政府的主要工作绩效目标。过度强调硬性数字的量化标准容易使政府缺乏责任意识和服务精神，民众不是接受服务的"主人"而只是政府被动管理的对象。与之相比要求政府具有积极回应性是现代服务型政府的必然要求。在政府成本得到逐步控制的前提下，政府服务效率的提高需要借助于政府回应性的提升来完成。政府服务质量高低以其回应性作为衡量尺度。公共管理人员和机构需要定期对公众、企业提出的意见、问询等进行解释和回答，处理好公众的问题和意见，迅速做好后续的处理和责任的认定。服务型政府模式一定要在回应性上有所体现，促使政府在权力结构中角色顺利转变：政府以市场秩序的监管者和公共服务的提供者来替代过去的公共权力统治者角色。

三　城市突发事件治理中的政府责任履行

我们对城市突发事件中政府的角色界定，适应了我国城市突发事件变化的必然要求，以政府为核心主体的城市突发事件治理，需要以政府为主导动员全社会的力量共同治理城市突发事件[①]。

（一）城市突发事件治理中的信息对称

城市突发公共事件治理表现为突出的不确定性和情况的复杂性，信息在治理中有着重要地位，信息交流能力和城市突发事件治理效能之间存在正相关的关联。不管预防、准备危机还是处理和救治危机，都需要掌握更为全面、精确而及时的信息。一旦发生城市突发事件，政府就需要对各方的利益关系进行平衡，促使社会各阶层和群体参与城市突发事件的救治中，帮助建立完善的信息共享路径。笔者在此用"信息对称"来代替"信息公开"，目的是表明城市突发事件状态下的不同主体对信息的掌握是不同的。事实上，所有的国家和组织都无法做到真正意义上的信息公开，城市突发事件处理并不需要所有的信息都处于公开状态。在城市突发事件面前，人们由于畏惧心理的产生更加依赖于政府的公信力，而如果政府的信息掌握不对称，信息在其他路径中广泛传播反而会成为流言，这样信息不对称就会使民众的畏惧心理更为加重，甚至会带来更为可怕的结果。

按以往传统理念，城市突发事件意味着政府控制能力的失败和失职。我国政府长期以来习惯于以行政干预来解决城市突发事件。"非典"事件爆发后鉴于传统的个人的官僚作风及历史原因，一些政府官员出于各种考虑往往采取不准记者采访报道、封锁消息等"捂盖子"的做法，从而给"非典"突发公共事件迅速蔓延提供"温床"。而技术与社会发展实际上为人们获取大量信息提供了立体的渠道。传统行政生态下信息封锁做法极易引发新的社会矛盾和冲突。政府在城市突发事件状态下面对媒体和公众的信息公开是对人民生命财产价值的最大维护与尊重。如从 2003

[①] 蔡志强：《社会危机治理价值变迁与治理成长》，上海人民出版社 2006 年版，第 199—205 页。

年 4 月 20 日开始,党中央、国务院果断采取了一系列有力措施,包括及时定期报告有关疫情进展,进而迅速扭转了"非典"前期的混乱局面。

城市突发事件治理中的政府责任除了科学决策和有效的制度安排外,很重要的一点就是对治理范式的采用和对信息的梳理与传播。一方面要建立信息沟通机制。这需要对信息上报制度进行完备,规定险情发生的当地政府在得到城市突发事件信息后在多少时限内将信息传递到上一级政府,如果发生瞒报、谎报、漏报和缓报的单位和个人都要受到一定的处罚,而相关部门在接到下级信息后要迅速组织人手对信息进行调研和核查且采取积极行动。另一方面要完善信息披露与发布制度。突发公共事件所具有的社会性、公共性特点要求政府在城市突发事件爆发的开始及处理突发公共事件的整个过程中都要及时、公开、透明地向公众披露有关的突发公共事件信息,降低公众获取信息的成本,稳定公众的情绪,这对城市突发事件治理是至关重要的。信息披露和新闻发言人制度的构建对城市突发事件治理极为重要,它能够帮助信息迅速规范化、公开化和法制化,使民众的知情权得到保障,从而增加对政府的向心力。比如通过记者发布会、热线电话等形式建立政府与公众间畅通的信息公开渠道,确保公众通过公开的渠道了解城市突发事件的进展和真相;对于一些如上访类型的城市突发事件,要化解矛盾以致平息事态,政府需要积极建立与公众面对面的对话听证等沟通机制。

(二) 城市突发公共事件治理中的社会动员

突发事件情景下政府的能力体现在能否在最短时间内运用最有效手段解决城市突发事件。我国城市突发事件治理中的政治动员能力很强,而社会动员能力相对不足。无论是城市突发事件治理前期的预警和监控过程还是后期的灾害救助阶段,政府都应当协调各种社会力量加入城市突发事件治理的行列。

然而,考察我国城市突发事件治理的动员历史不难发现,中华人民共和国成立以来我国应对城市突发事件的动员基本通过政治动员,从而为城市突发事件治理提供动员体系支撑的。如 1998 年抗击洪灾中涉及众多城市,高峰时刻有关各省每天动用的人力上百万,在一定意义上,1998 年抗洪的胜利也正是政治动员的胜利。抗洪抢险中,解放军、武警部队投入长江、松花江流域的总兵力达 36.24 万人,动用车辆 56.67 万台次，舟艇3.23万艘次，飞机和直升机2241架次。全国参加抗洪抢险的干部群众8月下旬近800万人，其中长江流域670多万人，东北地区110多万人。国家防汛抗旱总指挥部从全国各地紧急调拨了编织袋2亿多条、编织布1400万平方米、无纺布286万立方米、橡皮船2415只、冲锋舟760艘、救生衣59.92万件、救生圈774万只……各地调用的抢险物料总计130多亿元[①]。此外，铁道部门、民航系统、通信部门、电力部门、公安部门、新闻宣传部门之间通力合作，最终保障了社会稳定和灾后的恢复工作。

我们也看到在抗击SARS的斗争中政治动员的功能非常强大。在应对"非典"事件中，政府部门有效地调动全社会的力量参与抗击"非典"一线中来。北京昌平小汤山非典型肺炎野战医院从拍板、建成到医护人员、医疗用品全部到位，病人入住仅用了7天7夜的时间。这家医院的建设最多的时候工地上同时有7000人在日夜奋战，如此庞大的数据体现了我国政府非凡的应急能力与社会协调动员力。我国在面对城市突发事件时不仅习惯于依靠政治动员，而且依靠政治动员经常能有效地控制和战胜突发公共事件。但这是依旧靠传统的行政手段及其依附性体制实现的动员过程，自觉能力在城市突发事件治理中依然严重不足。

（三）城市突发事件治理中的权力回让

城市突发事件治理中的政府公共性限度与政府职能发挥密切相关。政府公共性的缩小，实际上就是政府职能重新界定的过程，也是政府责任和社会责任的厘清过程。重新界定政府职能，是城市突发事件治理的必然要求，也使政府—社会共治的城市突发事件治理模式成为可能。现代社会治理中一个重要的实践逻辑就是政府虽然是专门的公共管理机构，但绝非唯一机构。在城市突发事件治理中，政府因其地位、职责和手段之所在，必然要扮演主角与主导作用。然而，仅靠政府部门和专业人员的力量，很难有效地应对各种城市突发事件，政府不可能也没有能力包揽所有的城市突发事件治理事务。政府需要将自身不该管、管不了且管不好的那部分权力向社会转移向市场转移，以便实现责任共担，尽量降低由政府行为导致城市突发公共事件发生的概率。除了政府居于治理城

[①] 根据民政部1998年民政事业发展统计报告和国家防汛抗旱总指挥部的数据统计。

市突发事件的核心地位外,非政府组织、媒体和公众,甚至营利组织(企业)、国际组织也成为城市突发事件治理的主体。在其他非政府组织能够提供高效优质的公共物品和公共服务的领域,政府必须退出,"有所为有所不为"的政府才可能激发社会的自我实现能力。政府要借由公共管理、公共政策、服务水平、目标和原则的明确及监管落实,来促进社会服务水平的提升,拓展公众的权益和福利,以维护社会发展的基本秩序,保证民本政府的宗旨落到实处。

在"个人—社会—政府"的利益共振中,公共权力的多元共有和监督机制的增强将克服公共权力非道德运作可能导致的权力腐败与官僚主义,大大降低社会冲突和政府失灵的可能性,从而在根本上减少城市突发事件的发生。为了强化政府治理突发公共事件的能力有必要建立统一领导、分工协作的组织体系。不确定性发生的城市突发事件需要政府与社会形成一种密切的伙伴关系,把城市突发事件治理的网络扩展到整个社会,形成一个信息交互畅通、责任共担的城市突发事件治理网络。这样一方面可以避免政府失灵导致的治理缺陷,另一方面可以更好地协调利益关系,缓解政府与社会直接的利益冲突。

第三节 城市突发公共事件治理中的社会力量

当前城市突发事件涉及范围越来越广,影响日益严重,在强调政府部门突发公共事件治理的快速反应、责任性、透明性和合法性等原则的同时,还需要重视政府突发公共事件治理体系中多个参与主体的作用。尽最大可能将社会力量吸引进来,充分发挥各方包括各种组织、媒体与公众的力量,通过彼此的协同与配合完成城市突发公共事件治理。

一 城市突发事件治理中的非政府组织

非政府组织(Non-governmental Organization,NGO)是社会中最常见的组织之一,它和政府以及企业是城市突发事件协同治理网络结构的三大主体。它和政府、企业保持良好的互动关系,在合作中达到取长补短的效果。在整个城市突发事件协同治理网络结构中,非政府组织扮演着十分重要的角色,尤其是在政府、市场失灵的情况下,它的作用能够得到充分体现。

(一) NGO 的内涵与特征

NGO 在 20 世纪 70 年代出现之后获得快速发展。当前 NGO 对社会发展所产生的推动作用与企业相类似，在很多方面都发挥了非常重要的作用。学界关于 NGO 主流的观点涉及三种：一是广义的 NGO。对于这类 NGO 来讲，囊括了几乎全部的民间组织，但政府与营利企业不包括在内，如社团、人民团体、民办非事业单位以及其他组织等[1]。二是狭义的 NGO。主要指与《社团登记管理条例》《民办非企业单位登记管理条例》完全相符的各种社会组织，而这些组织在官方的概念中就是"民间组织"，即社团与民办非企业单位；但其中也有学者将狭义的 NGO 单纯地视作纯粹的草根组织，即不包括任何存在政府背景的组织[2]。三是"中间定义"，与广义 NGO 相类似，这是将其外延中的固有事业单位、其他组织移除。本书采用第一种即广义的 NGO，也就是具有志愿性质且专注于各种社会性问题解决的社会组织[3]。这些组织基于法律层面自主管理而建立，是非政府与非营利性的，没有党派性质的组织。

NGO 表现出民间性、灵活性与专业性等特征，尤其是在灵活性方面相较于政府来讲拥有更为明显的优势。第一，NGO 的民间性特点。对于发展相对成熟的 NGO，通常有着独立的民间性质，能够对民众的声音更快地获取，同时做出快速反应，或者是将这些信息向政府传达。政府在实施宏观治理的过程中，这类民间组织能够为之提供极大的便利，使政府在实施公共治理方面拥有更高的效率。NGO 没有庞杂的行政体系和组织机构，在应对城市突发事件时的运作成本大大低于政府组织。同时，由于民间性这一特点使这类 NGO 能够更多地获得公众的认同与信任。第二，NGO 的灵活性特点。针对其中存在的一些新问题，政府组织通常由于考虑政治因素或程序因素，在对待某些公共治理事件时，存在反应缓慢或者无反应的情况。对于 NGO 组织来讲，针对城市突发事件的解决能贴合群众，更好地处理一些比较突出的社会问题。比如 2003 年中国爆发

---

[1] 张明：《非政府组织与社区建设》，《社会》2001 年第 8 期。
[2] 齐丙文：《民间组织》，山东大学出版社 2000 年版，第 56—58 页。
[3] 赵黎青：《非政府组织问题初探》，《中共中央党校学报》1997 年第 4 期。

SARS 病毒，尽管在疫情暴发的初级阶段，政府利用各种途径进行宣传并且实施统一的调度和指挥，所取得的成效是比较显著的，不过成本与代价也同样非常高。NGO 在开展工作中并不需要政府那样"中规中矩"的复杂程序，因而在处理城市突发事件时反应更为迅速。第三，NGO 的专业性特点。基本上所有的 NGO 在初创时就已经明确了自身的目标以及所涉的专业领域，主要针对某一类社会问题或某一类弱势群体开展工作，其目的就是为了能够更好地达成组织目标，这也要求组织在吸纳成员的过程中同样是基于专业性的方面考虑。NGO 只有更为专业，才能够在应对和处理城市突发事件的过程中更加有效率。此外，NGO 在责任心与使命感方面相对较强，这使 NGO 在城市突发事件处置方面的效率以及质量都有显著的提升。

(二) NGO 在城市突发事件治理中的功能阐释

NGO 在整个城市突发事件治理中扮演着非常重要的角色。20 世纪八九十年代，我国开始出现各种非政府组织，在中国政治经济持续革新的过程中，中国政府治理理念和方式也发生了改变，非政府组织的重要性不断提高，在缓解社会矛盾、解决社会问题方面起着关键性的作用。如今国内的非政府组织主要包括两种，一种是群团组织，比如工会、共青团、妇联等，还有一种是民办非企业单位。作为社会中重要的主体之一，非政府组织不但需要提供公共安全服务，还要监督其他的主体为公共政策的拟定出谋划策，发扬正面的社会价值，培育公民精神，引导公民更好地参与进来。

(1) 危机预警功能。NGO 结合自身特点以及积累的广泛群众基础，在城市突发事件发生前收集与分析各种信息，根据这些信息对潜在的突发事件进行预警，达到一种防患于未然的效果。针对当前的信息社会，信息收集的重要性毋庸置疑，而这也直接关系到政府的判断与决策。此外，由于 NGO 所具有的专业性使之在应对和处理城市突发事件的过程中视角更加敏锐和独到，拥有更强的前瞻性，对基层社会的观察也更加细微和深刻。加上这些 NGO 中的成员具有强烈的使命感，更关注城市突发事件，在城市突发事件来临前能够有效地起到预警作用。(2) 心理疏导功能。非政府组织在疏导民众心理压力防范城市突发事件方面具有重要功能。如 2008 年我国南方爆发大规模雪灾，全国各地客运与货运基本陷入停滞的状态。全国各地旅客回乡心切心情焦躁不安。如果任由其发展下去，极易引发城市突发事件。对此，浙江省心理卫生协会组建"心理救援队"，共计22名队员，分三组在各客流站点进行心理疏导工作，针对应激高危人群进行重点的心理辅导和心理干预，有效地缓解了滞留人员的心理压力，取得了良好的效果。另外，很多欧美国家宗教团体与慈善机构在面临重大城市突发事件时，都会主动参与城市突发公共事件的处理，不仅协助政府解决城市突发公共事件，同时也能对人们的心理情绪进行有效的安抚。此外，在一些城市突发事件实践中被拯救出的人，受自身经历的影响参与城市突发事件治理中，实现了由受害者到管理者身份上的转变。正是由于这种转变，使这些人的心理压力有所纾解，同时对城市突发事件治理工作有了更为深入的认识和理解，从而有利于城市突发事件治理的积极应对。（3）资源集聚功能。首先，NGO能够实现对技术资源全面而有效的利用，这些技术突出表现在对需要救护的人员实施专业救治；其次，能够对物资形成合理调度，使之能够集中使用发挥更大的作用和价值。NGO通过各种途径使政府、社会、舆论和公众对所涉及的城市突发事件给予更高的关注，使人们能够更加重视，并使之成为一个援助资金与援助物资流转的途径。（4）信息传递与交互功能。城市突发事件表现出突发性、瞬时性、紧急性，在处理城市突发事件时对时间的要求非常高，稍有失误就有可能会使城市突发事件进一步扩散，造成无法挽回的后果。从非政府组织如社会基层社区、公益组织、团体等，能够利用自身的信息渠道对城市突发事件信息进行快速传播，有效地协助政府部门处理和解决城市突发事件。（5）信念支撑功能。NGO所具有的特点中还涉及自愿性和自觉性，因而可以将其视为一种信念共同体，是共同的信念将彼此联结起来，而这种社群组织方式相对更为稳定和牢固。因而对于非政府组织来讲，一旦出现城市突发事件，一些公共意识强烈的人会主动地参与到NGO中，将自身的主观能动性充分地发挥出来，使自身在整个城市突发事件处理网络中成为一个组织与协调的节点。通过高度的自我管理与政府建立有效的互动，提高解决危机的效率。另外，NGO在突发公共事件善后处理，辅助政府部门进行城市突发事件后的恢复重建工作中也具有重要作用。

二 城市突发事件治理中的社会公众

社会公众是城市突发事件的直接侵害对象，公众的生命和财产安全是城市突发事件治理最重要的内容。公众的危机意识、预防能力和应对水平是决定城市突发事件治理效果的重要因素。

（一）公众参与在城市突发事件治理中的功能

公众参与对城市突发事件治理具有的重要性是毋庸置疑的，甚至能够发挥决定性的功能。公众参与能够使政府对群众的声音更加重视，同时也更能够贴近群众，了解群众疾苦和愿望，从群众的角度出发考虑问题和对策，使有关政策的制定不至于过于盲目，增强在城市突发事件处理中的责任感与使命感，使政府的民主观念更加充分地体现出来。同时，公众参与的过程也是公众对自身责任和义务在认识上的一个深化过程，使公众也能够增强自身的权利意识，认识到自身的主人翁地位，更肩负起共同建设城市美好家园的责任。公众参与还能够使城市突发事件治理决策的落实得到保障。由于人们的知识层次、思维方式等均有所不同，因而群体智慧在很大程度上对于决策的正确性所形成的帮助更为明显，相应做出的决策也更加可靠，通过多方参与能够实现优势互补，并且基于各种意见的汇集和交流，还能够使人增长见识及开阔视野，对于一些"谋私"行为也能够有效地遏制，从而使制定的政策能够更加贴合群众的需求和意愿。公众参与还坚定了公众在城市突发事件治理中的主体地位，有利于使政策主体对政策相对人的人格予以充分的尊重，也能够使后者的能动性发挥出来，使政策推行中遭遇的阻力大大降低；也有利于打破传统政策研究片面从上至下的研究视角，使研究在实践中拥有较高的价值，更好地为人民群众提供服务。

（二）城市突发事件治理中公众参与的障碍因素

公众参与城市突发事件能大幅度提升城市突发事件治理的效果，但在城市突发事件治理中公众参与还存在许多障碍因素。首先，法律制度保障方面存在短板。公众参与城市突发事件治理的具体规划，基于一些制度、法律所形成的规范很多都存在界限不清晰、解释不严谨、条文不细化的问题。在具体应用的过程中指导作用强于实际应用，这也导致民众在公众参与城市突发事件治理以及做出相关决策时存在非常明显的随意性，在规范性、操作性方面也都亟待加强。其次，政府重视公众参与的理念有待加强。如今部分政府官员的官僚主义"官本位"思想仍较为严重，忽视了公众的参与意识。这部分政府官员的观念似乎还是传统政府管理理念的延续，将政府摆在绝对强势的位置上想当然地认为可以随意支配民众，而在城市突发事件面前政府的绝对支配权力更为突出。忽视公众参与城市突发事件治理，制订的决策方案和公众需求容易脱节，也就不利于城市突发事件的应对和管控。再次，政府和公众间缺乏有效的互动。突发事件来临时公众能够了解的城市突发事件信息很少，他们要获得信息就要支付大量的成本，导致参与城市突发事件政策的热情不高。在城市突发事件发生的时候民众在做什么政府不知道，政府要做什么人们也不知道。政府和民众之间缺乏互动机制，这是由于政府的城市突发事件信息不公开，有些习惯于不公开自认为的城市突发事件敏感问题。这容易导致城市突发事件信息流通不顺畅，增加政府与民众之间的误解和摩擦。最后，公众参与时常呈现无序状态。由于社会组织与公众没有成为公共政策制定的程序主体，非制度化参与使有序化参与城市突发事件的诉求难度加大。

三 城市突发事件治理中的媒体

媒体作为社会信息传播的重要中介，在城市突发事件治理中具有满足信息需求、塑造政府形象、影响政府决策、引导公众情绪等积极功能。2019年新冠肺炎疫情、2015年天津港爆炸事故、2014年上海外滩踩踏事件等城市突发事件发生时，社会群体受到了突然性冲击，在心理上表现出各种畏惧和慌乱。这时人们对媒体的关注度也更高，更希望借由媒体获知较多的信息。在保证正确行使公共权力，促成并维护社会机制的有效运行，保障公民的知情权推进信息公开等方面媒体负有重要责任。媒体对城市突发事件的价值是不言而喻的[1]。

（一）媒体在城市突发事件治理中的功能阐释

曾有著名学者指出媒体自出现后参与了所有意义重大的社会变革。在城市突发公共事件治理过程中，媒体充分发挥了及时发现城市突发事

---

[1] 蔡志强：《社会危机治理价值变迁与治理成长》，上海人民出版社2006年版，第263页。

件、信息公开、安抚公众情绪、塑造政府形象、影响政府决策等正面作用。作为城市突发事件传播中最主要的信息沟通渠道，媒体是否发挥正面功能对突发公共事件传播和治理有着直接作用。以网络为代表的新媒体在城市突发事件治理中发挥了引导公众舆论、提升公众意识、树立价值理念等更为重要的现实作用。

首先是信息的传递者。城市突发事件传播过程中政府和公众在媒体的作用下，促进各方面的认知得到交流，特别是外在情况没有得到及时公开时，城市突发事件随时都可能出现恶化，公众更依赖于媒介的传播功能。[①] 一方面，公众在突发公共事件期间往往希望最大限度地获得有关信息，公众会将公信力较好的媒介当作权威的信息渠道，以此来帮助自己获得感知，并对其他途径获知的信息加以印证和比较。2015年天津港爆炸事故、2014年上海外滩踩踏事件发生后，当时各个媒体轮番上阵，充分发挥了自身的传播作用，将最为及时而精确的信息呈现到公众面前。另一方面，媒体信息还是现代政府及其领导人进行决策的重要依据。在多级组织的作用下，政府获得的信息也可能存在一定的滞后、残缺或失真的状况，甚至有的信息有很大的误导性。政府就需要借由媒体对城市突发事件和现实情况进行充分的了解和考察。

其次是危机的预警者。在处置城市突发事件时，最为重要的一点就是预警功能的启动，这样才能及时发现威胁并将情况汇报给管理者和公众以规避风险。如果发生城市突发事件，媒体作为现代社会信息传播以及公众利益维护的重要手段，需要及时做好自身监测者、观察者和守望者的角色。在2008年南方雪灾时，《南方都市报》《广州日报》和新华网曾数次将预警信息进行公开：诸如"今日广州地区滞留旅客×万人"的信息能在第一时间被公众得知。天气预报成为每天的重点消息，警告、劝诫过年回家的人们不要冲动，要根据天气变化对回程进行合理安排。这些使回乡的旅客及时获知预警信息，也能为政府做好应对提供参考。正是媒体通过报道对城市突发事件进行预警，使政府和公众及时获知预警信息，并以积极措施来帮助及时化解危机，从而才规避了巨大的社会损失。

---

① [美]梅尔文·德弗勒、桑德拉·鲍尔—洛基奇：《大众传播学诸论》，新华出版社1990年版，第353页。

再次是安全阀和排气孔。城市突发事件信息传播能够起到放松情绪、缓解矛盾、协调环境的作用。城市突发事件给人们情绪带来的各种压抑、愤怒和不平随之能够被疏导，由此心理逐步平衡。人为的灾难可能使人们产生更多的不平之气，而新闻将这些真相彻底揭露出来，使丑行者无所遁形，人们的不平之气也会随之得到疏导，进而内心产生满足。倘若媒体没有主动去传播、揭露，人们的各种焦躁、不满情绪也会逐步郁结在心中，这样不利于城市社会稳定的实现。[①] 可以看出，城市突发事件由媒体报道出来，使公众的情绪得到很好的疏导和宣泄，这就是德国社会学家齐美尔所指的社会"安全阀"功能。

最后是反思者与监督者。大众传媒肩负着监督者的重要功能：第一，约束和纠正行为。由于极为敏锐的新闻触觉，大众传媒能够对城市突发公共事件治理的各种不当行为及时发现并公之于众，这样被监督者在舆论压力之下必须将这些行为予以纠正。第二，教育和警示。对不当行为的公开和批判，积极行为的表扬和传播都是大众传媒的重要功能，能够帮助城市突发公共事件治理得到更好的教育和警示。另外，媒体作为社会的守望者，其产生的反思既有着媒体从业者自身的反思，更多的是一种社会的集体性反思，媒体借助于自身强大的传播和影响力给予公众平台来实现。换言之，媒体的反思已经成为所有反思中最具活力和最具影响的方式，也成为最具有普遍意义的一种反思方式。

（二）媒体在城市突发事件治理中存在的问题阐释

"非典"危机事件后，在政策的支持下国内媒体积极展示了自身寻求发展和突破的愿望，并产生了积极的行动力。然而，"双重属性"的大环境机制下，媒体有可能在政府控制的"失语"和商业利益的"喧哗"之间游走[②]。一方面，我国较长的历史时间内新闻报道已经将灾难列为"禁区"，一旦投入报道很可能会造成人心不稳危及社会安定。部分官员为了维护个人利益，担心真相被曝光之后在媒体的报道下事态无法控制，就可能恶意敌视、打压和封锁媒体的报道。另一方面，媒体以四项基本原

[①] 邓利平：《论灾难性新闻的传播功能及其方法》，全国第七次传播学研讨会论文集，2001年。
[②] 赵路平：《城市突发事件传播中的政府、媒体、公众关系研究》，复旦大学博士学位论文，2007年，第89页。

则为指导，充分发挥党和政府喉舌的功能，在新闻传播中不断提高重视人际性特点，逐渐向普通公众靠拢①。另外，有的媒体因为城市突发事件的报道会触及商业利益，不惜人为地进行新闻热点的炒作，甚至是过度刊载能够产生消极社会影响的事件。

首先，真实性和客观性原则不足。新闻的客观性要求报道者在处理新闻事件时"只报道事实，不报道意见"，在新闻传播中只做客观"展示"，而不是主观"讲述"。新闻的内在要求明确了新闻第一标准和选择就是真实性；失去了真实性新闻也失去了存在的价值。新闻一定要具备真实的本质但真实的事情并不一定能形成新闻。换言之，新闻报道的事情必须都是真实发生的，而真实发生的事情未必可以称得上新闻，或者说可以成为新闻。面对危机部分媒体想要人为地引发读者和观众的关注，以此来增加发行量或收视率，在没有核实的情况下就自我认为其存在，随意进行转载和引用，反而忽视了验证事实是否正确和可信，追溯其缘由或者故意将并非存在的信息大肆报道，这样就会给有关的部门或组织产生不必要的经济和名誉损失，也会在公众心中留下很大的阴影。长期来看，这种行为就是对媒体自身权威和公信力的伤害。此外，部分媒体采取不公正的态度去报道或过分夸大城市突发事件，将风险任意放大重复播放进而带来轰动效应，这反而不利于对城市突发事件的报道。

其次，新闻过度炒作，数量失控。随着市场发展，传媒受到了更多的影响，但也要保持自身的独立性。面对现实的种种情况，传媒要坚持自己的声音，尽最大努力保护社会公共利益，使社会公共价值观正直健康。然而，新闻炒作特别是恶意炒作明显违反新闻职业规范，违背了新闻真实客观的基本原则，侵犯了受众作为消费者的"知情权"，也损害了媒体的公信力与声誉。当城市突发事件发生时，公众既渴望知道到底发生了什么事情，进展如何等基本的情况，也更渴望了解事情产生的缘由，如何去解决、谁是责任主体等突发公共事件所包含的更复杂的信息。公众的知情权在恶意的炒作之下并不能获得真正的保障，而城市突发事件传播的有效性也要落空，这样的结果更会使公众产生极为强烈的心理恐惧进而带来负面社会影响。

---

① 黄旦：《新闻传播的二重性》，《现代传播》1995 年第 2 期。

最后，报道方式单调，缺乏独立思考。有的媒体为了追求更多的商业利益，在政府监管机制不健全的前提下，面对城市突发事件进行报道往往会对事件进行过分夸张，用更多的版面来达到产生社会负面效应的结果，使负面报道逐渐增加。这种结果不仅没有丰富报道的内容和形式，却产生了极为相似的重复，都以同一个视角同一个层面重复地、过度地咀嚼发酵同样的事情，深层次的调查性、有着独立思考体现多样性的报道却比较少见。部分媒体的城市突发事件治理报道已经失去了理性，在度的把握上失去控制而对城市突发事件治理带来了损害。

第 五 章

系统协同下城市突发事件风险治理的指标体系重构

根据城市突发公共事件风险治理全生命周期系统,我们可以将城市突发公共事件风险管理系统划分为预警管理子系统、应急管理子系统、善后管理子系统,由上述三个子系统共同组成城市突发公共事件风险治理的目标与内容。任何系统的自组织规律,与其他组织效应均要服从于协同学的原理要求。我们从协同学的角度研究和分析预警管理子系统、应急处置子系统、后评估子系统三个子系统的协同性并阐述各子系统的评价方法。在此基础上深入探讨城市突发公共事件预警管理、风险管理应急处置、善后评价等指标体系。

第一节 城市突发公共事件风险治理的系统分析

系统的特征包括整体性、要素的互相作用性以及环境的互相作用性。城市是复杂性系统的典型。根据城市突发公共事件风险治理全生命周期系统,我们可以将城市突发公共事件风险管理系统分为预警管理子系统、应急管理子系统、善后管理子系统,三个子系统共同组成城市突发公共事件风险治理的目标与内容。

一 系统论域中的城市复杂系统

学术界对于系统的认识尚未达成一致看法[1],它在古希腊语中的意思

---

[1] 钱学森等:《论系统工程》,湖南科学技术出版社1982年版,第34页。

是"由部分构成的整体"。贝塔朗菲认为相互作用的若干要素的复合体就是系统;系统是有"诸元素及其顺常行为的给定集合",[1]"有联系的物质和过程的集合就是系统"[2]。也有专家认为,"系统是被组织化与有组织的的全体"。著名科学家钱学森则认为系统是极其复杂的研究对象[3]。对系统的定义互有不同但大部分学者对于以下三点系统的本质基本达成了共识:系统受环境影响相互发生作用和被环境影响干扰、系统由相互依存与相互作用的要素构成、系统具有整体性。任何系统从实际情形来看都必须具备以上特征,缺一不可[4]。系统论认为所有系统均有等级结构性、整体性、关联性、动态平衡性和时序性等基本特征。拥有中等数目基于局部信息源做出行动的智能性、自适应性主体系统即是复杂系统。复杂适应系统是典型的复杂系统,系统的复杂性起源于个体的适应性,复杂适应系统认为正是这些个体与环境间以及与其他个体的相互依赖相互影响,在改变着环境的同时也潜移默化地使它们自身发生了改变[5]。

城市是复杂性系统的典型。约翰·厄里认为:"物质世界中让人无法预见甚至会在马路旁和大城市环境中反映到我们人类身上……在城市中,有着一个正在涌现的物质世界,其本身就存在极大的流动性和不稳定性……"德·兰达则将复杂性和动态性作为城市的代名词,也包括了有机物和无机物、生命和非生命、人类和非人类、文化和自然、危险和无危险之间随机产生和混合的开放系统[6]。钱学森对复杂性系统理论这样表述:"以人为主体,借由合理利用空间自然环境的基础性作用,将经济和社会效益聚集起来,将经济、社会、科技和文化集约起来构成空间地域的大系统"[7]。现代城市规模的不断扩大,内部结构和功能也更加复杂,

---

[1] 白思俊:《系统工程》,电子工业出版社2006年版,第93页。
[2] 陈禹:《复杂适应系统(CAS)理论及其应用——由来、内容与启示》,《系统辩证学报》2001年第4期。
[3] 转引自魏宏森《系统科学方法论导论》,人民出版社2013年版,第55页。
[4] 白思俊:《系统工程》,电子工业出版社2016年版,第33页。
[5] 霍兰:《涌现——从混沌到有序》,上海科学技术出版社2001年版,第200页。
[6] [美]约翰·厄里:《全球复杂性》,李冠福译,北京师范大学出版社2009年版,第41—42页。
[7] 鲍世行、顾孟潮:《钱学森论城市学与山水城市》,中国建筑工业出版社1994年版,第163页。

城市更凸显地表现出"复杂巨系统"的特征。面对这一城市涌现的复杂情况,传统方法捉襟见肘。人们对现代城市以复杂系统理论进行研究,需要重视的是,复杂系统理论不仅在人们研究城市系统过程中作为自然科学的工具、技术和手段,还可以让人们从哲学的角度来重新审视城市系统、城市治理的观念。美国学者约翰·厄里在《全球复杂性》中提出,"在21世纪的初始,我们需要对当代社会学或社会科学中的应用问题展开复杂性方面物理学思考……"社会的复杂性真是让人无法想象,甚至复杂性理论也无法解释。笔者认为未来学者的主要研究方向如下:第一,在和社会生活相匹配的复杂性方法、数据库和模拟技术等方面进行提升;第二,为进一步明确各种不同网络(尤其是全球化网络和全球流动)的界限、限度及后果提出科学方法;第三,有关复杂性的相关内涵都可以作为完全的后学科性(post-disciplinarity)的前提,其后学科性和当前普遍存在世界各国的多样化的物质世界是匹配的[①]。

二 城市突发公共事件系统构成

根据系统学理论,系统的特征包括整体性、要素的互相作用性以及环境的互相作用性。从系统整体性看,城市突发公共事件风险治理是风险治理相关主体对城市突发公共事件某一目标而进行的决策行为,三者相互作用形成一个有机整体。风险治理相关主体是城市突发公共事件的利益相关者,城市突发公共事件可以是针对多灾种的综合治理,决策目标可以是事前预警、事中处理、事后评估。城市突发公共事件风险治理影响因素即系统环境包括城市的社会经济状况、城市的法律法规与政策保障、人员配置、机构组建和资源储备等。简单地说,城市突发公共事件风险治理系统是为决策者或利益相关者对城市突发公共事件在事前预警、事中处理、事后评估等方面做出的综合治理方案。

根据城市突发公共事件风险治理全生命周期系统我们可以将城市突发公共事件风险管理系统分为预警管理子系统、应急管理子系统、善后管理子系统,三个子系统共同组成城市突发公共事件风险治理目标与内

[①] [美]约翰·厄里:《全球复杂性》,李冠福译,北京师范大学出版社2009年版,第2页、第17页。

容。如果子系统要得到有效运行,也应该建立相应的构造模式。

1. 预警管理子系统。预警管理子系统,主要评价城市突发公共事件的治理预案与预防情况,可供参考的治理目标包括治理预案、演练培训、监测预防、预警反馈等,具体指标方面可以是定性评价也可以是历史统计数据。预警子系统涉及以下六个方面的工作。

第一,指标设定与调整。一方面,应该面向突发事件安全监测预警系统来设定具体指标体系。该指标体系主要按照科学化方式设定,并已经得到了业内专家的认可,可以很好地反映突发事件安全运行的基本情况。运用此指标能有效开展评测工作并进行预警,可以预估出突发事件未来发展形势。另一方面,该指标体系内所有指标和占比情况也会出现变化。由于正处于变革时期,突发公共事件发展形势同样会出现变革状态,当人们逐步关注到社会有序发展带来的作用时,就会进一步调整相关指标数据、内容、比值等,或者对整个指标体系框架结构进行重新调整。另外,上述工作都需要相关专家进行论证后才能开展。

第二,信息收集管理。首先是信息采集系统设定。建立突发事件风险监测预警指标体系的进程中,因受到各种限制不能从对外公布的资料中获得有效信息来源,个别信息也不能运用当下数据库获取。因而,应依据指标体系中所需内容,拓展信息收集渠道,并建立有效运作的信息采集系统。其次是信息初加工系统的建立。突发事件风险预警指标体系内的相关运用指标,多数都是依据基础指标设定出复合指标并需要由专业工作人员来分析。

可以说突发事件风险预警是依据情报信息来评估预测事件发生的概率并发出预警信息。我们现阶段面临的问题,一是我们不能多方面获取信息;二是互动沟通不畅;三是信息准确度不高。这些问题都会导致不能有效开展相关预警工作。所以我们需要及时有效地收集情报信息以处理好险情响应和应急快速反应,尤其需要关注信息交换以及传递效率问题。为了有效开展预警工作需要及时收集情报信息。随着信息总量的不断扩大,我们需要投入大量精力以及时间来分析大量信息并甄别其中的真实性,所以信息量大也会导致预警工作效率不高。

第三,数据分析处理。在设定突发事件稳定的监测预警指标体系时,需要收集到足够数据才能体现出其价值。不过我们收集到的信息数量极大，所以必须借助计算机才能开展数据分析工作并建立数据管理系统。此系统涉及数据库以及各个计算模块。建立数据库的作用主要有以下几个方面：汇总所有数据并划分种类以便于存储数据；计算模块涉及不同子模块，它们分别为变量选择模块、变量权重模块、变量评价模块和变量预测模块，其核心作用是处理大量数据。

第四，专家开展研究工作。虽然计算机可帮助人们开展核算工作，但是它不具备更高智能化功能。对于各级指标警示与随机出现的各种险情，还需要业内专家给予分析评测，因而需要专门设定一个专家库并运用网络和专家们开展互动共同工作并完成德尔菲法（Delphi）调查。根据专家提出的各种意见，完成人机智能化互动工作，这样可以更加真实地模拟出实际情况。另外，被列入专家库的人员必须是致力于研究预警指标工作的专家，或者是积累了多年管理工作经验的政府部门人员，而专家具体人数以及知识结构需要依据整个预警指标体系的需求来确定。

第五，险情识别。有效识别险情的过程中我们需要关注其中的险情识别小系统与险情分析小系统。在运行过程中险情分析子系统需要借助计算机来完成计算数据工作，并依据专家分析系统来开展具体操控工作。此系统涉及的模块很多，例如险情监测模块、征兆识别模块、险情源头分析模块、险情等级评估模块。（1）监测险情。险情可以理解成大家需要给予关注的危险问题，可运用基础性、关键性的突发事件风险预警指标来反映。（2）识别征兆。开展突发事件风险预警工作过程中，需要及时找出发生险情的征兆，该项工作是开展预警工作的重点。征兆可以理解为识别险情未出现之前的现象，我们应该在险情没有出现前找出相关征兆。如果我们能合理运用这部分征兆，便可以找出突发事件风险预警中的征兆指标，也被称为先行指标。（3）分析险源。通过分析险情发现，此类现象的发生都有不同险源，应该找出本质诱因并深入研究区分不同险源的不同作用。突发事件风险预警研究过程中能否有效找出险源也是设定预案预警及对策的关键因素。（4）评估险级。为了表述险情的具体情况人们设定了预警级别即险级。预报险级不但是开展突发事件风险预警工作的直接目的，也是预警系统的最终产出形式。险级的标准主要是根据人为设定的险阈划分的，主要有巨险、重险、中险、轻险、无险等类型。险阈可理解为大量险情出现并发生质变时的临界点，也被称为警戒线。险情中还蕴含了不同发展阶段如爆发阶段、扩大阶段、发展阶段和孕育阶段。对于这些阶段之间的"临界值"的主观判断就是险阈。确定险级时，应该采用定性分析方法和定量分析方法，并确认静态险阈、动态险阈的变化范围，如果真实数值高于某险阈，则说明相应级别的险情出现。在开展预警研究工作过程中，设定险阈是一项非常困难的工作。险阈会发生改变，在各个历史发展时期以及不同地域险阈都会出现变化，应开展科学化的研讨工作才能进行认定。建立险情演示子系统以后，可运用计算机来设定人机互动的警报信号输出系统。该系统具体形式是运用各种标识当作预警信号，它可以显示出专家系统总结出的结论以及数据管理系统的计算结果。

第六，预控处理。其涉及不同内容：第一，预案管理。其中分别蕴含了不同突发事件风险事件的应急预案。这些案例需要储存在计算机中，并可以按照险情的性质和类别来提供不同的处理对策。该系统和专家分析系统相互关联，可以按照用户需求来设定相关应对措施、处理思路，它是一个智能化的互动管理系统。第二，保障系统。该系统涉及的内容为组织上、科学技术上、资金上的保障。第三，队伍建设工作。开展此项工作的目的在于，培育更多风险管理人才，开展风险管理模拟训练。

2. 应急管理子系统。应急管理子系统主要评价在城市中发生突发性公共事件后应对危机的能力，可供参考的治理目标包括危机处理速度、民众应急反应、维持社会经济秩序、指挥与协调能力、危机控制能力和资源整合能力，具体指标方面可以是定性评价也可以是历史统计数据。

其中涉及以下流程：一是先期处置。当风险事件出现后，当地政府以及相关单位应积极采取应对措施及时控制好事态的发展，快速有序地开展工作救援并实时向上级政府汇报相关进展。事发地的省级人民政府或者国务院有关部门在上报严重风险事件信息时，需要按照相关工作职责以及权限来运用应急治理方案，需要高效、及时地控制住事态发展。当境外出现有关中国公民的突发事件时，我国驻外使领馆应联合国务院相关职能部门、地方人民政府共同制订方案及时开展救助工作。二是设定应急决策。需要评估不同备选方案，预估出其中含有的不利影响因素，选择最佳方案。另外，需要关注以下工作内容：寻求备选方案；如果不能找出最佳方案，需要设定备用处理方案；对当下解决方案进行调整。应该综合考虑相关问题，不能仅仅依靠以前的经验设定方案，同时还需要关注各方提出的有效意见。三是应急响应问题。在开始阶段如果未有效控制事态发展或者需要国务院协调处置的特别重大风险事件，应该依照实际需要或者国务院领导的意见由国务院有关部门建议和国务院应急管理办公室提出处置意见。面向国务院分管领导进行报告经批准后可开始使用相关预案，特殊情况还需要通过国务院常务会议的集体审议。四是统一化指挥协调。应该国务院进行处理的工作，国务院部门应该统一指挥各地区共同开展处理工作，其工作内容分别为：（1）组织应急队伍、专家、相关部门领导加入应急救援工作；（2）制订救援方案并积极开展救援工作，预防其他不良事件出现；（3）确保相关部门可以及时提供应急保障，其中涵盖了协调中央部门、地方政府、突发事件现场如何调配救援资源的情况；（4）督促事发地维持好社会秩序；（5）面向国务院及时上报应急处置情况；（6）处理分析其他重大事项。国务院相关部门应该共同来处理相关事件，并由主管单位牵头办理相关工作。事发地省级人民政府需要及时建立应急指挥机构，在国务院相关应急指挥机构以及国务院工作组的指挥下，开展相关应急处置工作。对于进入紧急状态的决定，还需要依据相关法规在媒体上给予公布。五是应急状态结束。当应急治理工作完成以后或者有关影响的因素不存在以后，需要及时撤销应急指挥系统。此外，紧急状态终止的决定和对外公布，应依据相关法规来执行。

3. 善后管理子系统。善后管理子系统的主要功能是在城市突发性公共事件发生后的一定时间内进行事后评估，总结其应对经验并明确其中存在的主要问题，从而为改进城市突发公共事件的应对措施提供依据。可供参考的治理目标包括建立权威性、综合性的事后评估领导机构、把事后评估工作纳入法治化轨道、规范工作机构、事后评估时间、事后评估对象、事后评估资料、事后评估形式、评估指标等，具体指标方面可以是定性评价也可以是历史统计数据。开展善后处理工作时需要先了解风险事件的类别和级别。由国家有关部门来分析突发事件出现的诱因、影响、教训等内容，然后再开展善后工作。开展此类工作需要关注以下工作内容：第一，评定损失。只有了解损失程度才能有效获得其他方的救助；这部分损失中涉及各类基础设施的损坏、群众受伤、环境破坏等问题。第二，设定补偿。应该对受损方给予一定的赔偿。第三，开展重建工作。对受损地区应该帮助他们积极开展重建工作，并安抚好群众。第四，积极开展心理疏导工作。对于突发事件带来的心理问题，应该积极采用各种处理方案为当地群众开展心理疏导工作，帮助他们渡过危难，以尽可能地降低不良情绪带来的损害。第五，开展管理评估工作。应该对设定的处理方案进行有效评估，对于各处理方案带来的收效进行分析以不断提升政府的管理水平。第六，对工作不利的人员追究责任。在处理突发事件中具有失职问题以及不作为的工作人员需要给予惩处。

开展突发事件社会风险管理时需要依据常规流程处理，也需要依据实际情况进行调整。虽然我们已经汇总分析了有关实践内容，了解到哪些工作具有可操作性并为突发事件社会风险管理建立了理论模型以及操作平台，不过该系统同样需要依据不同突发事件风险事件的具体特征进行调整和完善。只有这样才能体现出突发事件风险管理系统的权变性。

第二节　城市突发公共事件风险治理的协同分析

城市突发公共事件风险治理系统是预警管理子系统、应急处置子系统、后评估子系统三个子系统的集合。该复合系统具有双重特性，除了具有自然系统的属性之外还具有人造系统的特性。从自然系统方面看，其具有内部的自组织现象，而在人造系统方面则具有他组织的特征。预警管理子系统、应急处置子系统、后评估子系统三个子系统既具有自身的调整能力同时还具有独立整合能动性，也就是这种自组织性。由此可见，系统自我调整实际上是协同的具体体现。非绩效子系统在自我调整方面是依照一定的程式并经过不同过程来实现的，其会受到社会基本转换规律的制约。

由于存在随机涨落，这就会使一些子系统出现"涨""起"，而另一些子系统则会出现"落""伏"的现象。其中的一类子系统在获取资源上处于优势，另一类子系统在获取资源上则处于劣势。而预警管理子系统、应急处置子系统、后评估子系统三个子系统良性运行需要有相应的条件作为支撑，该条件就是各个组成子系统之间能实现协同发展[1]。从协同学可以得知，任何系统的自组织规律与其他组织效应均要服从于协同学的原理要求。因此，我们从协同学的角度研究和分析预警管理子系统、应急处置子系统、后评估子系统三个子系统的协同性[2]。

一 城市突发公共事件风险治理系统有序度

为更好地理解城市突发公共事件风险治理系统有序度，我们设子系统 j 发展过程中的序参量为 $\theta^j = (\theta_1^j, \theta_2^j, \cdots, \theta_n^j)$，其中 $n \geq 2$，$\beta_i^j \leq \theta_i^j \leq \alpha_i^j$，$1 \leq i \leq n$。假定：$(\theta_1^j, \theta_2^j, \cdots, \theta_k^j)$ 取值越大，系统有序度越高；取值越小，系统有序度越低；与此相反，$(\theta_{k+1}^j, \theta_{k+2}^j, \cdots, \theta_n^j)$ 取值越大，系统有序度越低；取值越小，系统有序度越高。

1. 城市突发事件预警管理子系统有序度。记城市突发事件预警管理子系统为 y，其第 i 序参量 θ_i^y 的系统有序度计算如下：

$$\mu(\theta_i^y) = \begin{cases} \dfrac{\theta_i^y - \beta_i^y}{\alpha_i^y - \beta_i^y}, & i \in [1, k] \\[2mm] \dfrac{\alpha_i^y - \theta_i^y}{\alpha_i^y - \beta_i^y}, & i \in [k+1, n] \end{cases}$$

$$\mu(\theta_i^y) \in [0, 1]$$

$\mu(\theta_i^y)$ 越大，第 i 序参量 θ_i^y 对系统的贡献度越大。

突发事件预警管理子系统的有序度，通过所有序参量变量对绩效子系统有序程度的贡献度集成来实现。集成可用的方法包括几何平均法与线性加权求和法。

加权求和法集成：

$$\mu(\theta^y) = \sum_{i=1}^{n} \omega_i \mu(\theta_i^y), \omega_i \geq 0, \sum_{i=1}^{n} \omega_i = 1$$

---

[1] 李楼瑞、许典雄、董新年：《协同学简介》，中国人民大学出版社2014年版，第45页。
[2] ［德］赫尔曼·哈肯：《协同学：大自然构成的奥秘》，凌复华译，上海译文出版社2005年版，第77页。

几何平均法集成：

$$\mu(\theta^y) = \sqrt[n]{\prod_{i=1}^{n}\mu(\theta_i^y)}$$

同样，$\mu(\theta^y) \in [0,1]$，$\mu(\theta^y)$ 越大，预警管理系统有序程度越高，反之越低。

2. 城市突发事件应急处置子系统有序度。记城市突发事件应急处置系统为 j，其第 i 序参量 θ_i^j 的系统有序度计算如下：

$$\mu(\theta_i^j) = \begin{cases} \dfrac{\theta_i^j - \beta_i^j}{\alpha_i^j - \beta_i^j}, & i \in [1,k] \\ \dfrac{\alpha_i^j - \theta_i^j}{\alpha_i^j - \beta_i^j}, & i \in [k+1,n] \end{cases}$$

$$\mu(\theta_i^j) \in [0,1]$$

$\mu(\theta_i^j)$ 越大，第 i 序参量 θ_i^j 对应急处置系统的贡献度越大。

城市突发事件应急处置子系统的有序度，通过所有序参量变量对应急处置子系统有序程度的贡献度集成来实现。集成可用的方法包括几何平均法与线性加权求和法。

线性加权求和法集成：

$$\mu(\theta^j) = \sum_{i=1}^{n}\omega_i\mu(\theta_i^j), \omega_i \geq 0, \sum_{i=1}^{n}\omega_i = 1$$

几何平均法集成：

$$\mu(\theta^j) = \sqrt[n]{\prod_{i=1}^{n}\mu(\theta_i^j)}$$

同样，$\mu(\theta^j) \in [0,1]$，$\mu(\theta^j)$ 越大，城市突发公共事件风险治理应急处置系统有序程度越高，反之越低。

3. 城市突发事件后评估子系统有序度。记城市突发事件后评估系统为 h，其第 i 序参量 θ_i^h 的系统有序度计算如下：

$$\mu(\theta_i^h) = \begin{cases} \dfrac{\theta_i^h - \beta_i^h}{\alpha_i^h - \beta_i^h}, & i \in [1,k] \\ \dfrac{\alpha_i^h - \theta_i^h}{\alpha_i^h - \beta_i^h}, & i \in [k+1,n] \end{cases}$$

$$\mu(\theta_i^h) \in [0,1]$$

$\mu(\theta_i^h)$ 越大，第 i 序参量 θ_i^h 对应急处置系统的贡献度越大。

城市突发事件后评估子系统的有序度，利用所有序参量变量对后评估子系统有序程度的贡献度集成来实现。集成可用的方法包括几何平均法与线性加权求和法。

线性加权求和法集成：

$$\mu(\theta^h) = \sum_{i=1}^{n} \omega_i \mu(\theta_i^h), \omega_i \geq 0, \sum_{i=1}^{n} \omega_i = 1$$

几何平均法集成：

$$\mu(\theta^h) = \sqrt[n]{\prod_{i=1}^{n} \mu(\theta_i^h)}$$

同样，$\mu(\theta^h) \in [0, 1]$，$\mu(\theta^h)$ 越大，城市突发公共事件风险治理应急处置系统有序程度越高，反之越低。

二 城市突发事件风险治理系统协同度

为更好地理解城市突发公共事件风险治理系统协同度，我们设在 t_0 时刻，预警管理系统的有序度为 $\mu_0(\theta^y)$，应急处置系统的有序度为 $\mu_0(\theta^j)$，后评估系统的有序度为 $\mu_0(\theta^h)$。系统演化到 t_1 时刻，预警管理系统的有序度为 $\mu_1(\theta^y)$，应急处置系统的有序度为 $\mu_1(\theta^j)$，后评估系统的有序度为 $\mu_1(\theta^h)$。

若 $\mu_1(\theta^y) \geq \mu_0(\theta^y)$，$\mu_1(\theta^j) \geq \mu_0(\theta^j)$，$\mu_1(\theta^h) \geq \mu_0(\theta^h)$ 同时成立，则称预警管理系统、应急处置系统与后评估系统从 t_0 时刻到 t_1 时刻是协同发展的。

协同度模型计算如下：

$$c = \begin{cases} \sqrt{|\mu_1(\theta^y) - \mu_0(\theta^y)||\mu_1(\theta^j) - \mu_0(\theta^j)||\mu_1(\theta^h) - \mu_0(\theta^h)|}, \\ \mu_1(\theta^y) \geq \mu_0(\theta^y) \& \mu_1(\theta^j) \geq \mu_0(\theta^j) \& \mu_1(\theta^h) \geq \mu_0(\theta^h) \\ -\sqrt{|\mu_1(\theta^y) - \mu_0(\theta^y)||\mu_1(\theta^j) - \mu_0(\theta^j)||\mu_1(\theta^h) - \mu_0(\theta^h)|} \end{cases}$$

其他情形显然也有类似情况，即 $c \in [-1, 1]$ 值越大，预警管理系统、应急处置系统与后评估系统协同程度越高，反之越低。

第三节 城市突发公共事件各子系统评价方法

一 城市突发事件预警管理评价方法

首先是模糊综合评价法。模糊综合评价法的应用相对来说较为简便：（1）突发事件风险评判集合的构建。若将预警风险等级划分为：高级风险、中级风险、低级风险3档，那么定义风险等级对应的区间数为：$\{[0,3],[3,6],[6,10]\}$。（2）初始决策矩阵的建立。分析城市 i，结合表4—1与表4—2计算各二级指标下的 Bipolar 定量值得到初始决策矩阵 A_i。$A_i = (a_{i1}, a_{i2}, \cdots, a_{in})^T$，$n$ 为二级指标数。（3）加权决策矩阵求解。依据网络分析法得知城市 i 该阶段二级指标权重矩阵 W_i：$W_i = (w_{i1}, w_{i2}, \cdots, w_{in})$ 从而求解城市 i 加权风险决策评估值 F_i。$F_i = W_i \times A_i$。（4）预警管理风险等级确定。根据 F_i 与风险评判集合的隶属关系，确定城市 i 的预警管理风险等级。（5）若为多城市选优，排序方案求得满意解。依据指标 F_i 的大小排列备选方案的优劣顺序从而可求得满意方案。

表4—1 预警管理指标区间数量化

风险指标		区间数					
一级指标	二级指标	[10,10]	[8,10]	[6,8]	[4,6]	[2,4]	[0,2]	[0,0]
社会、经济状况	经济发展水平	最高	很高	高	一般	低	很低	最低
	社会发展水平	最高	很高	高	一般	低	很低	最低
	城市管理能力	最强	很强	强	一般	弱	很弱	最弱
法律法规与政策保障	法律法规完善程度	最高	很高	高	一般	低	很低	最低
	法律法规执行情况	最好	很好	好	一般	差	很差	最差
	地方应急法规	最好	很好	好	一般	差	很差	最差
机构设置	应急管理机构	最好	很好	好	一般	差	很差	最差
	应急中心设施	最好	很好	好	一般	差	很差	最差
	应急中心运行和组织	最强	强	强	一般	弱	很弱	最弱

续表

风险指标		区间数					
一级指标	二级指标	[10, 10]	[8, 10]	[6, 8]	[4, 6]	[2, 4]	[0, 2]	[0, 0]
人员保障	专家应急队伍	最强	强	强	一般	弱	很弱	最弱
	社会志愿者队伍	最强	强	强	一般	弱	很弱	最弱
	社会动员	最好	很好	好	一般	差	很差	最差
资源保证	物资保证	最好	很好	好	一般	差	很差	最差
	装备保证	最好	很好	好	一般	差	很差	最差
	技术储备	最好	很好	好	一般	差	很差	最差
应急预案	预案启动能力	最高	很高	高	一般	低	很低	最低
	预案日常建设	最好	很好	好	一般	差	很差	最差
应急宣传、培训和演习	宣传教育	最好	很好	好	一般	差	很差	最差
	培训计划	最好	很好	好	一般	差	很差	最差
	演习计划	最好	很好	好	一般	差	很差	最差

表 4—2　　　　　预警管理指标三角模糊数量化

风险指标		区间数					
一级指标	二级指标	[10, 10, 10]	[8, 9, 10]	[6, 7, 8]	[4, 5, 6]	[2, 3, 4]	[0, 1, 2]	[0, 0, 0]
社会、经济状况	城市治理能力	最强	很强	强	一般	弱	很弱	最弱
	社会发展水平	最高	很高	高	一般	低	很低	最低
	经济发展水平	最高	很高	高	一般	低	很低	最低
法律法规与政策保障	地方应急法规	最好	很好	好	一般	差	很差	最差
	法律法规执行情况	最好	很好	好	一般	差	很差	最差
	法律法规完善程度	最高	很高	高	一般	低	很低	最低
机构设置	应急中心运行和组织	最强	强	强	一般	弱	很弱	最弱
	应急中心设施	最好	很好	好	一般	差	很差	最差
	应急管理机构	最好	很好	好	一般	差	很差	最差
人员保障	社会动员	最好	很好	好	一般	差	很差	最差
	社会志愿者队伍	最强	强	强	一般	弱	很弱	最弱
	专家应急队伍	最强	强	强	一般	弱	很弱	最弱

续表

风险指标		区间数					
一级指标	二级指标	[10, 10, 10]	[8, 9, 10]	[6, 7, 8]	[4, 5, 6]	[2, 3, 4]	[0, 1, 2]	[0, 0, 0]
资源保证	装备保证	最好	很好	好	一般	差	很差	最差
	物资保证	最好	很好	好	一般	差	很差	最差
	技术储备	最好	很好	好	一般	差	很差	最差
应急预案	预案日常建设	最好	很好	好	一般	差	很差	最差
	预案启动能力	最高	很高	高	一般	低	很低	最低
应急宣传、培训和演习	演习计划	最好	很好	好	一般	差	很差	最差
	培训计划	最好	很好	好	一般	差	很差	最差
	宣传教育	最好	很好	好	一般	差	很差	最差

其次是风险决策矩阵法。实践中常用的一种分析方法——风险决策矩阵法可以在项目管理过程中识别项目风险的重要程度。风险决策矩阵法由美国空军电子系统中心最早提出并在美国军方武器系统研制项目风险管理中应用广泛。风险决策矩阵法的原理是通过运用风险矩阵方法能够评估潜在的风险影响、识别城市突发公共事件风险、评定风险等级并计算风险发生概率，能够为城市突发公共事件风险的监控与化解提供基础数据，是一种定量分析与定性分析相结合的简便操作法。

风险决策矩阵法流程。依据表4—1所示评估指标体系城市突发公共事件风险决策矩阵评估预警管理风险流程如下。

（一）确定风险矩阵栏内容

关于城市突发公共事件预警管理风险可分为7大模块，具体内容见表4—1。

（二）发生概率栏和影响栏

城市突发公共事件风险决策矩阵方法将风险模块对评估项目的影响分为关键、严重、中度、微小、可忽略5个等级，相应等级风险影响的对应区间集合为（4,5）、（3,4）、（2,3）、（1,2）、（0,1）等，见表4—3。

表 4—3 风险影响等级对照

风险影响等级	范围	定义
可忽略	[0, 1]	一旦发生，项目目标几乎不受影响
微小	(1, 2]	一旦发生，项目目标轻微下降
中度	(2, 3]	一旦发生，项目目标中度下降
严重	(3, 4]	一旦发生，项目目标严重下降
关键	(4, 5]	一旦发生，整个项目失败

风险发生可能性也分为极有可能发生、很可能发生、可能发生、不太可能发生、不可能发生 5 个程度等级，相应发生概率风险对应区间为 (0.9, 1]、(0.7, 0.9]、(0.6, 0.7]、(0.4, 0.6]、[0, 0.4]，见表 4—4。

表 4—4 风险发生概率对照

风险发生概率	定义
[0, 0.4]	不可能发生
(0.4, 0.6]	不太可能发生
(0.6, 0.7]	可能发生
(0.7, 0.9]	很可能发生
(0.9, 1]	极有可能发生

（三）确定风险等级栏

城市突发公共事件风险等级若划分为高级风险、中级风险、低级风险 3 档次，则风险等级定义的对应区间数为 (3, 5]、(1.5, 3]、[0, 1.5]。

（四）确定各风险模块风险等级

表 4—5 为突发公共事件风险等级对照表。根据风险模块二级指标 j 影响等级量化值 R_i ($i=1, 2, \cdots, n$)，其中 n 为该阶段二级指标数。利用线性插值法按照表 4—5 对应突发公共事件风险发生概率，可求得风险模块二级指标风险值 RV_j ($j=1, 2, \cdots, n$)，然后根据突发公共事件风险等级区间隶属度确定各风险模块 j 指标的最终等级风险。

表4—5　　　　　　　　　　　风险等级对照

风险概率	关键	严重	中度	微小	可忽略
0—0.4	2—2.5	1—1.5	0.5—1	0—0.5	0
0.4—0.6	2.5—3.0	2—2.5	1—1.5	0—0.5	0
0.6—0.7	3.0—4.0	2.0—3.0	1.5—2.0	0.5—1	0—0.5
0.7—0.9	4.0—4.5	3.0—3.5	2—2.5	1—1.5	0—0.5
0.9—1.0	4.5—5.0	3.5—4.0	2.5—3.0	1.5—2.0	0.5—1

（五）风险综合评价

根据城市突发公共事件风险决策者的打分，采用网络分析法或层次分析法算得风险因素权重值 W_j ($j=1, 2, \cdots, n$)，然后对各风险模块风险值 RV_j 加权求和，即得预警管理风险评估值。

即：$R = \sum_{j=1}^{n} W_j RV_j$，$n$ 为二级指标数。

（六）确定风险等级

根据 R 与城市突发公共事件风险判断集合的隶属关系，确定风险等级。

需要指出的是，模糊综合评价法是直接对风险二级指标进行评价打分，然后加权求和，得到风险评估值。而风险决策矩阵法则是先考量风险二级指标发生的可能性与指标重要性（实际上是该因素风险值的定位），通过插值法求得各二级指标的风险程度，然后由各指标的重要性程度加权求得项目风险等级。

因此，虽然模糊综合评价法与风险决策矩阵法评估思路不一致，定义的风险等级集合也不一致，但实际上仔细研究会发现，二者都具有两个方面的共同之处，一是求得各二级指标的风险程度，二是求得各二级指标的重要性程度，最后加权集结，且最终求得的结果，R_i 与 F_i 存在以下关系：

$$R_i = \frac{F_i}{2}$$

因此，这两种评估方法评估城市突发公共事件风险的结果是一致的、相互验证的。

二 城市突发公共事件应急处置评价方法

首先是方案初选。为减少城市突发公共事件应急处置评估的工作量,在开始评估以前应该最大限度地挑选出部分性能不佳的方案,也就是方案的初选。如此能够仅针对通过筛选的方案集合展开评估,从而选出比较合适的方案,即可省去很大的工作量以提升问题化解的效率。一般常用的初选手段主要有满意法、优选法以及逻辑法等。本书主要选用满意法来说明初选方案的具体步骤。

1. 该方法针对所有属性设置一个可以接受的最小值,即切除值,用 x_{ij}^0 ($j=1, 2, \cdots, n$) 来表示。

2. 仅有当方案 A_i 中不同属性值 x_{ij} 都超过或者等于对应切除值的情况下,也就是符合 $x_{ij} \geq x_{ij}^0$ ($j=1, 2, \cdots, n$) 的情况下,此方案 A_i 可接受。

3. 如果方案 A_i 中出现某个属性值 x_{ij} 不超过对应切除值的情况下,也就是出现某个 $x_{ij} < x_{ij}^0$ ($j=1, 2, \cdots, n$) 的情况下,此方案 A_i 可排除。

其次是 TOPSIS 法。

1. 建立初始决策矩阵。假设存在 m 个备用可选方案,属性指标为 n 个,x_{ij} 表示第 i 方案中第 j 项指标值,因而可将初始决策矩阵 V 表示为:

$$V = \begin{bmatrix} x_{11} & x_{12} & \cdots & x_{1n} \\ x_{21} & x_{22} & \cdots & x_{2n} \\ \cdots & \cdots & \cdots & \cdots \\ x_{m1} & x_{m2} & \cdots & x_{mn} \end{bmatrix}$$

2. 决策矩阵规范化。对各个指标做量纲统一化处理,即规范化处理,得标准化判断矩阵 V'。

$$V' = \begin{bmatrix} r_{11} & r_{12} & \cdots & r_{1n} \\ r_{21} & r_{22} & \cdots & r_{2n} \\ \cdots & \cdots & \cdots & \cdots \\ r_{m1} & r_{m2} & \cdots & r_{mn} \end{bmatrix}$$

3. 求解加权决策矩阵。依据客观或者主观赋权方式取得属性的权重矩阵 B:

第五章 系统协同下城市突发事件风险治理的指标体系重构 / 137

$$B = \begin{bmatrix} w_1 & 0 & \cdots & 0 \\ 0 & w_2 & \cdots & 0 \\ \cdots & \cdots & \cdots & \cdots \\ 0 & 0 & \cdots & w_n \end{bmatrix}$$

从而求解加权决策矩阵 F，如下：

$$F = \begin{bmatrix} r_{11} & r_{12} & \cdots & r_{1n} \\ r_{21} & r_{22} & \cdots & r_{2n} \\ \cdots & \cdots & \cdots & \cdots \\ r_{m1} & r_{m2} & \cdots & r_{mn} \end{bmatrix} \begin{bmatrix} w_1 & 0 & \cdots & 0 \\ 0 & w_2 & \cdots & 0 \\ \cdots & \cdots & \cdots & \cdots \\ 0 & 0 & \cdots & w_n \end{bmatrix} = \begin{bmatrix} f_{11} & f_{12} & \cdots & f_{1n} \\ f_{21} & f_{22} & \cdots & f_{2n} \\ \cdots & \cdots & \cdots & \cdots \\ f_{m1} & f_{m2} & \cdots & f_{mn} \end{bmatrix}$$

4. 求解正、负理想解。结合加权决策矩阵 F，能够推出正、负理想解。其中，正理想解 f_j^*：

$$f_j^* = \begin{cases} \max(f_{ij}) & j \in J_1 \\ \min(f_{ij}) & j \in J_2 \end{cases}$$

负理想解 f_j^0：

$$f_j^0 = \begin{cases} \min(f_{ij}) & j \in J_1 \\ \max(f_{ij}) & j \in J_2 \end{cases}$$

上述公式之中 J_2 表示成本型指标，J_1 表示效益型指标。如果已依据量化标度处理定性指标，或者在明确指标规范化的过程中已经依次根据效益与成本两个属性来实施处理。正理想解在这里完全取加权决策矩阵当中最大元素，负理想解便选取加权矩阵当中最小元素。

5. 计算不同方案和正、负理想解的差距。同正理想解的距离 d_i^*：

$$d_i^* = \sqrt{\sum_{j=1}^{n} (f_{ij} - f_j^*)^2}$$

同负理想解的距离 d_i^0：

$$d_i^0 = \sqrt{\sum_{j=1}^{n} (f_{ij} - f_j^0)^2}$$

6. 计算各方案的相对贴近度 C_i。

$$C_i = \frac{d_i^*}{d_i^0 + d_i^*}, i = 1, 2, \cdots, m$$

7. 方案排序求得满意解。依据 C_i 的大小排列优劣顺序从而可求得优劣次序。

三 城市突发事件善后处置评价方法

1. 模型方法简介及应用。就层次解析法（AHP）来说，网络解析法（ANP）与其本质是一致的，只不过形式上相对特殊。ANP 出现于 1996 年，当时是由在美国匹兹堡大学任教的萨蒂（Saaty）提出，它是拓展 AHP 得到的一种开创性的决议方法。AHP 主要是对诸多影响因素进行全方位的剖解，然后根据影响力进行排序，最终筛选出评估最佳的方案，也就是通常说的最佳方案。AHP 将各级决策执行者紧密地联系在一起，打破了仅限于逐级式的互通方式，促成跳跃层级式的对接。该分析方法构架最高层为项目的总战略指示，然后逐级地细化为各项具体内容、具体要求等，最终决策者可以对各项具体要求的重要性进行量化。该层次分析法为决策层提供解决各种复杂疑难问题的突破口，然而它不可避免地存在一些缺陷。AHP 并没有注意到决策层内部或不同决策层的相互作用，它只关注不同决策层的自下而上的同一方向的层面关系。然而在现实过程中，当对总的决策指示进行层层划分时，经常会遇到诸多因素交织在一起，出现相互影响的问题。

相比于 AHP，ANP 最显著的特征就是将同一层次内部各大要素的相互影响程度及不同层次的消息传递两方面都涵盖在考虑的范围内。该方法特别重视体系中高层要素从低级要素中获取的反馈信息，并将体系细化成两个单元层：一个是管控层，负责目标的确定、决策执行要求等工作；另一个是网络层，涵盖了被管控层指挥的所有要素、要素间的相关性。管控层的每个决策执行要求通常都被看成是独立存在的，是一个很有代表性的 AHP 层级递升构架。网络层覆盖的内容全部来自于管控层指挥的元素，各元素间相互交织、相互影响，最终形成一个庞大的网状结构。ANP 能够恰当地处理好问题，关键之处在于它采用了"超矩阵"解析法，能够对一系列相互影响的要素进行综合评判并得出各要素重要性的位次，最终制订最佳参考方案。一系列要素的重要性程度的确立是通过专家评分、问卷调研的途径得到的。ANP 涉及繁杂的计算，其中最高效的求解途径就是借助软件工具。

我们这里给出的城市突发公共事件风险治理后评价 ANP 模型，如表

4—6和图4—1所示。该图更直观地反映了各元素的相关性,通过比例标尺(数字1—9)的对比获得衡量矩阵。超级决策软件(Super Decision,SD)利用口头式、矩阵式、绘图式、问卷式等手段确立衡量值录入数据,只要呈现出反馈关系与依赖关系的要素都罗列出来并两两相互比较。

表4—6　　　　　　　　因素两两比较重要性标度

标度	等级
9	说明两个因素前者比后者极端重要
7	说明两个因素前者比后者强烈重要
5	说明两个因素前者比后者明显重要
3	说明两个因素前者比后者稍重要
1	说明两个因素具有相同重要性
2,4,6,8	说明上述相邻判断的中间值

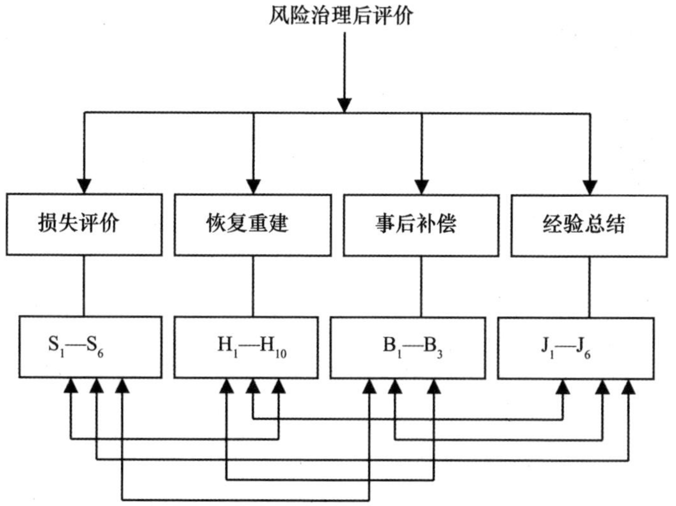

图4—1　风险治理后评价 ANP 模型

4个要素组的相关性衡量矩阵如表4—7所示。

表4—7　　　　　　　　　　关系判断矩阵

	S	H	B	J	排序向量
S	1.0	1.0	1.0	1/3	0.167
H	10	1.0	1.0	1/3	0.167
B	1.0	1.0	1.0	1/3	0.167
J	3.0	3.0	3.0	1.0	0.500

此处的求解方式主要利用 APP 自带的 Super Decisions 计算机软件，获得尚未加权计算的超矩阵之后，需在此基础上完成加权超矩阵 W，最终得到 $\lim\limits_{k \to \infty} W^k$ 的计算结果，完成长期稳定矩阵。

表4—8　　　　某市突发公共事件风险治理善后处置得分

一级指标	二级指标	权重	无量纲值	得分
损失评价	人员伤亡情况	0.049	0.75	0.04
	财产损失情况	0.059	0.87	0.05
	对市场供求比例的影响	0.047	0.76	0.04
	对GDP增长的影响	0.043	0.89	0.04
	对相关产业的影响	0.035	0.81	0.03
	对国民经济体系的影响	0.03	0.83	0.02
恢复重建	恢复方案的制订与执行	0.045	0.79	0.04
	引导经济快速复苏	0.03	0.73	0.02
	事后的安置、容纳与失业救助	0.036	0.88	0.03
	危机咨询援助	0.031	0.86	0.03
	心理复建	0.023	0.91	0.02
	重建资金筹备能力	0.029	0.83	0.02
	灾后贷款	0.027	0.85	0.02
	社会保险赔付	0.025	0.85	0.02
	政府、社会救助	0.021	0.91	0.02
	运用国际经验和援助	0.031	0.9	0.03

第五章　系统协同下城市突发事件风险治理的指标体系重构 / 141

续表

一级指标	二级指标	权重	无量纲值	得分
事后补偿	对相关人员和部门的奖励与惩处	0.033	0.86	0.03
	抚恤与补助能力	0.042	0.85	0.04
	征用物资与劳务的补偿	0.035	0.84	0.03
经验总结	事件起因的调查情况	0.058	0.95	0.06
	事件控制及所采取措施的总结	0.052	0.93	0.05
	危机处理案例库完善情况	0.054	0.82	0.04
	相关法律法规和政策的完善和改进	0.057	0.84	0.05
	应急预案的维护和更新	0.056	0.86	0.05
	应急管理体系的改善	0.052	0.82	0.04

2. 评价案例简介。对某市突发公共事件风险治理善后处置进行评价，参照本课题确定的评估系统，此局域内的 25 个参数应当给予评分并完成量化和归一化。相关计算结果见表 4—8。通过表 4—8 可以算出该地区突发公共事件风险治理善后处置综合得分为 0.85。若地区突发公共事件风险治理善后处置评价结果为集合 F = {差，中，良，优} = {(0, 0.6)，[0.6, 0.7]，[0.7, 0.85]，[0.85, 1.0]}。该地区突发公共事件风险治理善后处置评价结果介于 0.85—1.00，说明该地区突发公共事件风险治理善后处置综合评价为优秀。

总之，为科学分析和处理该地区突发公共事件风险治理善后处置评价过程中大量的不确定性、不可预知性因素，进一步明确各大因素间的相互作用、相互关联，本章建立了基于 ANP 算法的地区突发公共事件风险治理善后处置评价模型，并求出突发公共事件风险治理善后处置评价体系中各个指标的参考权重。通过算例验证，该方法可大大简化该地区突发公共事件风险治理善后处置评价的复杂性，也使该地区突发公共事件风险治理善后处置评价的决策更为科学、合理，具有一定的实用性和推广价值。

第四节　城市突发公共事件风险治理的指标体系重构

一　指标体系建构的原则与流程优化

建立城市突发公共事件风险治理指标体系时，应遵循以下原则：（1）科学性与实用性原则。在指标选择方面，需要考虑理论上的这些要求，即完备性、科学性以及正确性。具体来说则是要求指标的概念明确化且能体现相应的科学内涵，同时在确定权重以及选择数据等方面均需要依托相应的科学理论，也要避免出现简单罗列指标等现象。（2）系统性与层次性原则。应围绕评价目标要求来选择系统而全面的评价指标，在这个基础上组成一个完整的体系，并实现对我国城市突发事件风险治理能力进行综合反映。与此同时，需要注意的是由于应急能力是由许多同一层次具有不同作用和特点的能力以及不同层次中功能和作用不同的能力构成，因此在选择指标时这种层次性也要体现出来。（3）全面性和代表性原则。所选出来的指标能对应急能力的各个方面进行反映，能从不同角度对被评价体系的主要特征与状况方面进行反映，与此同时，所选择的指标具有代表性与典型性。（4）定性与定量相结合原则。所选择出来的指标，应尽可能地实现量化，不过任何事物均具有质和量的规定性。针对当前部分难以量化的指标，则可选择定性指标对其进行描述。还可以结合专家评判的形式来完成对指标的研究，使指标具有可操作性。（5）简洁性和可操作性原则。所选的指标应做到概念上明确化、结构上清晰化，指标反映的这些信息应能被非专业人士和大众理解。评价指标采用的这些数据需要便于采集和测定，同时还要便于进行统计和计算；可比性与规范性原则。关于应急能力的评价结果，在时间和空间上应能体现这种可比性。基于此，所采用的指标内容与方法均应体现这种统一化与规范化。对于同一指标而言相应的计算方法应相同，这对分析与研究风险治理能力的状况和变化趋势非常有利；动态性与稳定性原则。发展水平与阶段不同采用的指标也应不同，应确保指标具有一定的稳定性便于开展相应的评价活动。简单来说，指标一方面要结合我国城市突发事件风险治理能力的不断提高而进行相应的调整，另一方面则还要确保其稳定性，以便于对治理能力进行评价与比较。

构建城市突发公共事件指标体系的过程，本身就是一个从具体到抽象再到具体的辩证逻辑思维过程。该过程一般可细化为三个环节：第一环节是理论准备阶段；第二个环节是指标体系初选阶段；第三个环节是指标体系的优化阶段。具体流程为：理论准备阶段。突发公共事件进行指标体系的构建首先需对评价的总体目标方面进行明确，同时还要了解突发公共事件的相关理论基础。此外，还要掌握一定的方法，并对国内外突发公共事件所构建的评价指标体系有一定的了解。指标体系初选阶段，在明确相应理论与方法之后，就可以开始构建方法的选择，根据指标体系构建原则并围绕总目标来构建初选指标体系。指标体系优化阶段，初选的结果未必就是合理且必要的，还有可能出现遗漏甚至错误的现象。基于此，城市突发公共事件初选指标体系的精选优化就显得非常重要。

二　城市突发公共事件风险治理初步指标体系建构

（一）城市突发公共事件风险治理指标因果分析

一般而言，城市突发事件治理效果受到四个方面因素影响。根据这四个影响因素再进行因果分析模型的构建工作（如图4—2所示）。用"-"号以及"+"号标出变量间的相关性，其中"+"号表示的是正相关而"-"号表示的是负相关，因果关系用箭头标出。

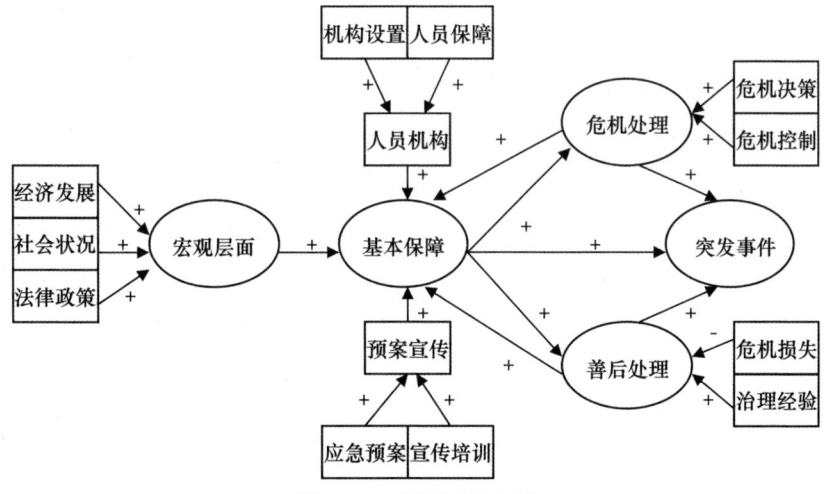

图4—2　指标因果分析

1. 一级指标层次。城市的基本保障能力是城市突发事件治理首先要考虑的问题，城市的基本保障能力与城市突发事件治理之间存在正相关关系。城市的基本保障能力越强，城市突发事件治理效果越好。然而，城市的基本保障能力虽能防患于未然，却必定不是万无一失，发生危机之后如何进行危机治理，也考验着一个城市的突发事件治理水平。城市的危机处理能力与城市突发事件治理之间同样存在正相关关系。城市的危机处理能力越强，城市突发事件治理效果也越好。发生危机后处理的好与坏应急决策固然重要，漫长而又艰巨的善后处理过程与结果却是一个城市的突发事件治理水平的重要标志。城市的突发事件善后处理与城市突发事件治理之间也同样存在正相关关系。城市的突发事件善后处理效果越强，城市突发事件治理效果也越好。

2. 二级指标层次。通常认为，一个城市的基本保障能力通过城市的宏观层面指标、人员机构配备、应急预案宣传等体现。城市的宏观层面指标、人员机构配备、应急预案宣传与城市的基本保障能力之间存在正相关关系，即城市的宏观层面指标越好、人员机构配备越齐备、应急预案宣传越到位，则城市的基本保障能力越强。一个城市的突发事件治理指标则细分为突发事件决策和突发事件控制指标，突发事件决策指标主要分析应急反应速度、现场指挥与协调、居民应急反应等。突发事件控制指标主要分析预警反馈、危机控制能力、资源整合能力、维持社会秩序等。一个城市的突发事件善后处置能力通过危机损失处理、危机经验总结等几个层面来体现。具体包括危机损失评价、恢复重建、事后补偿、经验总结四个层面的内容。危机损失越小、恢复重建越好、事后补偿越到位、经验总结越全面，则城市的突发事件善后处置能力越强。

基于上述因果分析模型框架，将城市突发公共事件指标体系分为3个层次。城市突发公共事件风险治理是目标层次；一个城市的基本保障能力、突发事件治理能力、善后处置能力3个属性均设定为一级指标即第二层次；根据各属性指标要素展开的具体的二级指标即第三层次，各二级指标的度量方面具体见表4—9。

表 4—9　　　　　　　城市突发公共事件风险治理初步指标体系

目标层	一级指标	二级指标	三级指标
城市突发公共事件风险治理	城市基本保障能力	社会、经济状况	经济发展水平
			社会发展水平
			社会安全水平
			城市科教能力
			城市管理能力
			基础设施规模
		法律法规与政策保障	法律法规完善程度
			法律法规执行情况
			地方法规有关应急管理规定
			地方法规有关应急管理延续性规定
		机构设置	应急领导机构
			应急管理机构
			应急有关部门
			指挥中心
			应急中心设施
			应急中心运行和组织
			备用应急中心
		人员保障	专家应急队伍
			相关部门应急队伍
			社会志愿者队伍
			社会动员
		资源保证	物资保证
			装备保证
			技术储备
			应急专项基金
			应急管理和应急活动的开支
		应急预案	预案完整性
			预案内容完备性
			预案启动能力
			预案日常建设

续表

目标层	一级指标	二级指标	三级指标
城市突发公共事件风险治理	城市基本保障能力	应急宣传、培训和演习	公众教育
			新闻报道
			宣传教育
			培训计划
			应急人员培训
			演习计划
			演习实施
			演习评估
			改进措施
	城市突发事件治理能力	预警反馈	第一时间灾情报告
			突发事件信息收集
			灾情信息预警反馈
			反馈机构工作效率
			灾情信息预警反馈机制建设
		突发事件控制能力	突发事件信息分析能力
			突发事件信息通报
			辟谣与稳定民心能力
			舆论监督与正确导向
			紧急情况人员疏散
			控制突发事件进一步扩散
			突发事件情况法规建设情况
		应急反应速度与决策	突发事件信息传递时间
			政府部门信息分析时间
			启动应急反应系统
			成立应急对策指挥部
			救援部门到达灾区时间
			早期突发事件评估系统的启动时间
			灾情对外发布时间
		现场指挥与协调	现场指挥系统
			现场指挥与场外指挥协调
			部门协调机制

续表

目标层	一级指标	二级指标	三级指标
城市突发公共事件风险治理	城市突发事件治理能力	现场指挥与协调	信息发布的协调
			与社会资源的协调
			与当地驻军、武警的协调
			与上级部门的协调
			与周边相邻地区的协调
		居民应急反应	对灾害迅速辨识能力
			应对突发事件反应能力
			应用救助手段自救能力
			合作救助能力
			减少物质损失
		资源整合能力	紧急物资生产与调拨能力
			专用物资交通运输保障能力
			紧急资金调拨使用能力
			相关应急小组调动能力
			社会团体及志愿者参与
			与事件相关的专业研究能力
			突发事件处理国际合作能力
		维持社会秩序	突发事件中维护社会治安能力
			突发事件中维护正常工作环境能力
			突发事件中打击刑事犯罪能力
			突发事件中突发性政治事件防治能力
	城市善后处置能力	损失评价	人员伤亡情况
			财产损失情况
			对市场供求比例影响
			对GDP增长影响
			对相关产业影响
			对国民经济体系影响
		恢复重建	恢复方案的制订与执行
			引导经济快速复苏
			事后的安置、容纳与失业救助
			突发事件咨询援助

续表

目标层	一级指标	二级指标	三级指标
城市突发公共事件风险治理	城市善后处置能力	恢复重建	心理复建
			重建资金筹备能力
			灾后贷款
			社会保险赔付
			政府、社会救助
			运用国际经验和援助
		事后补偿	对相关人员和部门的奖励与惩处
			抚恤与补助能力
			征用物资与劳务的补偿
		经验总结	事件起因的调查情况
			事件控制及所采取措施的总结
			突发事件处理案例库完善情况
			相关法律法规和政策的完善和改进
			应急预案的维护和更新
			应急管理体系的改善

（二）城市突发公共事件风险治理指标体系优化

我们建立的突发公共事件指标体系覆盖了城市的基本保障能力、突发事件治理水平、善后处置能力等多方面。实践中需根据实际城市类型、危机事件种类等对指标进行不断调整以确定该具体指标体系。优化城市突发公共事件风险治理指标体系遵循的基本思想为：将通用指标中的三级指标转换成利克特量表以及简答表中的调查问题，归纳指标类型并设计初始问卷。通过对专家进行问卷调查继而完成信度分析和因子分析，以此为基础检验实际指标体系的可靠程度以及合理程度，最后建立正式评价体系。

1. 突发公共事件指标体系信度分析。对问卷进行信度分析主要目的是评价突发公共事件各指标的可靠程度。测量借助克朗巴哈信度系数（Cronbach Alpha）来完成，具体计算公式如下：

$$\alpha = \frac{K}{K-1}\left[1 - \frac{\sum_{i=1}^{K} \sigma_i^2}{\sigma_T^2}\right]$$

上述公式中：K 代表问卷中题目数量；σ_i^2 代表第 i 指标得分的题内方差；σ_T^2 代表指标总得分的方差。若 $\alpha > 0.7$，代表指标可信度较高。若 α 比较小，则可利用因子分析来改善指标的信度。

2. 突发公共事件指标体系因子分析。因子分析是主成分分析的延伸，这一多变量统计方法的核心是将关系错综复杂的多变量转化为少数几个综合因子进行分析。借助因子分析，可以判断各指标对突发公共事件最终结果的影响程度，以判断指标分类是否合理。具体利用共同度来衡量指标对结果的影响。采用模型为 $x = AY$，式中：x 代表指标矩阵；$Y = (Y_1, Y_2, \cdots, Y_m)^T$ 代表综合因子；m 代表综合因子个数；A 代表载荷矩阵。借助主成分法确定载荷矩阵 A，如下所示：其一借助标准化后的数据矩阵 X，得到相关系数矩阵 R，在此基础上计算得到 R 特征方程对应的 K 个特征值 $\lambda_1 \geq \lambda_2 \geq \cdots \geq \lambda_K \geq 0$ 以及特征向量，然后由这些向量共同组成特征向量矩阵 C。其二在上述特征向量矩阵 C 基础上计算得到因子载荷矩阵。找出其中大于1的特征根数量，便可确定综合因子数量 m，载荷矩阵 A 计算如下：

$$A = (C_1 \sqrt{\lambda_1}, C_2 \sqrt{\lambda_2}, \cdots, C_m \sqrt{\lambda_m})_{K \times m}$$

若记载荷矩阵 A 中第 i 行第 j 列元素为 a_{ij}，则第 i 指标的共同度计算如下：

$$h_i^2 = \sum_{j=1}^{m} a_{ij}^2$$

共同度可直接反映第 i 指标对 m 个综合因子的依赖程度。共同度大则意味着依赖程度强，所以利用综合因子对指标进行解释也是可行的。一般情况下，若共同度高于0.4则说明综合因子可用于解释指标；若共同度相对比较小，则可按照平时经验对其进行剔除。假如所有评价指标体系中的指标因子均高于0.4，就意味着一级层次指标对目标层次指标有非常明显的影响，无须除去任何一个指标；假如不是所有指标因子都高于0.4，即可将低于0.4的指标剔除，并根据突发公共事件类型做出合理调整。

从信度和因子两方面确定适合城市突发事件类型的指标体系，能最大限度保证研究结果的可靠性和合理性。若指标体系整体信度偏低，可借助因子分析方法对结果进行调整，适当剔除某些共同度偏低的指标，提高问卷整体合理性和可信度；若指标体系整体信度偏低，也可适当剔除共同度偏低的指标，这样做的目的是最大限度地减少工作量、降低成本。

三 城市突发事件预警管理指标及权重的处理

1. 预警管理指标的分类。指标按其值是否由数字或定量的术语（以不同的单位）表示分为：定量和定性指标。评估指标按因素变动对目标的影响程度，可具体划分为正向和反向两大指标。目标会随前者的变动而呈现同向变动趋势，随后者变动呈现出反向趋势。按照这一定义，在城市突发公共事件预警管理指标体系中，正向指标与反向指标分类如表4—10。需要说明的是，虽然经济发展水平、专家应急队伍与社会志愿者队伍，按照定义属于定量指标并有相关文献提供了计算的一般公式。但是效用的体现一般需要等待较长时间，再加上面临突发事件很难提前对耦合效应做出准确估量。综合这些因素后，本书借助专家对项目深入了解的优势对这些定性属性指标给出定性的评判结果，具体如下。

表4—10　　城市突发公共事件预警指标体系分类

预警管理环节	管理指标	指标分类（正/反向）	指标分类（定性/定量）
社会、经济状况	经济发展水平	正向指标	定性指标
	社会发展水平	正向指标	定性指标
	城市治理能力	正向指标	定性指标
法律法规与政策保障	法律法规完善程度	正向指标	定性指标
	法律法规执行情况	正向指标	定性指标
	地方法规有关应急管理规定	正向指标	定性指标
机构设置	应急管理机构	正向指标	定性指标
	应急中心设施	正向指标	定性指标
	应急中心运行和组织	正向指标	定性指标

续表

预警管理环节	管理指标	指标分类（正/反向）	指标分类（定性/定量）
人员保障	专家应急队伍	正向指标	定性指标
	社会志愿者队伍	正向指标	定性指标
	社会动员	正向指标	定性指标
资源保证	物资保证	正向指标	定性指标
	装备保证	正向指标	定性指标
	技术储备	正向指标	定性指标
应急预案	预案启动能力	正向指标	定性指标
	预案日常建设	正向指标	定性指标
应急宣传、培训和演习	宣传教育	正向指标	定性指标
	培训计划	正向指标	定性指标
	演习计划	正向指标	定性指标

2. 突发公共事件预警管理指标的量化。如表 4—10 所示，定性指标的衡量是由专家凭借经验完成的，常用的评价等级有"很高""较强""一般"。通常这些定性的语言是比较模糊的。为了更准确地反映指标，本书利用 Bipolar 尺度对指标进行具体量化。对于给定的城市突发公共事件正向定性指标可采用 Bipolar 尺度将其定量化，具体量化原则为高指标对应较高分值，低指标则对应较低分值。如 10 标度法以终点开始，最高指标对应 10 点，最低指标对应 0 点，而在最高指标和最低指标正中间的指标对应 5 点，其余根据层次进行具体量化，具体标度见图 4—3：

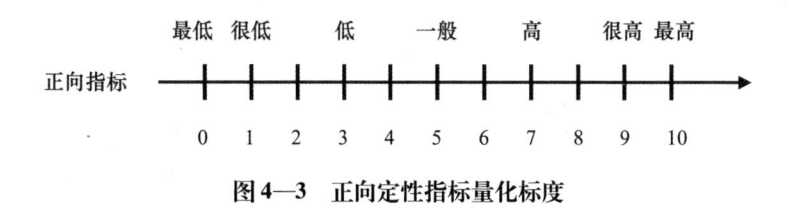

图 4—3　正向定性指标量化标度

同样，反向指标也要进行量化处理，具体同正向指标完全相反即高指标对应较低标点，低指标对应较高标点，具体见图 4—4。

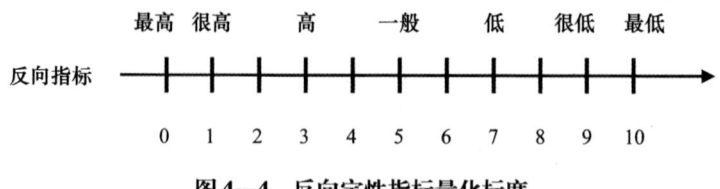

```
    最高  很高   高   一般   低   很低   最低
反向指标 ├────┼────┼────┼────┼────┼────┼────┼────┼────┼────┼──►
     0    1    2    3    4    5    6    7    8    9   10
```

图4—4　反向定性指标量化标度

基于上述风险量化标度可计算得出城市突发公共事件预警管理指标数量化表。具体如表4—11所示。

表4—11　城市突发公共事件预警管理指标Bipolar数量化

风险指标		Bipolar量化值					
一级指标	二级指标	0	1	3	5	7	9	10
社会、经济状况	经济发展水平	最低	很低	低	一般	高	很高	最高
	社会发展水平	最低	很低	低	一般	高	很高	最高
	城市治理能力	最弱	很弱	弱	一般	强	很强	最强
法律法规与政策保障	法律法规完善程度	最低	很低	低	一般	高	很高	最高
	法律法规执行情况	最差	很差	差	一般	好	很好	最好
	地方应急法规	最差	很差	差	一般	好	很好	最好
机构设置	应急管理机构	最差	很差	差	一般	好	很好	最好
	应急中心设施	最差	很差	差	一般	好	很好	最好
	应急中心运行和组织	最弱	很弱	弱	一般	强	强	最强
人员保障	专家应急队伍	最弱	很弱	弱	一般	强	强	最强
	社会志愿者队伍	最弱	很弱	弱	一般	强	强	最强
	社会动员	最差	很差	差	一般	好	很好	最好
资源保证	物资保证	最差	很差	差	一般	好	很好	最好
	装备保证	最差	很差	差	一般	好	很好	最好
	技术储备	最差	很差	差	一般	好	很好	最好
应急预案	预案启动能力	最低	很低	低	一般	高	很高	最高
	预案日常建设	最差	很差	差	一般	好	很好	最好
应急宣传、培训和演习	宣传教育	最差	很差	差	一般	好	很好	最好
	培训计划	最差	很差	差	一般	好	很好	最好
	演习计划	最差	很差	差	一般	好	很好	最好

3. 指标值标准化处理。城市突发公共事件指标不一致可能会影响最终评估结果，而为有效避免这一问题需提前对指标数据进行处理。常见的预处理办法有以下四种。

（1）标准 0 – 1 变换。假设 x_{ij} 为原始指标数据，r_{ij} 为标准表换后数据。其中 i 和 j 分别代表方案数和指标数。其中正向属性指标为：

$$r_{ij} = \frac{x_{ij} - \min\limits_{1 \leq i \leq m} x_{ij}}{\max\limits_{1 \leq i \leq m} x_{ij} - \min\limits_{1 \leq i \leq m} x_{ij}}$$

负向属性指标为：

$$r_{ij} = \frac{\max\limits_{1 \leq i \leq m} x_{ij} - x_{ij}}{\max\limits_{1 \leq i \leq m} x_{ij} - \min\limits_{1 \leq i \leq m} x_{ij}}$$

（2）向量归一化。正向型和负向型属性的向量规范化都可利用如下公式进行转换：

$$r_{ij} = \frac{x_{ij}}{\sqrt{\sum_{i=1}^{m} x_{ij}^2}}$$

（3）线性比例变换。其中正向指标 f_j 取 $x_j^* = \max\limits_{1 \leq i \leq m} x_{ij} > 0$。

则定义：$r_{ij} = \dfrac{x_{ij}}{x_j^*}$

负向指标 f_j 令 $r_{ij} = 1 - \dfrac{x_{ij}}{x_j^*}$

假如城市突发公共事件指标体系中既含有正向指标也含有负向指标，那么不能同时使用变换方程，这主要是因为二者的基点不同，其中正向对应基点为 0，负向对应基点为 1。具体指标标准化区间范围为 [0，1]，其中正向基点为 0，最大值为 1，而负向基点为 1，最小值为 0。此时可通过取负向指标的倒数来解决这一问题，相应的负向指标对应的变换方程就如下所示：

$$r_{ij} = \frac{(x_{ij})^{-1}}{\max\limits_{1 \leq i \leq m} (x_{ij})^{-1}} = \frac{\min\limits_{1 \leq i \leq m} (x_{ij})}{(x_{ij})} = \frac{x_{ij}^{\min}}{x_{ij}}$$

其中，$x_{ij}^{\min} = \min\limits_{1 \leq i \leq m} (x_{ij})$ （$1 \leq j \leq n$）。

（4）极差变换。其中正向指标 f_j：

记 $f_j^* = \max\limits_{1 \leq i \leq m} (x_{ij})$；$f_j^\Delta = \min\limits_{1 \leq i \leq m} (x_{ij})$

则 $r_{ij} = \dfrac{x_{ij} - f_j^\Delta}{f_j^* - f_j^\Delta}$

($1 \leq i \leq m$, $1 \leq j \leq n$)

负向指标 f_j：

记 $f_j^* = \min\limits_{1 \leq i \leq m}(x_{ij})$；$f_j^\Delta = \max\limits_{1 \leq i \leq m}(x_{ij})$

则

$r_{ij} = \dfrac{f_j^\Delta - x_{ij}}{f_j^\Delta - f_j^*}$

($1 \leq i \leq m$, $1 \leq j \leq n$)

4. 权重值处理。评估模型要将定量指标和定性指标结合起来，正确评价城市突发公共事件风险预警的长短期发展目标。指标的相对重要性是除指标信息外必须要考虑在内的信息，而具体利用权重或者权系数来衡量指标的相对重要性。在分析、比较和判断时，有关突发公共事件风险预测预控因素的重要性、影响力或者优先程度往往难以进行量化，这时人的主观选择会起着相当重要的作用。现在常用的权重确定方法多种多样，但站在权重计算所需原始数据来源的视角可将这些方法归纳总结为两大类，分别是主观赋权和客观赋权。据此获得各层指标的权重。主观赋权法的依据主要是决策者自我主观意识即自身对属性的重视程度。这里涉及的原始数据是通过专家利用经验进行主观判断获得的。常用的主观赋权法除层次分析法外，还有网络分析法（ANP）、专家调查法（AHP）、德尔菲法（Delphi）等。主观赋权法具有自身的优势也有许多不足之处。人们据此提出了客观赋权法，各属性在突发公共事件决策预警方案中的实际数据就是其原始数据。客观赋权法认为各属性在属性集中的变异程度以及对其他属性的影响程度的度量就是属性权重，原始信息的赋权则应直接来源于客观环境。某属性如果对所有决策方案均无变化，那么该属性权重应为 0，因为它对方案的排序及鉴别不起作用。在具体实际中常用的客观赋权法有熵值法、外因子分析法和成分分析法等。

四 城市突发公共事件风险治理应急处置指标体系

根据我们确定的城市突发公共事件风险治理应急处置初步指标体系，把三级指标转变成 Likert 量表与简答表当中的调研题目（见附录），形成初步问卷并利用问卷调研、信度以及因子分析等方式，对指标体系的科学性与可信度展开检验，进而确定了城市突发公共事件风险治理应急处置环节正式评价体系，见表4—12。

表4—12　城市突发公共事件风险治理应急处置环节指标体系

预警反馈	突发事件信息收集
	灾情信息预警反馈
	反馈机构工作效率
危机控制能力	突发事件信息通报
	紧急情况人员疏散
	控制危机进一步扩散
应急反应速度与决策	危机信息传递时间
	救援部门到达灾区时间
	灾情对外发布时间
现场指挥与协调	现场指挥系统
	现场指挥与场外指挥协调
	部门协调机制
居民应急反应	对灾害迅速辨识能力
	应对突发事件反应能力
	应用救助手段自救能力
资源整合能力	紧急物资生产与调拨能力
	专用物资交通运输保障能力
	紧急资金调拨使用能力
维持社会秩序	危机事件中维护社会治安能力
	危机事件中维护正常工作环境能力
	危机中打击刑事犯罪能力
	危机事件中突发性政治事件防治能力

（一）突发公共事件应急处置指标的分类

依据城市突发公共事件管理指标值是否使用数字或者量化的术语（运用各种单位）来细分成定量指标与定性指标。评估指标按因素变动对目标的影响程度，还可以分成正向与反向两类指标。其中，正向指标改变会导致目标出现同向改变，而反向指标改变会造成目标出现反向改变。结合此定义，突发公共事件应急处置指标体系中，正向指标与反向指标分类如表4—13所示。

表4—13　城市突发公共事件风险治理应急处置指标体系分类

应急处置环节	管理指标	指标分类（正/反向）	指标分类（定性/定量）
预警反馈	突发事件信息收集	正向指标	定性指标
	灾情信息预警反馈	正向指标	定性指标
	反馈机构工作效率	正向指标	定性指标
危机控制能力	突发事件信息通报	正向指标	定性指标
	紧急情况人员疏散	正向指标	定性指标
	控制危机进一步扩散	正向指标	定性指标
应急反应速度与决策	危机信息传递时间	正向指标	定性指标
	救援部门到达灾区时间	正向指标	定性指标
	灾情对外发布时间	正向指标	定性指标
现场指挥与协调	现场指挥系统	正向指标	定性指标
	现场指挥与场外指挥协调	正向指标	定性指标
	部门协调机制	正向指标	定性指标
居民应急反应	对灾害迅速辨识能力	正向指标	定性指标
	应对突发事件反应能力	正向指标	定性指标
	应用救助手段自救能力	正向指标	定性指标
资源整合能力	紧急物资生产与调拨能力	正向指标	定性指标
	专用物资交通运输保障能力	正向指标	定性指标
	紧急资金调拨使用能力	正向指标	定性指标
维持社会秩序	危机事件中维护社会治安能力	正向指标	定性指标
	危机事件中维护正常工作环境能力	正向指标	定性指标
	危机中打击刑事犯罪能力	正向指标	定性指标
	危机事件中突发性政治事件防治能力	正向指标	定性指标

(二) 城市突发公共事件应急处置指标的量化

根据风险量化标度，可得应急处置指标数量化表。如表4—14所示。

表 4—14　　　　　　　　　应急处置指标 Bipolar 数量化

风险指标		Bipolar 量化值						
一级指标	二级指标	0	1	3	5	7	9	10
预警反馈	突发事件信息收集	最差	很差	差	一般	好	很好	最好
	灾情信息预警反馈	最慢	很慢	慢	一般	快	很快	最快
	反馈机构工作效率	最低	很低	低	一般	高	很高	最高
危机控制能力	突发事件信息通报	最慢	很慢	慢	一般	快	很快	最快
	紧急情况人员疏散	最慢	很慢	慢	一般	快	很快	最快
	控制危机进一步扩散	最差	很差	差	一般	好	很好	最好
应急反应速度与决策	危机信息传递时间	最慢	很慢	慢	一般	快	很快	最快
	救援部门到达灾区时间	最慢	很慢	慢	一般	快	很快	最快
	灾情对外发布时间	最慢	很慢	慢	一般	快	很快	最快
现场指挥与协调	现场指挥系统	最差	很差	差	一般	好	很好	最好
	现场指挥与场外指挥协调	最弱	很弱	弱	一般	强	很强	最强
	部门协调机制	最差	很差	差	一般	好	很好	最好
居民应急反应	对灾害迅速辨识能力	最差	很差	差	一般	好	很好	最好
	应对突发事件反应能力	最差	很差	差	一般	好	很好	最好
	应用救助手段自救能力	最差	很差	差	一般	好	很好	最好
资源整合能力	紧急物资生产与调拨能力	最低	很低	低	一般	高	很高	最高
	专用物资交通运输保障能力	最低	很低	低	一般	高	很高	最高
	紧急资金调拨使用能力	最差	很差	差	一般	好	很好	最好
维持社会秩序	危机事件中维护社会治安能力	最低	很低	低	一般	高	很高	最高
	危机事件中维护正常工作环境能力	最低	很低	低	一般	高	很高	最高
	危机中打击刑事犯罪能力	最低	很低	低	一般	高	很高	最高
	危机事件中突发性政治事件防治能力	最低	很低	低	一般	高	很高	最高

五 城市突发公共事件风险治理善后评价指标体系

（一）城市突发公共事件善后处置指标的分类

依据城市突发公共事件管理指标值是否使用数字或者量化的术语（运用各种单位）分为定量指标与定性指标。同样的，按因素变动对目标的影响程度评估指标还可分成正向与反向两类指标。其中，正向指标改变会导致目标出现同向改变，而反向指标改变会造成目标出现反向改变。由此可知善后处理指标体系中正向指标与反向指标分类，如表4—15所示。

表4—15 城市突发公共事件风险治理善后处置指标体系分类

善后处置环节	管理指标	指标分类（正/反向）	指标分类
损失评价	人员伤亡情况	反向指标	定量指标
	财产损失情况	反向指标	定量指标
	对市场供求比例影响	正向指标	定量指标
	对GDP增长影响	正向指标	定量指标
	对相关产业影响	正向指标	定性指标
	对国民经济体系影响	正向指标	定性指标
恢复重建	恢复方案的制订与执行	正向指标	定性指标
	引导经济快速复苏	正向指标	定性指标
	事后的安置、容纳与失业救助	正向指标	定性指标
	危机咨询援助	正向指标	定性指标
	心理复建	正向指标	定性指标
	重建资金筹备能力	正向指标	定性指标
	灾后贷款	正向指标	定量指标
	社会保险赔付	正向指标	定量指标
	政府、社会救助	正向指标	定性指标
	运用国际经验和援助	正向指标	定性指标
事后补偿	对相关人员和部门的奖励与惩处	正向指标	定量指标
	抚恤与补助能力	正向指标	定性指标
	征用物资与劳务的补偿	正向指标	定量指标

续表

善后处置环节	管理指标	指标分类（正/反向）	指标分类
经验总结	事件起因的调查情况	正向指标	定性指标
	事件控制及所采取措施的总结	正向指标	定性指标
	风险治理案例库完善情况	正向指标	定性指标
	相关法律法规和政策的完善改进	正向指标	定性指标
	应急预案的维护和更新	正向指标	定性指标
	应急管理体系的改善	正向指标	定性指标

（二）善后处置定性指标的量化

根据风险量化标度，可得城市突发公共事件风险治理善后处置指标数量化表。如表4—16所示。

表4—16　　　　　善后处置指标Bipolar数量化

风险指标		Bipolar量化值						
一级指标	二级指标	0	1	3	5	7	9	10
损失评价	相关产业影响	最弱	很弱	弱	一般	强	很强	最强
	对国民经济体系影响	最弱	很弱	弱	一般	强	很强	最强
恢复重建	恢复方案的制订与执行	最弱	很弱	弱	一般	强	很强	最强
	引导经济快速复苏	最弱	很弱	弱	一般	强	很强	最强
	事后的安置、容纳与失业救助	最差	很差	差	一般	好	很好	最好
	危机咨询援助	最差	很差	差	一般	好	很好	最好
	心理复建	最弱	很弱	弱	一般	强	很强	最强
	重建资金筹备能力	最弱	很弱	弱	一般	强	很强	最强
	政府、社会救助	最差	很差	差	一般	好	很好	最好
	运用国际经验和援助	最差	很差	差	一般	好	很好	最好
事后补偿	抚恤与补助能力	最低	很低	低	一般	高	很高	最高
经验总结	事件起因的调查情况	最差	很差	差	一般	好	很好	最好
	事件控制及所采取措施的总结	最差	很差	差	一般	好	很好	最好

续表

风险指标		Bipolar 量化值						
一级指标	二级指标	0	1	3	5	7	9	10
经验总结	风险治理案例库完善情况	最差	很差	差	一般	好	很好	最好
	相关法律法规和政策的完善改进	最差	很差	差	一般	好	很好	最好
	应急预案的维护和更新	最差	很差	差	一般	好	很好	最好
	应急管理体系的改善	最差	很差	差	一般	好	很好	最好

第 六 章

全过程和全系统下城市突发事件风险治理能力评估

  基于全过程和系统集成管理的城市突发公共事件风险治理，梳理了城市突发事件全过程和全系统风险治理的结构特质、全过程和全系统风险治理的运行方式及过程原则。重点评估审视了基于全过程的城市突发事件风险治理能力，介绍了影响城市突发公共事件风险治理能力的诸多系统，如指挥协调系统、处置实施系统、信息管理系统、工程防御系统、资源保障系统、政府应急反应系统、辅助决策系统、居民应急行为系统。为进一步了解整个系统的综合风险治理能力，阐释了指挥调度系统、资源保障系统、辅助决策系统、信息管理系统、处置实施系统等子系统的功能和特征，基于系统动力学对全系统城市突发公共事件管理机理、规律和特征进行了研究。建立了全面风险治理指导下以城市突发公共事件综合风险治理系统为评估对象的综合评估体系。

第一节　基于全过程和系统集成管理的城市突发事件风险治理

  了解城市风险治理能力评估工作的质量和效率之前应该先对城市突发公共事件全过程和全系统管理机制进行分析。当突发公共事件发生时，相关治理主体在某种环境下针对事件的时间和空间特点所开展的一系列综合风险治理活动即城市突发公共事件全过程和全系统管理机制。它能够使治理主体把握最佳的治理和救援时间，可以争取在短时间内控制事件的发展，使事件变得可控。

一 城市突发事件全过程和全系统风险治理的结构特质

风险治理结构的原理就是利用系统的风险治理功能划分和分配城市突发公共事件管理活动及其资源。为了达到预期的综合风险治理目标，建立一个能够联系全过程、全系统风险治理的平台和结构是相当有必要的，这对于保障人民生命财产安全，使事件变得可控而言意义重大。风险治理结构只能对各个子系统发生联系时的状态、要素和信息流向予以明确。缺乏跟踪和反馈影响因素数目、具体变化时机、速度的功能。加之全过程风险治理系统与全系统风险治理在时间上有很多重叠的地方，这使二者的关系极为复杂。所以，实践中除了要对全过程和全系统风险治理状态和要素进行分析之外，还要明确影响因素的具体时机、速度和数量，这样才能保证各个子系统的联系是有逻辑和有规律可循的。鉴于此，就需要对二者的运行模式进行研究，这是描述风险治理活动不可或缺的方式，它可以进一步明确时间、空间结构之间联系成分大小、数量、速度和具体时机[1]。

（一）城市突发公共事件全过程管理机制阐释

全过程风险治理指根据事件的发展时间采取相应的风险治理措施。按照一般城市突发事件各风险治理阶段描述整个事件的全过程管理运行规律机理，结果如图6—1所示。

城市突发公共事件全过程管理机制指涵盖整个事件因某隐患征兆从量变到质变达到某个临界点而最终造成事件发生、应对、恢复，介于各时间点而展开管理控制的过程[2]。当城市突发公共事件发生后，我们需要在第一时间内完成相关事件的信息收集和处理工作，根据预先制定的应

---

[1] Chen S., *Fuzzy Multiple Attribute Decision Making*: Methods and Applications, Berlin: Spinger Verlag, 1992, pp. 11 – 12; Rommelfanger H. J., Multicriteria Decision Making Using Fuzzy Logic, Proceedings of the Conference on the North American Fuzzy Information Processing Society, 1998, pp. 13 – 22.

[2] 田依林：《城市突发公共事件综合应急能力评价研究》，武汉理工大学博士学位论文，2008年，第112页。

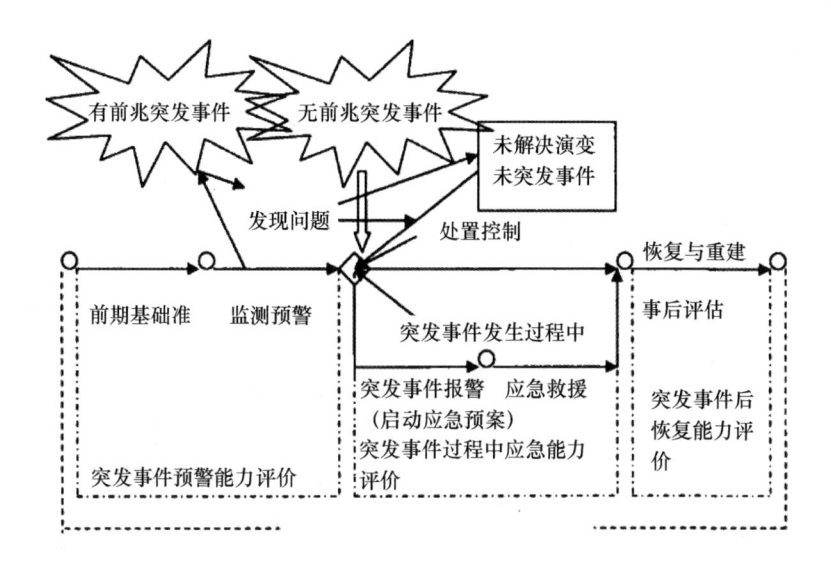

第六章 全过程和全系统下城市突发事件风险治理能力评估 / 163

图6—1 城市突发公共事件全过程管理的运行规律机理

急措施做好事件的应急处理。由于城市突发公共事件带来的后果极其严重，因此对于这类事件的应急反应事件要求较高，一旦失去最佳处理时机，局面就会变得难以控制。为了进一步提高城市突发公共事件的应急速度，我们需要从时间角度来综合评估城市突发公共事件的应急能力。

　　现代风险治理理论强调在第一时间对城市突发公共事件的全方位综合管理，这一理论已经在很多国家得到了普及，效果显著。大部分城市突发公共事件均有四个阶段，即潜伏期、形成期、爆发相持期以及最终消退期，现代风险治理理论便是对这四个阶段采取相应的管理活动。在上述四个阶段中，缩减阶段和准备阶段是在城市突发公共事件爆发之前，反应阶段则是事中行为，恢复阶段是在事件爆发之后采取的相应活动。从某种意义上，不同阶段中的风险治理工作具有交叉性，比方说在某个城市突发公共事件爆发后，所采取的应急措施必须要为下一次可能发生的突发公共事件做准备，尽可能降低下一次突发公共事件带来的损失，这便是一种典型的交叉活动。缩减阶段的主要工作是对灾难进行预防，让其带来的后果最小化，比方说在进行建筑物的设计时需要充分考虑到外来袭击等①。在准备阶段,风险治理活动以如何设计出最有效的反应机制为核心,比方说应急人员的训练、报警系统和通信系统的构建、对一些偶发事件的应对措施等,它包括群众撤离疏散、食品与水源安全的保证、各类设施的构筑、公共秩序的维护等工作。恢复阶段是城市突发公共事件应急活动的重要内容,它包括废墟的清理、电力供应的恢复、临时住所的提供等。

城市突发事件的全过程风险治理实际上就是从整个事件的生命周期着手,将风险治理行为能力渗透到组织的日常运作中。几十年来,不少学者从不同角度提出了大量风险治理的阶段分析方法,其中最具权威性的要属米特罗夫的五阶段模型、芬克的四阶段生命周期模型以及三阶段模型。其中,三阶段模型将整个城市突发公共事件治理划分为前、中、后,而对于这三个阶段中不同性质和特点又可细分为多个不同子阶段。这种危机阶段的划分能够为城市突发公共事件的危机管理提供完整的框架,利用这一框架我们能够做到对城市突发公共事件的有的放矢,形成一套健全的危机处理机制②。

(二)城市突发公共事件全系统管理及表征

城市突发公共事件全系统风险治理是由大量因素组成的极其复杂系统。仅仅只凭个人的经验和认知就想对这一庞大系统进行充分分析是不太现实的。指挥调度系统、决策辅助系统、处置实施系统、资源保障系统、信息管理系统共同组成全系统风险治理的基本结构。在这五个系统中,指挥调度系统的作用是针对突发事件的特点、级别和类别,有计划地对整个系统进行整合,是整个体系的核心部分;处置实施系统则是突发事件应对之策的部分;资源保障系统、信息管理系统、决策辅助系统则负责为指挥调度系统和处置实施系统提供方法、资源和信息方面的支持。各个系统之间既彼此独立,又相互合作。可以说它是一个具有动态行为特征的非线性系统,其边界模糊、构成复杂,并且系统各构成要素

---

① Johnson J. D., *Organizational Communication Structure. Norwood*, New Jersey: Ablex Publishing Co., 1993.

② Mackenzie K. D., *Organizational Structures. Arlington Heights*, Illinois: AHM Publishing Corporation, 1978.

之间的相互关系十分难以确认，同时由于存在时滞作用，导致我们无法在时空上将结果与原因、原因与现象进行剥离，追踪起来十分困难[1]。

全系统风险治理作为一个复杂且开放的大型系统具备以下几个特性：一是大型性。风险治理系统具有大范围、大规模的特征，它涉及的领域极其广泛，比如自然、技术、社会、经济等，子系统数量极大，牵涉面也十分复杂。风险治理系统需要从大量分散的子系统中采集事件有关的重要信息，然后通过必要的加工处理，根据这些信息作出科学决策，将决策指令发送给各子系统，以期达到对信息流、人流以及物流的宏观调控。二是复杂性。突发公共事件作为复杂系统包括人为自然灾害、人为社会灾害和自然灾害等多系统。事件频发严重危害经济发展，反过来经济发展对环境资源的严重破坏又加大了事件的发生频率。风险治理系统必然要涉及大量子系统和要素，从而形成系统结构的复杂性。这种复杂性不仅体现在风险治理系统涉及的经济社会、技术、环境资源等各方面，还体现在系统必须环环相扣全面联动才能将突发公共事件产生的损失降至最低点。三是反馈性。系统动力学认为风险治理系统是由各种不断变化发展的信息和信息的反馈组成的复杂系统，信息是构成系统结构的基础并发挥关键作用。四是动态性。突发事件的发生和发展过程是一个复杂的动态发展过程，这决定了风险治理系统也具有复杂的动态性表征。人们的突发事件风险治理行为必须随着社会的不断发展而不断更新，风险治理系统中涉及因素的内容和深度、广度也不断发展变化。

二 城市突发事件全过程和全系统风险治理的运行

1. 运行方式。城市突发公共事件风险治理的运行方式有时间行为和空间行为之分，这是根据城市突发公共事件风险治理的对象进行划分的。其中，时间行为就是在事件发生事前、事中、事后所采用的各种管理方法，做到了管理方法与事件所处生命周期的结合，其着眼点是事件在不同状态下的特点；空间行为就是在管理事件的过程中应用了信息管理、资源保障、处置、指挥、辅助决策等方式，其着眼点是城市突发公共事

---

[1] Krackhardt D., Stern R. N., Informal Networks and Organizational Crises: An Experimental Simulation, *Social Psychology Quarterly*, Vol. 51, No. 2, 1988, pp. 123–140.

件空间状态下的特征。实践中上述两种行为都是有规律可循的，因为它们是根据某种特定程序实施的，具有程序化和可预见性的特点，处理的是城市突发公共事件中非重复性的事务。当城市突发公共事件出现新情况时，运行方式会随之调整，具有极强的随机性。空间行为和时间行为可能同时出现于某一城市突发公共事件的管理活动中，所以应该围绕上述两种行为来设计城市突发公共事件全过程和全系统风险治理运行系统。

2. 运行过程。城市突发公共事件全过程和全系统风险治理按照步骤完成管理任务的过程即运行过程，其运行遵循的是"什么时间、做什么、如何做"的逻辑思维①。其中，"什么时间"就是明确需要在城市突发公共事件的何种阶段开展管理工作；"做什么"就是要明确风险治理的目标；"如何做"就是要明确风险治理功能。城市突发公共事件的特征具有阶段性，每个阶段的管理内容、任务和功能也不尽相同，具体可以划分为事前、准备、事中、事后四个阶段。任务分析的作用就是对风险治理工作的内容进行明确，具体而言就是对风险治理目标进行定义，如说明和解释风险治理行动的手段和结果；说明风险治理任务应该达到的效果，如应该采用何种方法和手段解决风险治理问题②。风险治理活动功能定义了风险治理活动不同功能及其之间的相互关系，其只负责说明采取何种行动可以实现风险治理的目标，不包括这些方法的应用。

三 城市突发事件全过程和全系统风险治理的原则展现

城市突发公共事件全过程和全系统风险治理的原则，也是突发公共事件风险治理过程中必须遵循的指导思想。

1. 目标原则。风险治理整体目标的实现是进行城市突发公共事件全过程和全系统风险治理的基石。事件发生时，管理主体的行为不可能保持高度的一致性，他们会结合自己对事件的看法、以往处理经验来制定具体的管理目标。此时目标的科学性便与管理人员的专业水平、管理技

---

① Hanseong S., Poonghyun S., A Software Safety Evaluation: Method Based on Fuzzy Colored Petri Nets, Proceedings of International Conference on Fuzzy System, No. 2, 1999, pp. 830 – 834.

② Marsden J. R., Intelligent Information and Organization Structures: An Integrated Design Approach, *Organizational Computing*, Vol. 2, 1992, pp. 225 – 242.

术与资金、相关知识、主观偏好、技能以及其应用法律法规、应急政策的情况有关。

2. 专业化原则。在事件不同发展阶段，应急人员的责任要得到明确的界定，做到专业分工，这样才能最大限度地发挥城市突发公共事件全过程和全系统风险治理的作用，并通过各项功能之间的优势互补来使事件变得可控。

3. 协调原则。城市突发公共事件全过程和全系统风险治理功能的分工要具有协调性，这样才能避免各风险治理系统单元之间出现矛盾，影响管理的效率和质量。其中，协调方法的选择和应用关系到风险治理分工的专业化程度，这一点必须引起高度重视。

4. 权变原则。也叫作不可原引原则，即没有任何一种风险治理模式可以做到适用所有的城市突发公共事件。不少突发危机公共事件管理经过一番分析和研究之后也只能找到一种最佳管理模式。也就是说，城市突发公共事件全过程和全系统风险治理所处的环境和管理结果、被管理对象是一一对应的关系。

第二节　基于全过程的城市突发事件风险治理能力评估审视

城市突发公共事件全过程风险治理能力的评估对象是城市突发公共事件风险治理系统，通过评估该系统的效能来为我们进一步完善城市突发公共事件风险治理机制提供科学依据。城市突发公共事件的全面风险治理实际上是从宏观角度来管理城市突发公共事件的各个过程。从狭义上而言，城市突发公共事件的风险治理以应急处置这一环节为核心，通过开展一系列应急活动（比如计划、组织、协调、指挥、控制等）来达到有效控制突发事件的目的。风险治理的核心任务就是在第一时间内对城市突发公共事件进行有效的处置，将其后果降到最低。城市突发公共事件的全过程风险治理是在事件发生的事前阶段、事中阶段、事后阶段中利用一系列有效方法来达到损失最小化目的的全过程管理活动。我们在开展城市突发公共事件的全过程风险治理时必须要摒弃传统"重应急，轻预警"的观念，将工作重心放在事件的预防上，通过不断优化城市突发事件的风险评估体系，做好事前准备工作，制订科学的应急预案，以此来提高整个事件的风险治理水平。对城市突发公共事件全过程风险治理能力的评估实际上是一个重复循环的过程，根据事前预警、准备、事中应急以及恢复这四个阶段的应急能力评估结果，有助于对整个应急系统的优化和完善，并且还能促进政府公共事件风险治理能力的不断提升。

一　城市突发事件发生前监测与预警能力评估

对城市突发公共事件监测能力和预警能力的评估主要以评估事件发生前的信息收集能力、反馈能力、筛选能力、评估能力、决策能力、发布能力和传递能力等内容的评估。政府在进行城市突发公共事件的风险治理时必须要充分意识到事前预警工作的重要性，一套准确有效的预警系统能够大幅度提高城市突发公共事件的风险治理水平。利用预警系统来对突发事件进行实时监控，被该系统认定的事件需要由专门的工作人员跟进，并进一步认定相关预警信息。在预警信息被认定后，这部分信息就成为风险治理的重要依据。可以说城市突发公共事件预警系统的有效与否直接影响到整个城市突发公共事件的风险治理能力。

对城市突发公共事件预警能力的评估主要包括以下三个方面。

(一) 突发公共事件的预警技术能力评估

我们要想更好地监控城市突发公共事件，达到良好的预警目标，必须要依赖先进的预警技术。当前我们使用的预警技术有以下几种：通过采用应急信息网络及时将突发事件的重要信息通报给社会大众；利用航天卫星获得相关信息，为应急救援工作提供依据；利用数字化雷达拼图对灾情进行动态监测；其他信息处理和传报技术。

我们在对预警技术能力进行评估时主要以五个指标为依据：（1）预警信息的获取能力。该能力指相关部门利用摄像装置对爆发突发事件的地区展开视频拍摄，并将重要视频资料传输给指挥决策室的能力。其量化指标以摄像头的分布密度为主。在处理城市突发公共事件时，应急部门必须要依托于先进的信息技术，以此来更好地对事件进行准确预测和动态监管，提高事件的应急治理水平。（2）预警信息的传递能力。该能力指应急部门及时将有关事件的预警信息发布给社会公众的能力。其量化依据以发布110、119、120等专线以及调度专用线达标率为主。当有预警信息产生后，相关部门必须要把这部分信息准确及时地传递到决策指挥中心，然后由政府风险治理部门采取相应的措施。（3）综合信息查询能力。该能力指建立数据库和分析数据库中资料的能力。利用已经掌握的大量监测数据，我们可以利用计算机技术、网络技术和信息技术来构建起一个城市突发公共事件的数据库系统，通过对数据库中各项信息资料的查询和分析，能够进一步提高应急决策的准确度。监控系统中产生的所有业务数据，也应纳入这一数据库中供政府应急部门查询。（4）事前评估能力。该能力指在事件爆发之前的准确评估能力，即监测部门根据手头上已有的资料来准确预测事件发生时间、波及范围、危害程度的能力。（5）对比分析能力。该能力指应急人员利用一系列现代化高新技术来监测分析常规灾害和突发事件的能力。其量化依据以专业设备的配备情况、专家素质等因素为主。

（二）监测预报已有突发公共事件的能力

很多城市突发公共事件存在反复性，这意味着有些城市突发公共事件在已经发生后仍有继续发生的可能。所以需要对已经发生的城市突发公共事件展开深入评估和分析，找出其发生规律，了解各致灾因子的变化方式以及带来的后果，并做好灾情的识别和监测工作，对相同类型的事件制定科学的应急措施。构建完善的监测预报系统能够让城市突发公共事件所带来的后果降到最低，主要包括：（1）前兆观测手段。当前使用最多的监测手段包括地形变、地应力、地电、地磁、测震、电磁波、水文地球化学、重力、地下水动态、灾前动物行为异常等。在进行量化取值时，取观测手段 = $M/M_1 \times 100$，M 即城市使用的前兆观测手段；M_1 即当前所有的前兆观测手段，当该地区的科技发展水平越高，则 M_1 值越大，在本次研究中 M_1 取 10，前兆观测手段变量为百分制下的一具体数值。（2）台网密度。台网密度越大，则说明这一城市的突发事件监测能力越强。台网密度主要取决于该地区对风险治理活动的重视程度以及其经济发展水平，计算公式为：台网密度 = 台站个数 ÷ 总城区面积。（3）监测预报工作队伍。主要指整个监测队伍的人员素质和人员结构。对监测预报工作队伍的评估，主要指标包括连续在岗人员数量、最近三年内的科技成果、本科学历及以上人员比例等。（4）监测数据上报分析结果准确性。主要指根据所获得的监测数据准确预测并通报的比率。按照预报成功率和结果准确性（准确分析次数/上报次数）来确定定量分值。（5）监测周期。监测周期指的是在 24 小时中的监测预报次数，该周期越短，则说明这一城市的突发事件监测能力越强。

（三）监测预报可能存在灾害等突发事件的能力

我们将根据地震、海洋、水文、气象等部门的灾害预警信息，并结合当地社会经济发展数据，来对当地城市突发公共事件发生的可能性以及该事件发生后的后果进行准确预警的能力称为可能存在突发公共事件的监测预报能力。一般包含以下几个方面：事件发生概率、发生时间、持续状况、风险分析、脆弱性分析等。

事件发生概率即事件发生的可能性大小，其量化处理方式为：突发事件的发生概率 = 事件实际的发生数量÷监测预报次数×100%；发生时间即能够准确预报事件的发生时间，其量化处理的主要依据是事件发生事件的误差；持续状况即对事件类型、性质、规模、发生形态以及持续时间的准确预测程度；风险分析即对事件后果和影响（比如波及范围、人员伤亡情况等）的准确预测程度；脆弱性分析即对城市的抗风险水平和能够接受的损害水平进行分析，主要包括事件涉及范围内的财产密度和人员密度等。一个城市的脆弱性程度很大程度上取决于当地的环境、经济、社会以及自然因素。危机受众的脆弱性程度与脆弱性变化都会对应对危机的投入数量、质量以及结构带来直接影响，所以不少国际援助项目以及干预策略都会把脆弱性评估视为极其重要的依据。一般城市的脆弱性越大，则在突发事件后的灾情就会更严重；相反，如果城市的脆弱性较小，则在突发事件后很难形成大规模灾情。

二 突发公共事件发生前应急准备能力评估

应急准备能力指在某一时期中发现事件先兆后，为了降低该事件带来的损害程度而主动采取相应预防措施的能力。

（一）缓解突发公共事件措施的能力

虽然城市突发公共事件的爆发具有客观性，我们无法通过人为活动来彻底避免这类事件的发生，但如果能够通过有效的事先防范则可以将该事件带来的危害降到最低，从而在最大限度上保护了社会大众的生命财产安全。缓解突发事件措施的能力指利用一系列科学技术来对突发事件进行综合监测，及时发现事件发生先兆，并迅速作出预警和应对措施的能力。缓解城市突发公共事件措施能力的评估至少应包括以下几个层面。

（1）日常建设能力。该能力指有关风险治理的法律法规落实情况以及相关组织机构的完善程度。该能力的评估指标主要有应急相关法律法规与标准的制定情况、机构职责和风险治理政策的设计及实施情况、风险治理体系的建设情况等。源头控制能力。该能力指将突发事件扼杀在萌芽阶段的能力，它同样也是我们衡量一个城市是否具备在突发事件爆发前通过一系列有效方法来阻止事件发生或通过有效的事前控制来让事件带来的后果降到最低的能力。源头控制能力的评价指标主要有成功率、控制效果、专家组成结构、科学方法的使用情况等。（2）制订应急预案。该能力指城市突发公共事件应急预案的完善程度和实施情况。作为城市突发公共事件风险治理的重要依据，应急预案的完善程度对整个应急工作的影响十分重要，它需要明确各部门成员在事件风险治理中的职责，同时还要考虑到不同部门之间的协调问题。预案编制的主要内容有：预案的编制过程、预案方针和政策、预案的宣传、培训和演习、对灾后的问题评估、对各方职责的明确、对各方关系的协调、应急资源供应、应急反应过程、警报系统与通讯、人员疏散和安置、安全和保障、预案编排、预案管理、预案实施等。（3）教育宣传。即利用国际沟通协作、社会动员以及新闻报道等方式为社会大众作安全防护方面的宣传活动，提高公众的应急意识。量化依据为宣传教育普及率、公众接受义务教育百分比等。（4）培训演习。对风险治理工作者的培训是确保应急工作顺利开展的重要前提，我们一般用每年城市突发公共事件应急培训次数、比例和范围来反映应急培训能力，其主要属性包括：培训计划、培训需求、应急救援人员培训；其评价指标以教育、公众宣传、人员培训程度为主。仿真演习即模拟突发事件爆发后的应急治理活动，其量化依据是演习次数。进行仿真演习的核心目的是对预案有效性进行进一步验证，确保在突发事件真正发生后我们能够根据预案对其进行应急处理，将事件危害降到最低。（5）生成决策预案。指的是在突发事件爆发前，根据已经监测到的事件征兆信息（比如事件类型、事件性质、波及范围等）来及时生成应对措施的能力。我们通常根据预案的生成时间和准确度来评估预案的生成能力。

（二）工程防御能力评估

要想城市突发公共事件的风险治理活动行之有效，就必须依托于强大的工程防御能力，该能力取决于城市的经济发展情况，它是衡量在城市突发公共事件爆发后城市能够承受到多少损失程度的重要变量。当前我国各大城市的规模不断提高，在城市突发公共事件爆发后，所带来的危害和影响也在逐渐增大。而城市作为现阶段一个国家或地区的经济、文化、政治中心，在遭受严重的突发事件后会直接影响到整个国家或地区的社会稳定。所以我们不仅要重视城市突发公共事件的风险治理工作，还要结合城市的实际规模和经济发展状况来做好这项工作，不断提高城市风险治理水平，将事件危害降到最低。工程防御能力的评估内容主要有以下七个方面的内容。

1. 城市经济状况。一直以来，人类集居的城市是大部分突发事故的直接承受体，而且它也是诱发各类灾害的致灾体。人类社会的经济水平很大程度上受城市经济问题的影响，可以说城市经济是整个国家经济的基础所在。在定量处理城市经济状况时需要考虑到各方因素，比如居民财产密度、经济密度（每平方千米国土面积上的国内生产值）等。

2. 社会治安。反映社会治安好坏的因素有很多，比方说社会大众的生活质量、生活水平的提高；人们安居乐业；社会公共产品的供需稳定；各民族、社会群体之间的和谐共处等。通常以每一万居民中的警察比例作为其定量分析依据。

3. 联动体系建设水平。指的是城市应急联动体系的整体协调能力，一般我们以应急联动设备的完备性程度和应急联动单位的数量为其评估指标。

4. 城市生命线应急能力。城市生命应急能力即该地区生命线系统的整体应急防御能力，生命线工程的加固率百分比为100%。在量化处理时，以城市全年用电量和单位面积的煤气管道长度为主要依据。

5. 城市交通运输状况。指的是城市商品流通和交通运输等方面的综合能力。一个城市的集聚能力很大程度上会取决于其交通运输能力，本书中笔者选取了旅客周转量（万人/年）、货物周转量（万吨/年）来反映城市的交通运输状况。

6. 城市行政级别。指的是城市的政治级别，即有一般城市、地区级城市、省会城市、直辖市和首都这五个级别。

7. 城市防灾规划的设计。主要内容包括防洪堤走向、防洪标准、重要人防设施布局、消防站布局、救援通道和场地、防震疏散等。

三 城市突发公共事件发生过程中应急能力评估

评估城市突发公共事件发生过程中的应急能力实际上是以政府相关部门能够及时对突发事件的性质、影响程度进行辨别，并以此来制定针对性的应急治理措施，将该突发事件的损害降到最低的能力。

（一）突发公共事件辨别能力评估

用于评估城市突发公共事件辨别能力的指标主要有：（1）风险评估能力。该能力指通过对所识别事件的发生概率、发生时间、发生地点、危害程度等多方因素进行综合评估，来准确判断事件危害程度的能力。（2）辨识人员的专业水平。辨识人员的专业化程度直接影响到风险治理工作的效果，而且救援手段和设备的选择也在很大程度上取决于辨识人员的专业水平，所以我们必须要求辨识人员具备较高的能力素养。参考评价指标主要是专家比例、人员科研水平、专家知识结构等。（3）辨识方法的选择。辨识方法指通过选择合适的检测设备来检测已经发生的城市突发公共事件，找出事件的发生原因和影响范围。只有在充分辨识了危险源后我们才能制定针对性应急措施。参考评价指标主要有常规预报评分、重大事件客观预报方法、数值预报产品的运用情况等。（4）检测设备监测结果的准确性。即根据监测结果并利用定量分值方法得出的结果准确率取值。我们在开展城市突发公共事件的辨识活动时，检测设备的准确性对最终的辨识结论有决定性影响。如果检测设备能够给出准确的检测结果，那么通过专家组的深入分析和讨论便能准确认识危险源，并采取针对性应急措施，从而大大提高应急效果；反之，若监测设备给出的检测结果准确度不高，则极有可能误导各个专家制定错误的应急策略，进而导致事态扩大。可以说对于危险源的监测评估，是整个应急救援工作的重要内容。

（二）突发公共事件紧急救援能力

要想确保一个救援队伍具备较高的综合能力，当城市公共突发事件发生后救援队伍能够及时开展救援工作，就必须对各救援队成员进行必要的日常培训。只有通过不断训练才能够让这些救援队成员具备丰富的救援技能和知识，进而才能更好地完成各项救援任务。除了日常建设，评估城市突发公共事件紧急救援能力至少还包括以下内容。

1. 指挥与协调能力。在突发事件发生后应急中心决策人员的指挥水平即指挥能力，这项能力主要是针对指挥官而言的。对决策人员指挥能力有显著影响的几大因素主要有心理状态、专业知识、技能、体力、经验、协调能力等。要想救援行动能够及时有效，指挥官必须拥有出色的指挥能力，对现场有一个很好的宏观把控，确保局面在控制之中。在城市突发事件发生后，一般灾害现场都是一片混乱的，此时指挥人员必须时刻保持清醒，冷静视察现场并迅速建立起有效的现场救援指挥系统，正确把控救援资源的配置，制定出有效的救援战术让受灾者能够迅速脱离灾害现场，确保幸存者的生命安全。对于一个出色的公共事件应急指挥官而言，专业知识和技术只是其必不可少的能力之一，同时他还需要有丰富的实战救援经验才能胜任这一重要工作。协调能力指协调城市风险治理机构和其他机构的能力。在开展现场救援工作时，必须重视各个部门的协调。对于国内救援而言，需要注意的是当地政府和军警部门以及社会组织的协调；对于国外救援而言，需要注意受灾国政府和国际救援组织以及社会组织的协调。

2. 通讯与搜救能力。通讯能力指救援过程中救援队获取信息并将信息及时传达给上级指挥部门的能力。离开了通信就无法实现指挥中心和现场的信息互通，也就无法发挥出指挥者的作用，所以我们必须要重视救援过程中的通信活动。救援队通信主要包括现场总队长指挥通信、内部指挥通信、对外联络通信、行进中车队之间的联络通信和协调组对外联络通信等。其评估指标主要有报警程序、通信协调、值班人员职责以及通信系统等。搜救能力指在搜救过程中迅速找出遇难者准确位置的能力，为后续营救工作指明方向。目前我们采用最多的搜索方式有仪器搜索、犬搜索和人工搜索，所以一般以搜索设备、搜索犬、搜索队员的心理素质以及经验作为评估搜救能力的主要指标。

3. 专业救援与志愿者队伍能力。当突发事件发生后救援队伍抢救公民财产和生命的能力即专业救援能力。其评价指标主要有救援队结构、救援队人数、救援装备、救援人员的培训情况、救援人员的资格认证等。我们要想有效提高城市的突发公共事件应急能力，就要建立起一支素质卓越、结构合理、人数稳定的救援队伍。救援队各成员必须具备不同的职能，比方说美国救援队就细分成技术队、医疗队、救援队和搜索队，其中技术队成员以各领域专家为主，有结构专家、有害物质专家、通信专家、信息技术专家等。此外联合国搜救小组也由多个职能各异的小分队构成，比方说规划分队、安全分队、公共信息分队、联络分队、行动分队、技术分队等，每个分队均有各自的职责所在，通过各个分队的协同行动来实现搜救目标。志愿者组织救援能力指民间志愿团体的救援能力，比如民兵团体、志愿者团体、预备役团体等，评价指标以组织训练情况和组织规模为主。

4. 医疗与后勤保障能力。医疗能力指前往救援现场的专业急救医生能否采取正确的医疗救护手段来救助遇难者。一般情况下，救援队为了能够及时对受灾幸存者实施必要的医疗救助都会配备相应的急救医生，急救医生对整个救援行动具有重要意义，我们必须要重视专业急救医生的医疗能力。根据联合国有关规定，搜救医疗人员必须配备必要的医用设备来应对一些紧急救护任务，确保受灾幸存者能够得到及时治疗，并且还要能够为救援犬提供必要的医疗救护。医疗工作者的经验和医疗装备充足与否决定了整个救援队的医疗能力。后勤保障能力指通过对现有救援资源进行有效整合后提高整个救援行动的效率和有效性。要想确保救援工作的有序进行，就必须依赖于一套完善的后勤保障体系。后勤保障工作的重要性主要体现在对救援物资的持续输送上，强大的后勤保障能确保搜救队伍得以完成各项搜救、医疗任务。离开了有效的后勤保障，整个救援队伍的救援能力就会大打折扣。影响救援队伍后勤保障能力的因素主要有物资供应、装备维护、食品饮用水供应、照明保障、动力保障、卫生设施等。

5. 技术支持能力。该能力指在必要情况下救援队为其他组织提供技术支持的能力。作为应急救援体系的另一项重要内容，救援技术支持也是确保整个救援工作有条不紊进行的重要保障。一般情况下，在灾害发生后会需要建立各种救援技术支持体系，比方说抗洪救灾技术支持、地震救援技术支持、消防救援技术支持等。

（三）政府部门应急反应能力评估

当城市突发公共事件发生后，政府应急部门能否及时作出正确的应急决策会直接关系到最终的灾害控制效果，所以我们必须要重视政府应急部门的应急反应能力。应急部门作出的应急反应需要结合具体的灾害规模、种类采取针对性救援活动，以期能够迅速平息事件，最大限度地降低灾害带来的损失。快速反应主要包括灾前预警、迅速组织疏散群众、将重要财产快速转移到安全地区、迅速开展救援工作等。各个救援环节之间具有一定的联系性，而各救援环节能否有效开展很大程度上由政府应急部门的应急反应能力决定。(1) 信息支撑与应急反应能力。应急部门在处理突发事件时能否利用现代化信息技术及时对事件有关的信息进行分析、整理、发布是衡量信息化支撑的重要指标。在对该能力进行量化时一般以应急部门利用官方媒体将事件始末告知给群众的情况为标准。我们在量化政府应急部门的应急反应能力时，一般以应急部门根据信息作出应急行为的时间为主要依据。根据大量实践结果发现，当突发事件发生后的最佳救援时间在72小时以内，如果超过这一时间范围，救援工作的有效性就会大大降低，所以各个国家都以应急部门的应急反应时间作为衡量其应急能力的核心指标。(2) 危机控制能力。该能力指应急部门通过采取果断措施来避免事件扩大的能力。一般在城市突发公共事件发生以后，政府相关部门会以新闻发布会等方式将详细的灾情信息公布给社会大众，将具体的救援工作进程也一并公之于众，以此来平息公众的恐慌，避免流言四起。(3) 维护秩序能力。它主要包括维护社会秩序能力和维护市场秩序能力。维护社会秩序能力是政府在城市突发公共事件持续期间严厉打击各类违法犯罪行为（比如囤积居奇、造谣传谣等）的能力。在城市突发公共事件爆发后，政府组织各个部门来维持物价、确保商品供应正常、稳定市场秩序的能力即维护市场秩序的能力。(4) 动员能力和资源整合能力。动员能力即应急部门在开展救援活动中动员社会力量的能力，在对该能力进行量化时主要以社会各方加入救援活动的时间为主。资源整合能力指各项救援资源的调动整合、生产运输能力和各个救援部门之间的资源互助能力。

（四）城市居民突发公共事件行为反应能力评估

在城市公共突发事件爆发后，城市居民既是应急救援的主要对象，也是应急救援能够充分发挥作用的重要主体。对城市居民反应能力的评估主要包括以下几个方面：（1）城市居民对各类突发事件的了解情况。（2）城市居民对各种防范突发事件措施的熟悉程度。（3）社区灾害的防御能力。该能力指政府在人口密集度较高的区域中配备的用于应对突发公共事件的设备情况，比方说降落伞、灭火器、消火栓等。（4）城市居民在公共事件爆发后的自救互救能力。（5）社会疏导与组织能力。该能力指在突发事件爆发后应急组织在组织当地群众转移、将重要的公共财产转移到安全地区的能力。当突发事件发生以后，应急组织一方面在开展救援活动的同时还需要注重对当地群众的转移和重要公共财产的转移活动，根据实际需要进行紧急撤离，并将灾民安置在一个安全的避难场所，为其提供日常生活所必需的食品、饮用水、医疗设备、衣物、药品等。（6）心理辅导。即在城市突发公共事件爆发后对居民心理伤害内容、特征以及心理复健等。通常情况下，经历过城市突发公共事件的人都会有不同程度的心理损伤，无论是受害者还是参与救援的工作者都需要得到必要的心理救助。我们不能仅仅只重视灾害发生后的经济问题，还必须重视经历过事件的人们的心理问题。

四 城市突发公共事件发生后恢复与重建能力评估

（一）社会保障能力评估

社会保障能力主要是装备保障、应急支援、信息保障等方面的能力。社会保障能力的评估指标主要有：（1）人员物资及资金保障。人员保障指具备各种危机救援技术的专业队伍、各个部门的应急队伍、社会志愿者救援队伍。应急物资指专门用于应对城市突发公共事件的物资储备，一般用应急物资占城市生产总值的百分比衡量。当前世界各国已经在各大城市设立了专门用于应对城市突发公共事件的救灾仓库，比方说意大利的"比萨救灾仓库"就是一个专门用于存放救灾物资、装备的大型应急仓库，仓库中含有大量的救灾物资，像尼龙绳、塑料布、净水器、帐篷等，一旦有地区发生突发灾害，那么联合国人道主义事务部就会在该仓库调用部分物资用于救援。我国在20世纪90年代也开始着手构建城市应急仓库。本次研究也将城市的应急物资储备量作为衡量公共事件应急能力的重要指标。资金保障即政府公共财政中投放到城市突发公共事件应急救援的资金数量。比如城市突发公共事件的应急基础设施项目建设费用、各救援人员的财政补助、专项应急资金等。（2）医疗技术能力。应急医务人员采取有效救治措施对救灾现场的受伤人员展开合理救治的能力即医疗能力。随着城市突发公共事件的发生，不可避免地会出现各类人员伤亡，所以当灾难发生后，搜救和救治工作就成了整个救援工作的核心。如果灾难发生在一些医疗环境好的城市时，由于城市拥有大量的医护工作者，再加上医疗设备齐全，所以一般伤员能够得到良好救护；但如果发生灾难的地区是一些医疗环境欠佳的区域，这里医护人员数量较少，设备陈旧，那么极易出现伤员得不到及时有效治疗，导致死亡人数激增的情况。所以我们一方面在强调提高应急队伍搜救能力的同时，还必须提高城市应急队伍的医疗能力。技术能力指现代化信息系统的配备情况和现代化信息技术的使用情况，包括移动指挥系统、计算机网络技术的运用、无限指挥通信系统等。（3）交通通信能力。交通能力指为了充分发挥出应急救援工作的作用而进行的交通管制、在灾区周边迅速构建警戒区域、为灾区持续提供物质运输通道的能力。通信能力指在应急救援时确保受灾现场和指挥中心之间的内外部通信顺畅的能力。其量化指标主要包括手机普及率和电话普及率。（4）保险能力。该能力主要以居民人均承包额表示。根据很多国外机构的经验，本书将保险深度（即保费收入/GDP）作为一个城市人口防范意识的衡量标准，其理由是大部分重大突发事件都会给社会大众带来不可挽回的生命财产损失，所以长期以来人们都非常重视突发事件抵御办法的研究和探索。其中最值得一提的就是保险机制，利用这一机制能够让受灾人口获得相对的经济补偿。（5）避难场地及装备保障能力。避难场地指灾情发生后用于人员避难和疏散的场所。目前人员避难和疏散的场所主要是城市公园、绿地、校园操场、广场等比较开阔的场所。装备保障能力即投放到应急装备研发、购置的城市年产值比例。

（二）突发事件损失评估能力

在城市突发公共事件发生并带来了财产损失和人员伤亡后，城市应急部门应及时开启灾害损失评估程序，利用相关软件对事件的灾害进行评估。目前常见的灾害损失评估程序是构建原始损失报告系统，该系统能够对灾难发生时间、受灾范围、灾难规模等一系列信息进行综合整理。

用于评估该能力的具体指标主要有以下几个方面：（1）人员损失评估能力。该能力指评估灾难造成人员伤亡数量的准确度。目前大部分情况下我们均会将因灾死亡人员数量直接转换成经济损失来核算。（2）受害人需求评估能力。即按照事件的实际受害程度来评估受灾对象所需物资补偿的准确度。在各种城市突发公共事件中，由于事件级别和性质的差异，带来的后果严重性也大相径庭，所以我们必须要根据实际受灾情况来估计受灾人员的食品需求、饮用水需求、避难场地需求、日用品需求、御寒取暖物资需求以及救援人员的需求等。（3）经济损失评估能力。该能力指评估灾难带来的直接经济损失的准确程度，包括年度人均社会因灾损失、年度家庭因灾损失、年度人均收入因灾损失、灾年总投入等。这里所说的直接经济损失主要指在城市突发公共事件爆发后居民收入、就业率、商业零售额以及 GDP 的影响，这可以通过对比以往正常时期的数据得出，是能够轻易获得的数据；但是间接经济损失的计算就非常复杂了，我们一般采用灾前宏观经济指标和灾后宏观经济指标的差来予以表征，不过这种评估方法的准确度并不高，而且灾后的经济指标需要相当长一段时间后才能得出。（4）事后评估能力。该能力指对政府在突发事件爆发后的行政应急能力进行评估，比如政府是否查清楚事件缘由、事件爆发后的控制活动、各项政策法规的实施情况等。（5）应急技术应用能力评估。即对风险治理活动中高新技术和创新性技术的应用情况进行评估。

（三）城市灾后恢复重建能力评估

城市灾后恢复重建能力主要体现在城市灾后迅速恢复生产、将社会重新恢复成原貌的能力，具体而言，城市灾后恢复重建能力的评估指标主要有以下六个方面，如图6—2所示。

（1）恢复计划的建立。主要指结合具体的时间评估结果来编制重建方案的能力。在灾后一段时间内，政府必须要集结相关领域的专家进行灾后恢复重建方案的编制，该方案包括短期重建方案和长期战略方案，比如政府在近期内需要出台的政策措施等。（2）恢复时间。主要指让城市核心工程和基础设施恢复到正常运行所需的时间，包括恢复生产、恢复生命线、清理废墟、恢复居民正常生活等活动。（3）居民生命线恢复能力。该能力指抢修生命线工程、排除建筑物险情等方面的能力。在灾

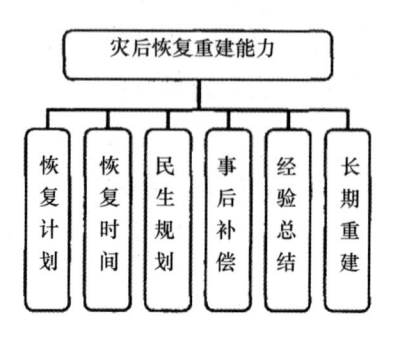

图6—2 灾后恢复重建能力评估

情发生后，党中央和各地方政府都会采取一系列应对措施，并出台相应的政策来加快灾区生命线的恢复速度。比方说抢修灾区通信设施、启用备用通信系统、抢修被毁航道、公路等。居民生命线恢复能力的内容十分广泛，比如灾民的安置、恢复灾区房屋、恢复电力供应和交通电讯网络、恢复生产为灾民提供临时住所的能力等。（4）事后补偿能力。该能力指政府在灾后采取物资补偿措施和制定补偿标准的能力。（5）经验总结能力。该能力主要体现在政府能否吸取事件教训，通过深入调查分析事件起因和发展趋势，制定出同类事件的科学应对措施，不断改进现阶段的工作。比如更新观念、完善制度、改进政策、建设机构等。（6）长期重建能力。灾后城市重建工作极其重要，它直接影响到城市居民的生活质量和城市未来发展，所以我们必须重视城市长期重建能力的评估。灾后城市重建工作主要包括利用国际援助和经验来改善灾难风险治理机制、引进新的建筑体系等。

第三节　基于全系统的城市突发事件风险治理能力评估审视

在整个风险治理体系中，指挥调度系统扮演着极其重要的作用，属于最高决策层，处于系统结构的顶层，其职能由风险治理机构行使。指挥调度子系统能否制定出正确的决策，与其他几个子系统提供的信息、资源、方法有着密切的联系，五个系统必须相互扶持才能实现治理效用的最大化。当突发公共危机发生时,指挥调度系统立即开展指挥调度作用,通过汇聚其他子系统提供的信息、资源和方法出具恰当的决策方案;之后由处置实施系统执行决策方案,使事件得到控制;资源保障系统通过配置人力、物力和财力,维持整个系统的良好运作状态,满足事件对各项资源的需求;信息管理系统负责向指挥调度系统和处置实施系统提供人力资源、物资、环境、财力、事件本身方面的信息、数据和资料;辅助决策系统通过建立预案库、案例库、数据库、方法库、模型库的方式支持和维持指挥调度系统以及处置系统的运作。

基于全系统的城市突发公共事件综合风险治理能力评估的评价对象为城市突发公共事件风险治理系统,评价所依托的理论为系统动力学理论,目的就是通过评价发现风险治理系统的缺陷并加以完善和改进。城市突发公共事件全系统综合风险治理能力评估就是先评价信息管理系统、资源保障系统等位于应急系统基层面的子系统,然后评价处置实施系统、指挥调度系统、辅助决策系统等较高层面的子系统,进而通过整合评价结果了解整个系统应急能力状况,并进行有针对性的补充和改进工作,这是一个立体三维的循环往复的评价过程。政府处置突发公共事件以及保障公共安全的能力与风险治理评估系统的先进性、完善性有着莫大的关系。

一　城市突发公共事件指挥调度体系应急能力评估

在城市突发公共事件风险治理过程中,指挥调度系统占据着举足轻重的地位,具有协调地区指挥中心行动、处理下级支援工作请求、决定实施或变动处置方案与否、开展激励工作、协调各系统协同作战的功能。除此以外,还要整合其他系统的功能与资源,向相关机构发出有关决策方面的指令与授权,以及评估指挥调度系统的能力。

首先是指挥调度系统的功能[1]。城市突发公共事件风险治理系统最重要的一个部分当属指挥调度系统,该系统负责协调各个子系统之间的关系,并向各个相关机构发出决策指令。指挥调度系统功能与城市突发公共事件风险治理所处状态相挂钩。

---

[1] 计雷、池宏、陈安等:《突发事件风险治理》,高等教育出版社2006年版,第201页。

（一）平时状态下指挥调度系统的主要功能

（1）生成预案并演练。结合历史数据以及预测所得关于城市突发公共事件的信息，构建预案框架，明确预案内容，确定实施预案的方法，并评估预案相关技术方案。（2）组织安全检查。需要定期抽查关键单位安全管理状况，并于第一时间公布检查结果，对于不达标的，责令进行整改。各单位除了要配合检查之外，还要开展自查工作，及时改进自己在安全方面的不足。（3）培训。针对领导干部、管理人员和公民展开相关的培训活动，强化危机意识，使整个风险治理部门做好应对各种城市突发公共事件的准备。培训的方式多种多样，重点在于风险治理知识和技术层面的讲解和说明，条件允许时还要进行演习和训练，使接受培训的各方掌握一定的危机应急技能。演练大纲应与预案内容相挂钩，并制订相应的培训计划。通过培训，逐步完成计划，发挥预案的作用，强化工作人员应急意识。（4）监督资源储备。定期检查物资和财力，若存在物资短缺的现象，需要及时上报并进行补充；需根据预案内容检查人力资源，及时发现和消除人不对岗的现象，特别是要重点关注和检查兼职人员。发生城市突发公共事件时，要保证应急资源第一时间送至事件地点，满足各方的需求。

（二）准备状态下指挥调度系统的主要功能

（1）检查和演练组织。各单位需通过自查、演练的方式提升自己的安全管理水平，消除安全隐患，演练要注重情境的模拟和实战效果，如此才能积累经验，达到预期的目的和效果。（2）制定措施。通过分析和预测，得到制定预防性措施的资料、数据，并针对事件未来发展趋势，对指挥决策进行适当的补充、修改和优化。（3）信息汇总分析。科学地划分现有信息类别，明确、了解各类信息的特点，并采用恰当的方式、设备和手段汇总各类信息，然后通过筛选，确保剩余的信息能够最大限度地反映事件的特征。需要注意的是，仅凭政府一己之力是无法准确、完整地记录和保存各类信息的，此时就要求企业和社会予以一定的支持和帮助，实现信息的高效传递，这样不但能够扩大信息的来源，还能有效地避免多头建设或重复建设的现象。要分清楚信息的状态，对于半成品信息需要做进一步的分析和处理，对于成品信息可以直接进行使用，这样才能通过数据分析掌握和明确城市突发公共事件的特征。

（三）战时状态下指挥调度系统的主要功能

（1）确定方案措施。通过分析和处理收集所得危机特征信息，给出最终的判定结果，并制订相应的应对方案，同时向下级部门下达指令。（2）动态调整预案。跟踪和了解城市突发公共事件的进展，继续收集和分析数据，并对应对方案和措施进行适时的调整与补充。（3）资源调配。事件发生时，要做到资源数量和各阶段救助资源需求的挂钩，避免资源的浪费。（4）沟通系统内外。为保证内部人员及时了解事件发生和发展情况，构建一个信息汇报和传递机制是很有必要的。在风险治理活动中，政府一方面要维持社会治安、保障公民人身财产的安全，另一方面还要将危机对社会经济的危害降至最低，任务繁重，此时就必须充分尊重民众知情权，对外公布危机处理情况，使公众了解事件真相以及政府的态度，这样才能赢得公众的理解、支持和信任，以免不良情绪相互传染，引发其他危机。城市突发公共事件中社会稳定性越高，则说明政府已在危机发生第一时间公布了相关信息。媒体的踊跃参与能够切实提升城市突发公共事件风险治理的效果，作为政府"喉舌"的媒体，应该在危机爆发时正确引导舆论，充当好舆论桥梁的角色，帮助政府和社会各界进行无阻碍沟通，为政府及时披露事件相关信息创造良好的舆论环境和氛围，以免信息传达不及时、不完整而引起公众的恐慌，或是产生对政府的误解。

（四）恢复状态下指挥调度系统的主要功能

（1）分析汇总信息。当城市突发公共事件发生时，要针对事件开展全生命周期的信息收集和分析工作，这样才能满足政府部门、各个单位、社会各界和大众对危机信息的需求。同时也可以通过汇总信息，形成应对此类危机的通用对策，提升政府处理和应对同类危机的能力。（2）组织调查事件。城市突发公共事件结束后，要全面分析组织内外信息环境，做好相关记录，通过回顾整个事件的处理和应对情况，形成经验，以免今后再发生类似的事件。（3）评估优化方案。全面地评估城市突发公共事件管理系统在整个危机发展过程中的表现。结合评估结果，对城市突发公共事件管理的不足之处进行改进，使系统得到应有的优化。

指挥调度系统评估体系是结合指挥调度系统的基本功能建立的，主要包括：（1）工作效率。即应急人员在整个突发事件治理过程中所取得的工作成果。(2) 演练培训。明确应急演练的目标和内容，通过演练强化相关人员的应急意识，并根据演练结果来对预案的可行性进行验证。培训演练的属性为：公众宣传与教育、人员培训程度；演习实施、演习计划、演习评估与改进措施；培训计划、培训寻求、应急救援人员的培训。(3) 制订预案。组织专家围绕未来可能出现的城市突发公共事件，进行预案研究，明确预案的制订原则和要求，结合历史数据和城市突发公共事件的内容构建预案框架；评价预案技术方案的审查、实施情况和效果；城市突发公共事件治理中各参与方的具体职责、人员组成、工作方式、相互关系等内容都必须纳入应急预案中，共同作为设计事前反应程序的依据。一个健全的预案是缩小灾害影响范围，应对突发事件的基本条件。(4) 制定法规。结合现行法律法规与规章制度为评价考察体系的构建创造一个良好的法律环境，利用规章制度约束和规范应急实践行为，并评估各个治理主体遵守和执行国家安全保障法律法规和制度的情况，以评估结果为依据，对现有制度进行优化、补充，同时出台、试行和完善新的法律法规和规章制度，充分发挥法律的约束和引导作用，使法真正落到实处。除此以外，整个针对突发公共事件治理的法规制度还要朝着体系化、专门化的方向发展，使治理人员形成强烈的危机防范意识，这样他们在开展相关风险治理工作和救援工作时才能自觉遵守法律法规的要求，清楚哪些是自己职责范围内该做的，哪些是坚决不能触碰的底线，这样才有利于强化各个治理主体之间的凝聚力，进而形成强而有力的治理合力，有效地预防和治理城市突发公共事件。(5) 组织协调能力。指挥调度系统所开展的协调工作应与之级别相对应，而且整个协调过程必须做到有法可依，各单位要主动配合。若所需协调的对象并非是系统内部的资源，那么指挥调度系统可以在情况较为危机时直接牵头进行协调，协调完毕后再将具体情况上报给上级单位；各单位要主动配合协同工作的开展。(6) 动态预案调整。城市突发公共事件种类和表现形式多种多样而且难以预测，因此不可能存在一种通用的应对措施，此时就需要结合事件跟踪评估结果进行适时的调整，通过补充预案框架和内容的方式，科学调配资源，保证相应机构（负责处理城市突发公共事件的主体）能够在事件发生的第一时间作出回应，通过治理将事件造成的影响和危害降至最低。(7) 预案选择能力。应急预案的选择需考虑事件的类型和收集所得数据。通过收集、统计、分析和处理过往的案件处理数据，确保有关部门选择恰当的应急预案，并作出正确的指挥和决策。一般而言，启动时间是反映相关部门选择应急预案能力的一个重要指标，综观以往的案件处理情况可得知，相关部门进入经济状态的时间越长，说明启动速度越慢，这会严重地影响灾后应急救援的效率，导致事件朝着不可控制的方向发展，所以选择应急预案时要尽可能地压缩启动时间。（8）建立应急机构。在风险治理活动中，应急机构的任务就是做好日常应急准备工作以及进行灾后救援。另外，还要拟订本区域的紧急反应预案并督促各下级部门尽快落实；事件发生后立即通过多方位的考察评估事件造成的损失；与相关部门共同开展事件发生区域内的应急救援工作，其他地区则要开展演练工作，吸取教训，积累应急经验。由此可见，建立一个完善的应急机构是很有必要的。

二 城市突发公共事件处置实施系统应急能力评估

负责实施城市突发公共事件预案的系统即处置实施子系统，这一系统的主要功能就是在不影响资源分配的前提下，协调本系统与其他子系统的关系，并开展好各项事后管理工作[①]。首先是处置实施系统功能。处置实施系统是一个向现场各治理主体下达指挥调度命令和指示的系统，该系统具有下发指令、执行指令和形成预案的功能。

（一）处置实施系统平时状态下的主要功能

（1）实施安全检查。定期检查和维护整个系统，实现系统的更新换代，维持系统的稳定性、先进性，这样才能发挥预期的作用。（2）执行培训和演练计划。针对系统工作人员综合能力制订与预案和技术培训大纲相挂钩的培训计划；通过培训，强化公众的危机防范意识，并掌握一些基本的危机自救和他救知识和技能。另外，挑选出培训中表现出众的个体，组建一支志愿者队伍，利用志愿者的力量让更多公众掌握自救和他救的技能。

（二）处置实施系统警戒状态下的主要功能

（1）排除隐患检查。接到上级系统下发的指令后，按要求进行检查

---

① 计雷、池宏、陈安等：《突发事件风险治理》，高等教育出版社2006年版，第201页。

城市突发公共事件的征兆，及时消除引发公共事件的因素；在开展防范工作的过程中充分应用预警信息和资源，充分发挥预防性预案的作用。(2) 合理配置资源。各部门管理人员的调配必须以指挥调度系统的要求和城市突发公共事件的具体情况为准，合理调配人员是科学划分资源的前提。

（三）处置实施系统战时状态下的主要功能

(1) 调配临时资源。危机背景下，一旦资源出现短缺的趋势，必须第一时间反馈给指挥调度系统，由此系统针对短缺资源的数量、种类进行临时的调配。(2) 实施预案。突发公共危机发生时，要通过跟踪调查，保证指挥调度中心实时掌握事件走向，还要及时启动预案，并结合事件实际情况对预案进行补充与调整。(3) 信息反馈。危机背景下，要高度重视信息反馈，有任何变化和新情况都必须及时上报给指挥调度中心，尤其是当预案未能发挥预期治理效果或是资源短缺时，要及时进行反馈，发出支援请求，以保证城市突发公共事件治理工作的连续性。

（四）处置实施系统恢复状态下的主要功能

(1) 调整预案和资源配置。坚持更新和优化危机预警和预控系统，及时补充和完善预案，并将之存储于预案库中；重新对现有资源进行配置，并以及时地补偿和归还临时调用的资源，以免影响系统的后续运作。(2) 辅助事件调查和评估。城市突发公共事件的危害和影响得到控制之后，要尽快分析组织内外部信息环境，查明危机爆发的原因，同时评估本次风险治理的情况，并结合分析结果形成治理经验，以免今后再次出现类似的危机。

处置实施系统能力评估体系是结合处置实施系统的功能与内容构建的，主要包括：(1) 教育宣传。应急教育宣传的形式有新闻报道、国际沟通与协作、公众教育、社会动员、群众安全防护措施的宣传和教育，这是一种在特定时期内针对形势需要所开展的防范突发事件知识宣传教育，具有动员性和任务性的特点。应急宣传的方式：实践中应该采用一种易于被公众接受和理解的方式开展应急宣传教育活动，比如由政府和地震部门牵头开展专家报告会；利用媒体进行宣传，如电视、电台、报纸等；印发精美的教育手册等。通过多元的宣传方式，使广大公众掌握一些基本的应急和灾后自救、他救知识与技能，减少公民在突发公共危机中所受的损失。(2) 排查、消除隐患。检查与消除隐患尽可能地降低城市突发公共事件造成的损失，这属于典型的事前控制，其效果好坏与检查方法的科学性密切相关。(3) 调整动态预案。其反映的是政府部门对危机处置方式进行调整和补充的能力。众所周知，城市突发公共事件难以预测而且这个治理过程极不稳定，所以事前制订的应急预案不可能完全生效，此时就要结合事件的发展趋势和治理效果，对预案进行适当的调整，充分发挥指导治理各方的作用。(4) 反馈信息。城市突发公共事件治理主体要养成向指挥调度系统反馈信息的习惯，这样才有利于指挥中心制订具有针对性的突发公共事件治理方案。(5) 救援能力。危机背景下，救援人员在协调、指挥、通信、医疗、搜救行动、后勤等方面的综合表现即救援能力，救援能力越高，说明救援人员控制人员伤亡数量和财产损失的水平越高。(6) 快速反应能力。处置实施系统启动指挥调度系统预案的速度，使城市突发公共事件发生现场情况得到控制的能力就被称为快速反应能力，这项能力越强，说明救援力量和物资抵达事件现场的耗时越短。(7) 临时资源调配。危机背景下，一旦资源出现短缺的趋势，必须第一时间反馈给指挥调度系统，由该系统针对短缺资源的数量、种类进行临时的调配。另外，还要更新和优化危机预警和预控系统，及时补充和完善预案，并将之存储于预案库中；重新对现有资源进行配置，并及时地补偿和归还临时调用的资源，以免影响系统的后续运作。(8) 应急恢复能力。应急组织在城市突发公共事件得到控制后需要尽快落实现场清理、撤离、人员清点、事故调查、解除警戒、发布新闻、善后处理等工作，使事件发生地恢复如常，这就是事件应急救援后的恢复能力。(9) 事后评估。突发事件得到治理后，需要从城市突发公共事件控制、危机原因检查、政策法规执行情况几个方面来评估政府行政能力水平，这就是所谓的事后评估。(10) 经验总结。突发事件的危机完全解除之后，政府应该围绕事件的成因、治理过程、资源分配等问题与社会各界进行研究、探索，形成治理经验，并提出需要改进的地方。这样才能起到强化政府风险治理能力的作用，进而更加得心应手地处理类似的危机。

三 城市突发公共事件资源保障系统应急能力评估

资源保障子系统的功能以评估为主，包括评估资源布局情况、评估其他子系统的运作情况、评估关键资源使用情况、评估各治理主体协同作战能力、评估资金管理情况等。

（一）资源保障系统功能[①]

资源保障系统的作用就是确保资源被科学地分配到城市突发公共事件治理全过程。其具体功能为：管理和追踪资源的生产、运输、储备、流通等环节，了解资源动向，满足各应急处置环节对资源的需求；配合决策辅助系统评估资源使用和留存情况；应急资源的日常维护与存储；按照标准细分各类资源的种类，并基于数据库管理各类资源。

其一是人力资源保障子系统。在城市突发公共事件风险治理系统中，人力资源保障子系统负责提供智力方面的资源，即通过安排和调派人手的方式确保各项工作按部就班地进行。这一子系统是其他子系统处于理想运作状态的重要保障。其二是物资资源保障子系统。（1）准备物资。科学的预案和健全的救援体系毫无疑问是应对城市突发公共事件不可或缺的手段，但实践中还要准备好预防和处理危机的物资，以免出现物资短缺的现象。（2）市场资源利用。以市场资源为依托，鼓励民间资源参与应急救援服务活动，实现应急救援服务的市场化。（3）扩建物资储备网络。储备应急物资是物资资源保障子系统的主要功能，除此以外，还要按照区域就近原则和有效利用原则努力构建物资储备网络，增加储备物资的品种和总量，这样才能增加物资调配的灵活性。其三是资金资源保障子系统。城市突发公共事件风险治理系统的运行离不开充足资金的支撑，资金短缺会影响系统的运作效率。社会团体和民众的捐赠、政府财政、国际援助都是资金的主要来源。危机管理中资金集中度极低，而且管理主体众多，涉及领域广泛，管理起来十分麻烦。所以增加资金管理透明度的主要方式就是建立一个科学的公共危机管理系统。危机管理实践中，要本着"重点使用，专款专用"的原则使用资金。具体来说，就是要满足系统在不同状态下对物资的需求。比如，资金在战时状态就

[①] 计雷、池宏、陈安等：《突发事件风险治理》，高等教育出版社2006年版，第201页。

第六章　全过程和全系统下城市突发事件风险治理能力评估 / 189

只能用于抢险救灾、转移和安置灾民、紧急抢救、满足灾民生活需求、修缮危房、重建倒塌的房子、恢复生产等。

（二）资源保障系统应急能力评估体系

资源保障系统能力评估体系是根据资源保障系统的功能和内容所构建的。首先是应急人员保障。应急人员保障评价指标的主要内容有：应急工作人员培训情况、培训应急工作人员师资力量状况、应急工作人员培训效果、应急人员储备情况、应急人员培训基地建设情况以及应急人员培训方案的科学性等。通过评估，可以为社会志愿者队伍、相关部门应急队伍、专家应急队伍的组建提供更多有效依据。在发挥城市突发事件紧急救援人力资源作用方面，一是要对消防、武警、军队等政府救援力量进行整合，明确各方力量的职责，形成及时反应的机制；二是要主动学习和吸收国外经验，利用政策实现人力资源的优化分配，并以城市社区为纽带，采用培训的方式组建一支具有互救知识、自救能力的社区志愿者队伍。其次是应急物资保障。城市突发公共事件发生时，应急物资要足够充足，便于补充和调用，这考验的实际上是物资的生产与储备能力，这一能力的评价需要从物资库存地点、标准、储备目录几个方面予以考虑。应急物资的保障需要做到以下几点：建立应急物资调用制度、制定应急物资储备标准、指派专门机构负责筹备和管理应急物资、定期检测与更新应急物资储备、储备和管理应急物资等。再次是应急资金保障。应急资金的保障需要通过制定应急资金使用监督办法、建立应急资金财政预算制度、设计应急资金紧急动用程序来实现，简单来说，就是要将资金用于风险治理的各方面，比如制订应急计划、整合应急资源、发放人员财政补贴、预案和标准规范编制审定等。最后是应急装备保障。突发公共危机发生时，救援效率与质量在很大程度上是由装备水平决定的，发改委、交通部门、财经部门、物资部门等要提供防灾救灾的相关装备，比如脱险救灾产品、防洪抗震预防技术、消防机器人等，这样才能保证救灾救援工作的顺利开展。不仅如此，救灾设备还必须要保持清洁，要定期更换信息资源、物资资源、社会资源、技术资源、知识资源、人力资源、国际资源，并进行维护，这样才能充分发挥各种先进设备在应急救灾救援中的作用。

四　城市突发公共事件信息管理系统应急能力评估

信息管理系统的作用是为其他子系统提供支持，使整个系统能够共享实时信息，是风险治理体系的信息中心，其所提供的信息对于应急指挥中心、事故处理部门及其他职能部门相互通信、配合、指挥调度起到至关重要的作用①。

（一）信息管理系统功能

信息管理系统就是利用先进的信息技术，实时调度整个风险治理过程中海量的、跨专业的处理资源、信息资源、通信资源，实现应急指挥过程的规范化、流程化。通过对所得信息进行分析的方式得到结论，为管理者制定决策提供可靠的依据。在整个安全保障系统中，信息管理系统的功能包括：承载危机管理日常工作业务与突发事件处置业务；为其他子系统提供支持，使整个系统能够共享实时信息；收集信息、发布消息；进行全天候监控；预报与监测危险源，提供信息传递渠道、发布突发事件信息、处理应急联动单位之间的协作信息等。此系统是整个系统的信息交流平台。从技术层面看，用于满足应急管理者各方面信息需求的系统就称为突发公共事件风险治理信息系统。就定义上看，一个健全的应急管理系统必须能够对不同用户信息进行识别，然后进行搜索，通过一系列的组合与筛选，最终得到具有高附加值的信息，为应急管理提供信息服务。从管理层面看，以国家层级信息中枢为纽带整合全部的相关子系统，本着管理城市突发公共事件全流程信息的目的构建相应信息管理机制，实现各管理主体信息通信，涵盖其他相关要素的系统即全面整合的城市突发公共事件风险治理信息系统。

首先是管理信息系统平时状态和警戒状态下的主要功能。非危机状态时，管理信息系统的作用就是准备好应对和管理城市突发公共事件的信息，具体来说，就是收集和整理过去各类突发事件的信息以及管理主体治理这些危机的办法和方式，以及过程中应用到的法律法规、专家知识等，然后进行分类处理，并建立数据库，供各治理主体在危机发生时调用。除此以外，还要实时监控和记录后备资源的分类、种类、数量、

---

① 计雷、池宏、陈安等：《突发事件风险治理》，高等教育出版社2006年版，第208页。

合用状态、特点。危机背景下，此子系统需要在第一时间收集事件发生地及其周围的各种信息，包括交通状况、建筑状况、地理状况、人口分布状况、地貌状况、道路状况，同时明确附近有哪些救济资源可进行调配。所以，需要定期存储、更新、维护所辖范围空间地理分布数据。实践中还应该组建一支专业的预警监测队伍，队伍由专业工程技术人员、若干专家组成，同时要配以先进的机械设备和器材。由他们对自然和社会环境中潜藏的复杂危机信息进行收集，录入城市突发公共事件风险治理系统，这样才能预测突发公共事件并在事件发生时跟踪事态趋势。其次是管理信息系统紧急状态下的主要功能。风险治理系统会在城市突发公共事件发生的第一时间进入实战状态，此时系统会在瞬间接收到海量的信息，如视频、音频、数字、文字、图形等，这就要求系统必须具备强大的数据吞吐能力，这样才能对这些信息进行高效、实时的传递、处理和分析。利用大屏幕、电视图像监控、电视墙等显示系统管理现场信息，这种系统同时具备数字图像处理、网络摄像、计算机、数据传输、遥控技术的功能，能够无间断地对现场进行监督，收集关键数据。最后是管理信息系统恢复状态下的主要功能。要使城市突发公共事件管理系统的信息资源更为丰富，需要通过补充相关法律法规信息、专家知识信息、修改的预案信息、应急教育信息以及历史资料信息来实现。

（二）信息管理系统能力评估审视

信息管理系统能力评估体系是根据该系统的功能和内容构建的。因此需要从准备、事前、事中和事后几个方面来评价此系统的信息管理能力。

1. 信息采集能力。即系统采用标准化信息反馈方式采集信息，以及随时将采集信息上报给相关单位和部门的能力。我们可以从以下几个方面来评估此系统的信息采集能力：信息采集监测覆盖范围是否还有扩大的空间，是否建立了能够有效实现信息共享的信息收集网络；所采集到的信息是否满足有效性、完整性、可靠性、准确性的要求；是否具备鉴别有害信息的能力；所采集到的信息能否在第一时间反馈给相关部门；信息采集是否达到全方位、多手段、全时段的要求。

2. 信息处理能力。即采用先进手段和技术统计、处理所采集到的信息数据，以便信息使用者查询和使用的能力。如前文所述，需要组建一支专业的预警监测队伍，队伍由专业工程技术人员、若干专家组成，同时要配以先进的机械设备和器材，由他们复杂对自然和社会环境中潜藏的危机信息进行收集，录入城市突发公共事件风险治理系统，这样才能预测突发公共事件并在事件发生时跟踪事态趋势，所以也需要对这支队伍的表现进行评价。具体如下：能否采用科学的手段分析和编辑采集到的信息数据；能否及时向信息管理系统平台上传有效信息；能够分类并存储所采集到的数据，以便后续工作的开展。

3. 信息传输能力。信息管理系统所采用的信息传输方式必须要与信息紧急程度和秘密等级相挂钩，并及时地发布系统内外的信息，简单来说，就是其维持信息安全性的能力。需从以下几个层面来评价：能否准确、灵活、高效地传输信息；用于传递信息的渠道是否足够通畅，所传递的信息是否是完整的；能否灵活地利用权威媒体将城市突发公共事件的发展态势等信息公布给社会大众。

4. 信息系统人员组成结构。实践中，人的操作、管理、维护是发挥信息系统价值的关键一环，所以评价系统操作人员的表现也是了解系统风险治理能力的一项重要内容。

5. 应急联动系统建设能力。即构建用于协调和运作城市联动信息中心与系统的能力。城市中用于对市政府资源和各类应急救援力量进行整合，并及时向大众发出紧急求助信号，公布紧急事件事态，具有跨地区、多层次、多部门统一指挥调度、接警的综合救援体系和集成技术平台就称为城市应急联动系统[1]。这一系统能够使抢险救灾和紧急救援行动的效率得到保障，而且能够在危机发生的第一时间整合救援力量，从而使国家、人民的财产，人民的生命安全得到保障。就管理层面而言，城市应急联动系统是政府部门共享信息、联合办公的一个重要组织体系，该体系的运作能够使危机中的公众尽快得到政府的救援、帮助。城市风险治理系统具有联动出警、快速反应、统一接警、处理投诉电话、报警，统一指挥调度行政辖区内具有处置城市突发公共事件职能的应急联动单位等功能，是一个集机房监控系统、视频图像系统、移动通信指挥系统、语音记录系统、有线通信调度系统、综合接出警系统、计算机网络系统、

---

[1] AICHE: City Emergency Response System, *First Edition*, 1994, pp. 189–200.

城市地理信息系统、电源系统、无线数据传输系统、移动目标定位系统于一体的系统。这一系统的运作拉近了部门与各个警种在危机中的距离。在科学技术日新月异的当今，城市应急联动系统将会得到进一步的推广和应用。[①]

五 城市突发公共事件决策辅助系统应急能力评估

决策辅助系统负责研究预警和应对方法、提供决策建议和支持、管理与评估预案库（如预案的生成、优化和更新）；制定有效配置资源的方案，以及专业技术人员培训计划和演习方案；传输信息，并通过评估预案效果、选择预案、预警分析、设计资源调度方案的方式解决风险治理中的决策问题。它是整个风险治理系统中不可或缺的部分。危机得到控制之后，该系统还要进行事后评估，以便管理主体制订科学的重建方案。

（一）决策辅助系统功能

决策辅助系统，（Decision Support System，DSS）。基于人机交互方式提供知识、模型和数据，辅助决策者制定半结构化或非结构化的决策。相较一般的信息管理系统而言，辅助决策系统更为高级和先进，决策者可以通过调用系统中的知识、模型和数据以及各种分析工具与信息资源制定科学、正确的决策。此系统的结构由基础信息层、硬件支持层和辅助决策层组成，这三个层次在决策系统中承担着不同的责任。

首先是基础信息层功能。这一层的作用就是提供诸如专家信息、资源信息、全球定位（GPS）、地理信息、卫星遥感、知识库、培训教程、专业信息等有利于信息使用者制定科学决策的各种信息。它能够提供一些常用算法和数学方法，采用科学的方法对涉及决策的数学模型进行储存和管理，便于决策者修改和添加各类模型、方法和数据。其次是硬件支持层功能。硬件支持层由计算机网络、信息设备、集成设备组成，它负责提供硬件支持，属于系统的基础层，基于物理通路实现各层的信息共享。其具体功能如下：从组织内部收集和管理有利于做出科学决策的信息；从组织外部收集和管理有利于解决决策问题的信息；提供数据通

[①] 侯定王、王战军：《非线性评估的理论探索与应用》，中国科学技术大学出版社2001年版，第55页。

信的物理通路,使决策者能够及时获得决策所需的数据、信息和资料;收集、管理并提供各项决策方案执行的执行情况,并向决策者反馈。再次是辅助决策层功能。城市突发公共事件的出现和发展,以及其过程中出现的各种现象、问题都是有规律可循的,所以对这些事件、因素之间的逻辑关系进行研究是很有必要的。辅助决策层最大的特点就是能够在事件爆发的第一时间通过调整预案的动态、选择预案、优化配置和布局资源、预警分析、明确事件的类型和等级、评估预案、优化调度预案资源等方式,为决策者提供依据,上述这些都是基础信息层和硬件支持层的基本功能,在这两个层级的支持下,决策者可以针对事件制订一套科学的应对和治理方案,将事件造成的影响降至最低。另外,辅助决策层还能针对所收集到的信息,选择相应的模型进行汇总、预测、分析和加工,得到可靠的结论和信息,并在极短的时间内将结果反馈给决策者。该系统是根据国内外搜索与救援规则进行构建的,当中提供了许多有用的搜索、救援与指挥、协调方法,能够及时、高效地分析、统计救援现场的各种不确定性因素,并划分类型。除此以外,系统还能及时地将经过处理的信息反馈给各个相关部门,服务于其指挥和调度工作,形成指令,并下达给执行部门,然后再跟踪反馈执行部门的情况,有针对性地对相关指令进行修正,出具更加可靠的解决方案,最终使整个突发公共危机事件得到有效的控制。

(二) 决策辅助系统应急能力评估

决策辅助系统能力评估体系是根据系统的功能与内容进行构建的,它主要包括以下方面。

首先是系统完备性。三个层级各司其职,而且每一个层次都包含了若干子系统,分支比较复杂。以辅助决策层为例,就包含模型库子系统、对话子系统、方法库子系统、案例库子系统、预案库子系统、数据库子系统等子系统,系统决策效率和能力很大程度上就是由这三个层级所收集的信息的全面性和可靠性决定的。其次是系统基础建设能力。如前文所述,辅助决策层、基础信息层、硬件支持层是组成辅助决策系统的三个层级,因此需要汇总三个层级建设评估情况才能全面了解此系统整体功能情况。评价指标内容为:辅助决策层评价,需要对其提供解决各种决策问题的方法、模型的能力进行评价;基础信息层评价,需要评价其建设与完善程度；硬件支持层评价，需要评价基础硬件层建设状况。再次是响应能力和系统信息能力。应急系统从接收到预警信息到启动辅助决策这一过程所花费的时间也是其能力的一种表现，耗时越短能力越强。系统要能够保证决策者的信息需求随时得到满足。资源管理系统要定期更新和维护各类信息，如救援部门信息、救援专家信息、危险源信息、应急资源信息，以便决策者和执行者随时调用。系统信息能力评估指标包括信息内容的全面性、信息时效性、信息传递能力、信息收集能力。又次是决策专家组成结构。最终决策方案的可行性和可靠性离不开辅助决策过程中方法库、案例库、数据库、模型库和计算机的支撑。除此以外，还要结合专家的经验、知识挑选出最佳方案，所以系统决策的准确性与专家队伍的整体能力也有很大关系，所以评价时必须将人员素质、队伍建设、科研水平也考虑进去。最后是辅助决策时间和经验总结能力。城市突发公共事件发生的第一时间就必须开展相关管理工作，这就要求系统能够在第一时间提供可行的救援方案，以增加抢险救灾的效率，这也是这一评估体系的重要组成部分。城市突发公共事件发生时，要及时查明原因明确事件的未来发展趋势。事件得到控制之后，要及时整理资料和数据形成经验并存档保管，以便今后用于改进机构建设、政策，完善制度，更新观念。

第四节 基于综合满意度的城市突发事件风险治理实现

一般而言，我们可以从多个层面考察城市突发公共事件风险治理效果。如城市突发公共事件的绝对效果是针对突发公共事件不同阶段处理的绝对效果来考量的。然而在现实实践中，这样的风险治理效果考量也是有些偏颇的，因为没考虑产出这样的效果消耗的人力、物力以及财力，也即风险治理的投入产出效率。这也是我们接下来要研究的内容即城市突发公共事件风险治理综合满意度评价。我们认为，城市突发公共事件风险治理满意度评价应该从两个方面来考量。一个是在一定考量时间段上的风险治理投入产出趋势和在某一时间点上的风险治理对比投入产出效率评价，并根据这两个方面综合权衡城市突发事件风险治理投入产出效率。换句话说满意度视角下的投入产出效率考量标准有两个，一个是城市突发事件风险治理考核对象纵向时间上的自身发展趋势评价，另一个是多个城市突发事件风险治理考核对象投入产出效率横向对比评价，如图6—3所示。

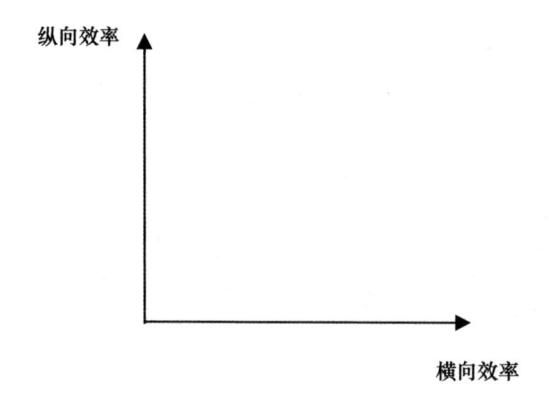

图6—3 风险治理满意度评价维度

一 风险治理满意度评价方法模型

我们这里讲的满意度评价实际上即为相对效率评价。现阶段效率的相对值计算方法用得最多的是前沿面分析方法，该方法的核心理念是根据特定的规则设计一个生产前沿面，以此为参考点，两者的差距就代表相对效率。我们研究的重点在于城市突发事件风险治理投入产出相对效率，采用国内外研究主流方法——DEA方法。DEA模型最初的构造是C^2R模型。在此基础上，确立下述的满意度打分模型：

假设总计n个风险要素没有考虑进投入产出效率中，也就是策略分支$j=1, 2, \cdots, n$，每个公司有m组资源投入指标，$i=1, 2, \cdots, m$，s组产出指标（满意度指标）$r=1, 2, \cdots, s$。x_{ij}为j对象i指标的资源投入量，y_{rj}为对象r指标的满意度产出指标。$X_j = (x_{1j}, x_{2j}, \cdots, x_{mj})$，$Y_j = (y_{1j}, y_{2j}, \cdots, y_{sj})$。

对于目标对象决策单元$j=1, 2, \cdots, n$的DEA的相对有效性值，由以下线性规划给出：

$$\min\theta = V_{D_1}$$

$$\text{s.t} \begin{cases} \sum_{j=1}^{n} X_j \lambda_j + s^- = \theta X_0 \\ \sum_{j=1}^{n} Y_j X_j - s^+ = Y_0 \\ \lambda_j \geq 0, j = 1,2,3,\cdots,n; s^+, s^- \geq 0 \end{cases}$$

其中，θ 表示目标风险治理效率的评估情况，λ_j 表示输出输入指标的权系数。如果 $\theta \geq 1$，同时相关的 s^+，s^- 都为 0，则第 j 个对象风险治理是有效率的。若 $\theta < 1$，则第 j 个考察对象风险治理是相对无效率的。

二 城市突发事件风险治理效率评价流程

首先是输入指标和输出指标的确定。根据满意度视角下的城市突发事件风险治理评价指标体系，可以作为评价单元输出指标为：基本保障能力、突发事件治理水平、善后处理能力。同时，笔者认为可以作为评价单元输入指标为：城市突发事件风险治理人员投入、风险治理资源利用、风险治理经费投入。特别指出的是，确保 EDA 方法的正确运用，要有有效的策略信息反馈与能够获取合理评估总结，并准确无误地判断并确立策略单元。从经验与技术层面上看，DMU 中相对对比数量应当比录入录出参数的总数多。由此看来，为确保 DEA 方法的准确无误使用以及评判过程的最简化，首先根据具体城市突发事件风险治理考核对象情况，对指标重要性即权重系数进行分析，分析方法可以采用主观赋权法或客观赋权法。一系列指标权系数落实后，通过大小比较，确定恰当数量的录入录出指标，便于介绍下文。假如参照权重高低，制定策略单元录入指标为资源配置、资金投入、人力利用。录入指标为：基本保障能力、突发事件治理水平、善后处理能力。

其次是城市突发事件风险治理纵向投入产出有效性评价。对 i 风险治理目标在 l 个时间点的投入产出有效性进行分析，也就是有关目标在每个时间节点上的满意度作为评价单元，输入指标为人员投入、资源利用、经费投入；输出指标为：基本保障能力、突发事件治理水平、善后处理能力。利用每个时间节点资料产生的定量指标，同时利用专家对每个时间节点的打分得到定性指标，进而合理评价了该目标运用 DEA 模型在每个时间节点投入产出效率,可以从表6—1可以看出。

表6—1　　　　DEA 评价 i 对象纵向满意度有效性

i 对象各时点	人员投入	资源利用	经费投入	基本保障	突发事件	善后处理
1	x_{11}	x_{12}	x_{13}	y_{11}	y_{12}	y_{13}
2	x_{21}	x_{22}	x_{23}	y_{21}	y_{22}	y_{23}
…	…	…	…	…	…	…
l	x_{l1}	x_{l2}	x_{l3}	y_{l1}	y_{l2}	y_{l3}

根据表6—1可知:就 i 风险规避要点来说,以其每个时间节点的认可度为评估单元,若当前时点风险治理对象满意度纵向有效性 θ'_i 介于 0.70—1 时,表示风险治理对象纵向满意;若 θ'_i 为 0.7 以下,表示风险治理对象纵向满意度较差。

再次是城市突发事件风险治理横向投入产出有效性评价。先针对 k 时点不同对象的投入产出有效情况展开评估。同评估对新纵向有效性相类似,选取 k 时点的 m 个对象当作决策单元,输入指标为人员投入、资源利用、经费投入;输出指标为基本保障能力、突发事件治理水平、善后处理能力。针对在 k 时点下 m 个对象的投入产出的效率情况展开有效性评估,见表6—2。

表6—2　　　　DEA 评价 k 时点 m 个对象纵向满意度有效性

k 时点各项目	人员投入	资源利用	经费投入	基本保障	突发事件	善后处理
1	$x_{11}^{(k)}$	$x_{12}^{(k)}$	$x_{13}^{(k)}$	$y_{11}^{(k)}$	$y_{12}^{(k)}$	$y_{13}^{(k)}$
2	$x_{21}^{(k)}$	$x_{22}^{(k)}$	$x_{23}^{(k)}$	$y_{21}^{(k)}$	$y_{22}^{(k)}$	$y_{23}^{(k)}$
…	…	…	…	…	…	…
m	$x_{m1}^{(k)}$	$x_{m2}^{(k)}$	$x_{m3}^{(k)}$	$y_{m1}^{(k)}$	$y_{m2}^{(k)}$	$y_{m3}^{(k)}$

分别针对 $k=1,2,\cdots,l$ 时点不同对象展开有效性评估,获得 i 对象在不同时点同别的对象相对比所具有的有效性是 $\theta_i^{(k)}$,因而在 l 时段 i 对象实现效率总量的有效性 θ''_i 是:

$$\theta_i'' = \sum_{k=1}^{l} \tau_k \theta_i^{(k)}$$

式中，τ_k 表示 k 时点的权重，$\tau = [\tau_1, \tau_2, \cdots, \tau_l]^T$ 代表时间权重向量，依据 l 时段不同时点的等差递增权重来表示。以 l 时段 i 对象横向投入产出效率为评价单元，若 l 时段风险治理对象横向效率总量有效性 θ_i'' 介于 0.70—1 时，表示 l 时段对象横向满意；若 θ_i'' 为 0.7 以下，则表示 l 时段对象横向满意度较差。

最后是城市突发事件风险治理投入产出有效性综合评价。风险治理投入产出有效性评价的最终目标是寻找投入产出纵向效率较好，同时横向效率总量有效的风险治理对象。分别以投入产出纵向效率有效性 θ_i' 为纵坐标、风险治理对象在 l 时段的横向效率总量的有效性 θ_i'' 作为横坐标，可得风险治理对象满意度投入产出有效性综合评价坐标图，见图 6—4。

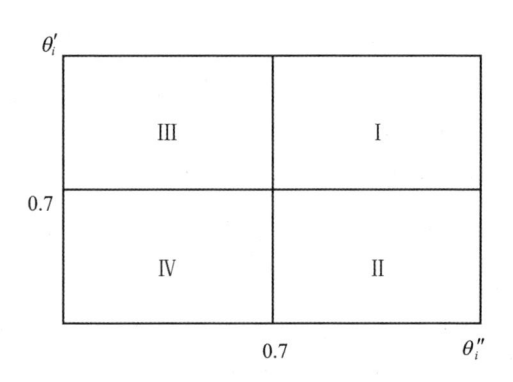

图 6—4　满意度有效性综合评价

Ⅰ区为明星对象：考察对象位于这些区时，考察时段内，城市突发事件风险治理满意度投入产出纵向效率较好，并且横向效率总量有效。Ⅲ区属于潜力对象：在对此区内对象展开评估的过程中，虽然风险治理满意度横向效率总量投入产出有效性较差，但风险治理拥有良好的增长潜力。比如一些风险治理对象尽管在短时间内无法取得比较高的满意程度，但是长期来看拥有比较可观的满意度增长的可能性，是具有潜力的对象。对Ⅱ区的对象展开评估的过程中，发现风险治理满意度投入产出的横向效率总量比较好，但是增长潜力不佳。Ⅳ区属于没有资格对象，对此区内对象展开评估的过程中，风险治理满意度投入产出纵向效率与横向效率总量均较差。该区对象为无资格对象或劣质对象。

决策者可以根据对城市突发事件风险治理满意度横向效率总量和城市突发事件风险治理满意度投入产出纵向效率的权衡，尽量在Ⅰ区挑选风险治理对象，倘若此对象并不位于Ⅰ区内，可挑选Ⅱ区与Ⅲ区。倘若在相同区内涉及多个可选的风险治理对象的情况下，决策者可根据对风险治理满意度横向效率总量、风险治理满意度投入产出纵向效率权重系数 α 和 β，来确定综合有效性：

$$\theta_i = \alpha\theta_i' + \beta\theta_i''$$

根据 θ_i 的大小排序，排序最大者即为满意风险治理对象。

三 城市突发事件风险治理满意度评价实例

主管部门拟在5个考察对象中对风险治理满意度进行评价。为动态评价各考察对象的综合投入产出效率值，投资决策者决定从两个维度考量，即满意度横向效率总量和满意度投入产出纵向效率的权衡，并采用基于DEA的效率评价方法。

1. 确定输入指标和输出指标。结合评估指标系统，明确DEA决策单元的输入与输出两类指标，借助网络分析手段，确定输入指标为人员投入、经费投入；输出指标为：基本保障能力、突发事件治理水平、善后处理能力。

2. 输入指标和输出指标处理。根据输入和输出指标，收集5个考察对象指标数据。据专家分析，考察对象考核时点应以年度为单位，若当前时点为2017年，往前递推5年，得到5个对象2013—2017年输入输出数据，如表6—3至表6—7所示。

表6—3　　　　2013年5个考察对象输入输出指标数据

考察对象	人员投入	经费投入	基本保障	突发处理	善后处理
1	很低	很高	一般	很好	一般
2	很低	一般	一般	差	好
3	低	很低	一般	一般	很好
4	一般	高	一般	很好	很好
5	很高	一般	很好	差	一般

表 6—4　　　　　　　　2014 年 5 个考察对象输入输出指标数据

考察对象	人员投入	经费投入	基本保障	突发处理	善后处理
1	低	很高	好	好	一般
2	低	一般	一般	差	好
3	低	低	好	一般	很好
4	一般	低	一般	一般	好
5	高	一般	很好	一般	很差

表 6—5　　　　　　　　2015 年 5 个考察对象输入输出指标数据

考察对象	人员投入	经费投入	基本保障	突发处理	善后处理
1	低	高	好	一般	一般
2	低	低	好	一般	好
3	很低	一般	一般	一般	好
4	一般	低	好	差	好
5	一般	低	好	一般	很差

表 6—6　　　　　　　　2016 年 5 个考察对象输入输出指标数据

考察对象	人员投入	经费投入	基本保障	突发处理	善后处理
1	一般	高	好	一般	好
2	一般	低	好	差	好
3	低	高	好	一般	差
4	低	很低	好	差	好
5	低	很低	好	一般	很差

表 6—7　　　　　　　　2017 年 5 个考察对象输入输出指标数据

考察对象	人员投入	经费投入	基本保障	突发处理	善后处理
1	高	高	好	一般	很好
2	高	一般	好	差	一般
3	一般	很高	好	一般	差
4	低	低	好	很差	一般
5	很低	很低	好	好	差

3. 横向满意度评价。根据 2013—2017 年 5 个考察对象输入输出数据，针对定性评价转变成量化数据，同时借助 DEA 法展开评估，获得 5 个评估对象在不同时点的效率情况，见表 6—8 至表 6—12。

表6—8　　　　　　　　2013 年 5 个考察对象相对效率值

考察对象	人员投入	经费投入	基本保障	突发处理	善后处理	$\theta_i^{(k)}$
1	1	9	38	9	5	1.00
2	1	5	35	3	7	0.98
3	1	1	34	5	9	1.00
4	5	7	30	9	9	0.35
5	9	5	51	3	5	0.30

表6—9　　　　　　　　2014 年 5 个考察对象相对效率值

考察对象	人员投入	经费投入	基本保障	突发处理	善后处理	$\theta_i^{(k)}$
1	3	9	41	7	5	1.00
2	3	5	34	3	7	0.79
3	3	3	43	5	9	1.00
4	5	3	37	5	7	1.00
5	7	5	50	5	1	0.70

表6—10　　　　　　　　2015 年 5 个考察对象相对效率值

考察对象	人员投入	经费投入	基本保障	突发处理	善后处理	$\theta_i^{(k)}$
1	3	7	42	5	5	0.63
2	3	3	45	5	7	1.00
3	1	5	37	5	7	1.00
4	5	3	40	3	7	1.00
5	5	3	47	5	1	1.00

表6—11　　　　　　　2016年5个考察对象相对效率值

考察对象	人员投入	经费投入	基本保障	突发处理	善后处理	$\theta_i^{(k)}$
1	5	7	45	5	7	0.78
2	5	3	43	3	7	0.63
3	3	7	42	5	3	1.00
4	3	1	41	3	7	1.00
5	3	1	44	5	1	1.00

表6—12　　　　　　　2017年5个考察对象相对效率值

考察对象	人员投入	经费投入	基本保障	突发处理	善后处理	$\theta_i^{(k)}$
1	7	7	47	5	9	0.43
2	7	5	42	3	5	0.33
3	5	9	45	5	3	0.21
4	3	3	43	1	5	0.56
5	1	1	42	7	3	1.00

时间权重向量采用等差递增权重，为：

$$\tau = [\tau_1, \tau_2, \cdots, \tau_5]^T = [0.1, 0.15, 0.2, 0.25, 0.3]^T$$

则5个考察对象在2013—2017年满意度投入产出横向总量有效性θ_i''为$\theta_i'' = \sum_{k=1}^{l} \tau_k \theta_i^{(k)}$，即：$\theta_1'' = 0.7, \theta_2'' = 0.67, \theta_3'' = 0.76, \theta_4'' = 0.80, \theta_5'' = 0.89$。

4. 纵向满意度评价。选取2017年不同评估对象作为基本单元，此对象其余时点时序的输入输出数据当作参照对象，借助DEA法展开评估，得到5个考察对象2017年满意度投入产出纵向效率值，如表6—13至表6—17所示。

表6—13　　　　　　　考察对象1纵向效率值

考察对象1	人员投入	经费投入	基本保障	突发处理	善后处理	θ_i'
2017	7	7	47	5	9	1.00
2016	5	7	45	5	7	1.00

续表

考察对象1	人员投入	经费投入	基本保障	突发处理	善后处理	θ'_i
2015	3	7	42	5	5	1.00
2014	3	9	41	7	5	0.89
2013	1	9	38	9	5	1.00

表 6—14　　考察对象 2 纵向效率值

考察对象2	人员投入	经费投入	基本保障	突发处理	善后处理	θ'_i
2017	7	5	42	3	5	0.56
2016	5	3	43	3	7	1.00
2015	3	3	45	5	7	1.00
2014	3	3	34	3	7	0.75
2013	1	3	35	3	7	1.00

表 6—15　　考察对象 3 纵向效率值

考察对象3	人员投入	经费投入	基本保障	突发处理	善后处理	θ'_i
2017	5	9	45	5	3	0.26
2016	3	7	42	5	3	0.40
2015	1	5	37	5	7	1.00
2014	3	3	43	59	0.42	
2013	1	1	34	5	9	1.00

表 6—16　　考察对象 4 纵向效率值

考察对象4	人员投入	经费投入	基本保障	突发处理	善后处理	θ'_i
2017	3	3	43	1	5	1.00
2016	3	1	41	3	7	1.00
2015	5	3	40	3	7	0.60
2014	5	3	37	5	7	0.83
2013	5	7	30	9	9	1.00

表 6—17　　　　　　　　考察对象 5 纵向效率值

考察对象 5	人员投入	经费投入	基本保障	突发处理	善后处理	θ'_i
2017	1	1	42	7	3	1.00
2016	3	1	44	5	1	1.00
2015	5	3	47	5	1	0.37
2014	7	550	5	10.24		
2013	9	5	51	3	5	0.33

结合 DEA 的研究结果可以看出，5 个考察对象纵向满意度为：$\theta'_1 = 1.0$，$\theta'_2 = 0.56$，$\theta'_3 = 0.26$，$\theta'_4 = 1.0$，$\theta'_5 = 1.0$。

5. 满意度综合评价。决策者确定对城市突发公共事件风险治理满意度横向效率总量、风险治理满意度投入产出纵向效率权重系数，假设横向效率总量权重系数 $\alpha = 0.5$ 和纵向效率权重系数 $\beta = 0.5$。则 5 个考察对象综合有效性：

$$\theta_i = \alpha\theta'_i + \beta\theta''_i$$

$\theta'_1 = 0.85$，$\theta'_2 = 0.62$，$\theta'_3 = 0.51$，$\theta'_4 = 0.90$，$\theta'_5 = 0.94$。

显然，根据评价结果来看，第 5 个考察对象为最佳方案。

由图 6—5 可知，这 5 个对象属于四个不同区，当中评估对象 4、对象 5 属于明星区，是决策首先选取的对象；对象 1 的横向满意度总量效率是 0.7，其纵向满意度有效处在Ⅰ、Ⅲ两个区的交界位置，可当作次选对象；对象 3 处在Ⅱ区，其投入产出的横向满意度效率总量比较有效，但是增长潜力不佳；考察对象 2 则位于Ⅳ区，为无资格考察对象。

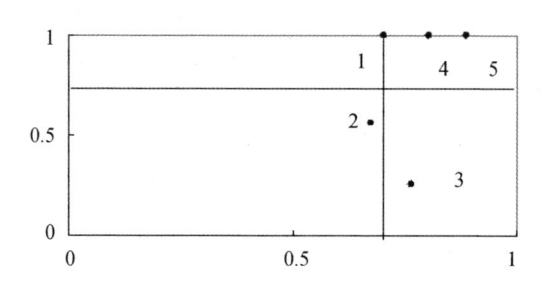

图 6—5　有效性综合评价坐标

第七章

城市群突发公共事件协同治理及其实现机制

新形势下城市群突发公共事件问题日益凸显。我们梳理了城市群突发公共事件的内涵，分析了城市群突发公共事件的复杂性特征，然后利用复杂系统脆性理论、社会燃烧理论、熵与自组织理论阐释了我国城市群突发公共事件的形成机理。新形势下构建配套的城市群突发公共事件协同治理的运行机制，如构建健全的城市群突发事件预警和技术保障机制、构建科学的城市群突发事件应急决策机制、打造畅通的城市群突发事件信息传播共享机制、建构充足的城市群突发事件资源保障机制、建立健全完善的城市群突发事件法律法规机制等内容，是维持城市群突发公共事件管理系统高效运作的前提条件。它有助于理解把握城市群突发公共事件整个过程的演化路径，也有利于提升城市群突发公共事件应急决策的效率和水平。

第一节 新形势下城市群突发公共事件问题凸显

城市群突发公共事件指在城市群区域中爆发的公共危机事件，这些事件的出现会直接影响到区域及周边地区的公共秩序和社会稳定，必须由当地公共部门及时采取针对性应对措施。城市群聚集效应不仅能够为我们带来大量的经济效益，也蕴藏着大量的潜在危机，如果我们不能对其中的危机隐患予以高度重视，那么它势必会在某个时间给予我们沉重的打击①。在城市群数量进一步增多的今天,城市群的规模也得到了急剧扩张,为区域经济的快速发展提供重要推力的同时,也滋生了城市群突发公共危机的风险。

一 城市群突发公共事件概念梳理

（一）城市群的内涵及特征界定

城市群是随着城市化进程不断推进后形成的一种特殊空间形态,它是人类城市化发展到特定阶段后的必然产物,也是未来人类社会的主流发展模式。对于我国而言,城市群不仅是国家城镇化战略的主要发展方向,同时也是国民经济的重要载体,还是国家科技文化的创新中心以及交通枢纽,对整个国家的发展具有重要意义。城市群的出现是人类发展到一定阶段后的必然现象,它绝非一种偶然现象,也并非由人类刻意规划而成,而是集地理、体制、行政、历史等多方因素而成。当人类社会城镇化水平提高到一定程度后,某些发达地区对周边的辐射范围会越来越广,进而形成了一个可以覆盖周边数个城市的"超大城市网"。随着各相邻城市之间的边界逐渐模糊后,城市群便应运而生。目前学术界对于城市群的定义尚未达成一致共识,最早提出城市群概念的学者是法国著名地理学家戈特曼（Gottmann）,他于1975年对美国东部都市连绵化现象进行研究时提出了"大都市带"的概念②。我国学术界也十分重视城市群理论的研究,其中最具有代表的学者是姚士谋教授。他为我国城市群理论研究领域作出了巨大贡献,他认为在特定地域范围内不同等级、不同类型、不同性质规模的城市,借助现代化运输网络、交通工具和信息网络,以一个或多个超大城市为地区经济核心,形成周边城市个体的内在联系并共同形成一个完整的城市集合体即城市群。③

城市群作为我国城市化进程不断推进的必然产物,它具有以下特点:（1）地域性。城市群是一定数量的城市在特定地理空间范围内的集合。

---

① 于丽英、蒋宗彩:《基于复杂系统观的城市群突发公共事件形成机理研究》,《系统科学学报》2013年第3期。

② J. Gottmann, Megalopolis or the Urbanization of the Northeastern Seaboard, *Economic geography*, Vol. 33, No. 3, 1957, pp. 189–200.

③ 姚士谋、朱英明、陈振光:《中国城市群》,中国科学技术出版社2001年版,第99页。

(2) 内在有机性。城市群不单单是一定数量的城市在特定地理空间范围内的简单集合，更是在这一范围内各城市物力、人力、科技、财力等资源的有效整合，并且通过这种整合能够达到"1+1＞2"的效果。(3) 强聚集性。在同一城市群中，不同城市之间、产业之间的联系十分密切，这种联系使城市群成为一个具有更强作用力、更大规模的集聚经济体。城市群不但对整个国家经济有很大影响，它在人口密度、城镇密度、经济密度等指标上也体现出较大优势。(4) 多中心性。通常一个城市群中会有一个或数个中心城市，比如上海就是长江三角洲城市群的中心城市，长株潭城市群的中心城市则是长沙市、株洲市以及湘潭市。中心城市是城市群的辐射源，同时也是城市群的关键枢纽，在整个区域内占有绝对的核心地位。(5) 网络性。城市群的发展以城镇体系为核心，通常整个演化过程为树状结构，同一城市群中的不同城市具有彼此吸引的关系，并且随着城市群辐射作用的不断扩散，整个城市群逐渐成为一个复杂的网状空间结构。这种结构让不同城市之间以及同一城市内部的资源流动变得更加便利，使信息技术传递和资源周转变得更加顺畅。城市群的网络结构不但体现在各产业、市场、基础设施、物流、商贸等领域中，同时它还让各个网络的关系变得更加紧密。

(二) 城市群突发公共事件的基本特征

我们常用"区域突发公共事件""城市群灾害"以及"跨界突发事件"来表述城市群突发公共事件的概念。其中，区域突发公共事件一般指在某地域范围内爆发的跨越行政区划的突发公共事件，涉及多个地方政府的协同治理。比方说在1989年美国田纳西、密苏里和密西西比州政府为了解决这三个地区爆发的地震灾难而共同签署了《州际地震应急管理协议》；1995年美国南部各州郡签署的《州际应急管理互助协议》等。跨界突发事件主要包含以下两个方面的内涵：第一，跨越行政区划、组织、部门甚至国界的突发事件；第二，能够跨越政治边界传播、时间边界传播、功能边界传播的突发事件。[①] 国内学者张多勇、傅立勇等对城市群突发公共事件进行界定："城市群突发公共事件是指城市群范围内公共

---

① 杨安华、童星、王冠群：《跨边界传播：现代危机的本质特征》，《浙江大学学报》（人文社会科学版）2012年第6期。

利益、公共安全甚至基本价值受到的严重破坏与挑战，它是城市群范围内的一种不稳定状态"①。结合我国当前的实际国情来看，很多经济发达地区已经形成了不同级别的城市群形态。当城市群中某个城市爆发突发公共事件后极易蔓延到其他周边城市，进而使整个城市群都受到牵连，所以笔者认为就我国而言，使用城市群突发公共事件这一说法要比区域突发事件、跨界突发事件更加贴切。在本次研究中，笔者认为城市群突发公共事件是"在城市群范围内发生的突发公共事件，并且该事件能够对整个城市群区域中公共秩序和公共安全构成巨大威胁，需要公共部门在不确定性极高的情况下尽快制定出有效的应对决策"。根据这一定义不难看出，尽管城市群突发公共事件属于突发公共事件的范畴，但由于它的特殊性质使我们需要采取更为高效、灵活的协同应急措施予以应对。

我们可以将城市群突发公共事件理解为一种特殊的突发公共事件，它不仅具备突发公共事件的公共性、紧迫性、破坏性以及突发性等一般特性，它还具有极不确定性、连锁性以及跨界性等特有特性。（1）跨界性。城市群作为城市化进程推进到一定阶段后的产物，它的出现使城市与城市之间以及城市内部的交通运输、信息沟通变得更加便捷，但也让突发事件具有了链状特征。一旦城市群中某一个城市发生了突发事件，该事件就会迅速蔓延到其他城市，并且在跨界传播过程中原事件也会不断变化。很多实践结果表明，当一个城市出现突发公共事件后，在现代信息网络技术的推动下使该事件在极短时间内迅速传播到其他城市，最终影响到整个城市群。（2）连锁性。城市群突发公共事件的连锁性主要体现在时空上，即时间上的连续性和空间上的传递性。这意味着一旦城市群突发公共事件爆发，它对一定范围内的影响是持续的，同时还会不断向外部扩散，甚至会引发其他突发公共事件。如果无法及时应对城市群突发公共事件，它所带来的严重后果是不可估量的。比方说2005年爆发在吉林地区的"石化爆炸"事件就引发了一系列事故灾难，给周边地区造成了严重的危害。（3）不确定性。城市群突发公共事件发生后，由于难以获取事件的完整信息，使事件朝着高度不确定的方向发展。这进

---

① 符礼勇、孙多勇：《城市群突发公共事件：中国城市化发展中的潜在危机》，《中国人民大学学报》2008年第11期。

一步加大了我们的预测难度,所制定的应急决策也呈现极不确定性。由于信息缺失、时间压力大,各决策者必须要根据模糊的信息给出决策,这一过程中很难通过准确的数字来表达应急决策的评估指标,所以为了解决这一问题,学术界已经将重心放到如何在城市群突发公共事件应急管理中引入模糊多属性决策理论。

二 城市群突发公共事件研究情境及意义

随着世界各国经济的不断发展,城市群已经成为各个区域经济中的重要部分,这种新型经济形态所体现出的集群效应是传统个体单独发展模式所无法媲美的,可以说城市群发展模式是人类经济发展的必然趋势,这种模式的优势已经在很多实践中得到了有力证明。随着我国城市化进程的快速推进,各个地区的经济竞争也日益激烈,很多省份已经开始将目光转移到城市群发展模式上来,并将其作为区域经济竞争的重要手段。在经济新常态下,我国已经将城市群作为未来重要的国家发展战略之一,它也必将成为今后数十年中我国城市化发展的重要模式。当前我国最具有代表性的三大城市群分别是长江三角区、珠江三角区和京津冀地区。除此之外,还有多个大城市圈和城市带正在飞速发展。作为我国城镇化进程的主体形态,城市群对整个国家的经济、文化、科技、社会等方面的发展意义重大。区域竞争力很大程度上受到城市群区域公共安全问题的影响,同时它还会影响到整个国家的战略实现。我国"十三五"规划中明确提出了"加快城市群建设发展,增强中心城市辐射带动功能,重点建设19个城市群"的目标。在经济全球化进程不断推进的今天,城市群对增强我国国际市场竞争力的作用逐渐凸显出来。一方面,城市群已经成为我国参与国际市场竞争的最佳载体,它在缓解区域性资源、人口、环境等方面的矛盾作用显著;另一方面,在城市群规模进一步扩大后,各城市群子系统无论是数量还是功能都会不断提高,而且相互之间的依赖关系也会越来越强。这样一来容易滋生更多的风险源,导致外界干扰对整个系统的刺激会十分强烈。一些小小的外部骚动就可能引发区域危机,并且在连锁效应和扩大效应的共同作用下,这些危机的影响范围以及后果也会不断增强，最终引发大规模城市群突发公共事件①。比方说2001年震惊世界的"9·11"事件不但造成近三千人丧生，同时还给美国社会、经济、政治等各方面带来深远影响，甚至还影响到全球经济；2003年出现的芝加哥城市群与纽约城市群大范围断电事件，这次事件带来的直接经济损失超过300亿美元；2005年席卷美国的"卡特里娜"飓风直接导致新奥尔良地区损失800多亿美元；2011年日本发生强烈大地震不但让整个日本蒙受巨大的经济损失，同时还引发了福岛核电站泄漏，对周边地区带来了极为恶劣的影响。最近数年中，我国城市群突发公共事件频频爆发，比如2003年的"SARS"病毒事件、2005年的松花江水污染事件、2008年的特大雪灾等。如今各国政府都已经充分意识到城市群突发事件的重要性并出台了大量的应急制度，全球各国的城市突发事件应急能力有了显著提高。我国也非常重视城市突发事件应急能力的培养，积极调整按各项应急管理政策，加紧完善国内城市突发公共事件快速反应动员机制。②

城市群突发公共事件具有多个特征，比如衍生性、持续性、破坏性以及突发性，正是如此复杂的特征使这类事件的应急管理变得更加困难。传统单城市的应急管理模式已经远不能解决这一问题，我们必须要实现各城市之间的协同效应才能缓解这类事件所带来的严重后果。

首先，城市群将成为未来我国城市化发展战略的重要模式。当前城市群已经成为我国主体功能区划分的重点开发区，可以说它是未来数十年中我国最具有经济活力的发展区域，将逐渐发展成我国未来经济发展的重要增长点，也是我国城镇化推进的主要动力源泉。近年来，我国政府多次出台了有关城市群的政策法规，进一步强调了城市群在国家区域经济发展中的重要地位。比如"十一五"规划中明确指出城市群是推动我国城市化的主体形态；"十二五"规划中提出了"以中小城市为重点，以大城市为依托，逐步形成具有强辐射作用的城市群区域"的目标。"十

---

① 于丽英、蒋宗彩：《基于复杂系统观的城市群突发公共事件形成机理研究》，《系统科学学报》2013年第3期。

② 余廉、孙香勤：《国内外重大突发事件管理模式分析》，《交通企业管理》2005年第11期；余廉、马颖、王超：《我国政府重大突发事件预警管理的现状和完善研究》，《管理评论》2005年第11期。

三五"规划中提出了"加快城市群建设发展,增强中心城市辐射带动功能,重点建设 19 个城市群"的目标。根据各个国家的城市群发展规律来看,城市群凭借自身的集群效应在推动区域经济发展、强化产业竞争力、优化区域资源配置、促进城市经济社会可持续发展等方面作用显著,非常符合当前我国"地少人多"的国情,所以这种经济形态势必会成为未来我国城市化发展的重要途径。

其次,城市群突发公共事件的严重危害引起国家的高度重视。城市群规模进一步扩大后,各城市群子系统无论是数量还是功能都会不断提高,相互之间的依赖关系也会越来越强。这样一来容易滋生更多的风险源,导致外界干扰对整个系统的刺激会十分强烈,一些小小的外部骚动就可能引发区域危机,并且在连锁效应和扩大效应的共同作用下,这些危机的影响范围以及后果也会不断增强,最终引发大规模城市群突发公共事件。比如 2003 年的"SARS"病毒事件、2008 年的特大雪灾等城市群突发公共事件都给周边地区带来了巨大损失。近几年我国城市群突发公共事件频频爆发,引起了国家政府和社会大众的广泛关注,我国也相继出台了大量的政策法规以期能够进一步完善我国应急管理机制,并初步建立起一套以"一案三制"为核心的政府应急管理体系。

再次,城市群突发公共事件的应对需要国家战略的多主体协同。考虑到城市群突发公共事件呈现出日益复杂的特点,我们很难准确利用其演化规律来制定出始终有效的应对机制[①]。城市群突发公共事件的应对牵涉面极广,同时也是一项综合性极强的工作,它包括事态控制、物资供应、治疗伤员、抢救生命、紧急转移等,要想顺利完成这些工作必须依赖多部门的协同作用。当前我国应急管理系统已经初步建成,各地市政府还设立了专门的应急综合协调办公室。但是由于不同部门的管理体制存在差异,导致在统一协调上仍存在巨大困难。由于城市群突发公共事件具有典型的复杂特征,导致我们的风险治理工作很难顺利开展,这需要我们构建起一个统一指挥、分工明确、信息共享的协同治理体系。通过多方的共同努力进一步优化应急资源配置,从而有效降低城市群突发公共事件带来的不利影响。

---

① 余廉、吴国斌:《突发事件演化与应急决策研究》,《交通企业管理》2015 年第 12 期。

总的来说，城市群突发公共事件的研究极其复杂，从理论上它主要涉及以下两个问题：第一，城市群突发公共事件以及其衍生事件和次生事件的应对问题；第二，城市群内各主体应急决策指挥协同上的问题。[1] 传统单城市的应急管理模式已经远不能解决复杂的城市群突发公共事件，这需要各个城市之间实现资源联动和信息共享，强化各应急管理主体之间的联系，通过协同应对来提高城市群的应急水平。

第二节 复杂系统下城市群突发公共事件形成的机理分析

随着时代的高速发展，相邻城市间的经济联系日益密切，彼此之间的影响也日益强烈，城市群也应运而生。一方面，城市群已经成为我国参与国际市场竞争的最佳载体，它在缓解区域性资源、人口、环境等方面的矛盾作用显著；另一方面，在城市群规模进一步扩大后，各城市群子系统无论是数量还是功能都会不断提高，相互之间的依赖关系也会越来越强。这样一来容易滋生更多的风险源，导致外界干扰对整个系统的刺激会十分强烈，在连锁效应和扩大效应的共同作用下，这些危机的影响范围以及后果也会不断增强，最终引发大规模城市群突发公共事件[2]。作为事物的内在规律，机理指的是在某特定系统中各要素为了实现系统的特定功能在一定环境中实现相互作用、相互联系的运行规则[3]。雅各布（Jacob）（2000）[4] 在研究中发现，加深对城市群突发公共事件形成机理的研究有助于提高此类事件的应对水平，通过深入研究城市群突发公共事件的形成机理，不仅有助于我们更加准确地找出此类事件的成因，同时还能够帮助我们归纳出事件的演变规律，从而为预防其他城市群突发

---

[1] 郭景涛、佘廉：《基于组织协作网城市群应急指挥关系优化设计——以长三角城市群为例》，《北京理工大学学报》（社会科学版）2016年第1期。

[2] 于丽英、蒋宗彩：《基于复杂系统观的城市群突发公共事件形成机理研究》，《系统科学学报》2013年第3期。

[3] 亓菁晶、陈安：《突发事件与应急管理的机理体系》，《中国科学院院刊》2009年第5期。

[4] M. Jacob, T. Hellstrom, Policy understanding of science, public trust and the BSE-CJD crisis, *Journal of Hazardous Materials*, Vol. 78, No. 1, 2000, pp. 303–317.

公共事件提供重要指导。利用各种理论模型（比如脆性理论、社会燃烧理论等）来揭示城市群突发公共事件的成因，不仅可以更深层地挖掘城市群突发公共事件的内在规律，同时还能为构建城市群突发公共事件协同治理模式奠定基础。

一　基于复杂系统的城市群突发公共事件

基于复杂系统视角社会安全事件、事故灾难等突发公共事件带来的后果实际上是能量、技术、信息以及物质的非正常释放，这也是引发城市群突发公共事件的重要原因。它们的非常规释放和人类社会系统的非线性交互，直接导致人类社会系统的功能和内部结构发生重大改变，导致各子系统被破坏。根据系统学理论可知，该系统属于开放的复杂系统范畴。具体而言，城市群突发公共事件具有以下几个特征：（1）复杂性。对于一个城市群体系而言，它由多个等级不同的城市构成，而且各个城市之间的交互作用也有多种形式。由于城市群各组成要素之间具有典型的联系性和集聚性等特点，导致城市群突发公共事件也具有典型的复杂性，并且其生成要素具有多样性和不确定性。城市群突发公共事件的复杂性很大程度上是由城市群系统内在的随机性导致。（2）开放性。城市群突发公共事件系统本身是一个处于动态演化的开放系统，它并不是一个完全孤立且封闭的系统。在整个城市群危机系统中，各子系统通过有机融合形成了一个完整体系，然后再和外界发生持续的物质、信息、能量等交换，在这一过程中势必会让部分外部不稳定因素进入整个体系，导致体系的平稳状态遭到影响，最终以城市群突发事件的形式表现出来。（3）非线性。从发生机理的角度来看，城市群突发公共事件的出现很大程度上是由于各城市群子系统之间的非线性相互作用，它是在城市群系统初始条件发生变化后出现的一系列"蝴蝶效应"。随着城市群突发公共事件系统的持续运作，非线性效应作用也就逐渐凸显出来，可以说它不但是维持系统运作的内在动力，同时也是系统出现复杂性的内在动因。（4）整体性。城市群突发公共事件的产生很大程度上取决于城市群系统的整体性，即各城市群子系统间由于存在信息不对称、社会经济发展不均衡等问题，导致城市群突发公共事件的危机诱发因素得到不断发展、扩大并出现质变，形成原先单个城市无法出现的新特征，造成危机演化，最终引发城市群突发公共事件。(5) 破坏性。在整个城市群范围内，一旦发生城市群突发公共事件，其扩大效应、连锁效应以及传播速度都是超乎想象的。在城市群网络结构中，各城市充当网络节点，当城市群突发公共事件爆发以后，由于各节点具有聚集性、整体性等特点，再加上城市群网络结构的脆弱性，使事件所带来的后果迅速蔓延。即便一个节点出现问题也会引发整个网络瘫痪，即"牵一发动全身"，这也给我们城市群突发公共事件的管理带来了巨大麻烦。

二 城市群突发公共事件形成的社会燃烧理论机理分析

我国著名学者牛文元在研究社会学领域中通过引入物理学理论提出了"社会燃烧理论"[①]。该理论认为城市群突发公共事件的发生很大程度上是因城市群系统秩序逐渐从有序朝无序方向变化导致，其中涉及一个量变到质变的过程。这一过程就好比物体燃烧过程一样，不仅需要"燃烧物质"和"点火物质"，同时还需要相应的"助燃剂"。首先，造成社会无序的最根本动因就是人和自然之间的不协调（比如生态破坏、环境污染等）以及人和人之间的不和谐（政府公信力下降、贫富差距拉大等），我们可以将其看作引发社会矛盾的"燃烧物质"，而随着这些"燃烧物质"的不断积累，为最终城市群突发公共事件的爆发奠定了基础。其次，城市群突发公共事件爆发的"助燃剂"是相关部门的应对不利（比如三鹿奶粉事件）、媒体的误导（比如国人碰瓷老外事件）、网络谣言的快速传播（比如水龙头铅超标事件）以及国内外敌对势力的蓄意引导（比如"3·14"拉萨事件）等。正是由于大量"助燃剂"存在，使城市群突发公共事件的规模得到了急剧扩张，其带来的不利影响也在持续升级。最后，城市群突发公共事件的"点火物质"主要是具有一定影响和规模的社会安全事件、事故灾难、自然灾害以及公共卫生事件等。绝大多数城市群突发公共事件都是因这些"点火物质"而起，我们可以将它们视为引发城市群公共事件的导火索。

如果社会体系中人和自然、人和人之间能够持续维持在一个均衡状态，那么整个社会将长时间维持在一个稳定状态；反之，如果人和自然、

[①] 牛文元：《社会物理学与中国社会稳定预警系统》，《中国科学院院刊》2001年第1期。

人和人之间的平衡状态被打破，出现了一批导致社会动乱的"燃烧物质"，随着这些物质的不断积聚，再加上各种"助燃剂"的推动，一旦触发"点火物质"，就会引发城市群突发公共事件，给整个城市群系统带来巨大危害。在城市群突发公共事件的产生过程中，"助燃剂"的主要作用是"煽风点火"。一些原本影响力较弱的小型公共事件，在这些"助燃剂"（比如舆论误导、网络谣言等）的推动下，也可能滋生出危及整个社会稳定的大型城市群突发公共事件。比方说在2008年爆发的"蛆橘事件"直接造成全国范围内的柑橘滞销；爆发在2010年的"地震谣言事件"让数百万山西人涌向街头"避难"；在2011年出现的"毒气泄漏谣言事件"导致当地出现多起公共事件，造成四名公众遇害等。很多城市群突发公共事件都是因"助燃剂"和"燃烧物质"的相互作用而产生，可以说这两种因素是导致城市群突发公共事件出现的必要条件。如图7—1所示，当"点火物质""助燃剂""燃烧物质"发生共同反应后，城市群系统中的城市A开始出现突发公共事件；若此时城市A并未及时处理好这一事件，由于整个城市群的紧密性，导致事件会迅速发酵，好比疾病一样快速传播到周边城市B、C等地，最后导致大规模的城市群突发公共事件出现。

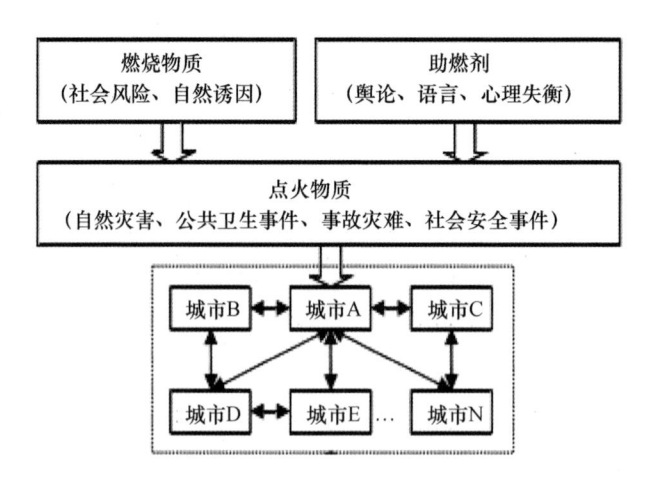

图7—1　基于社会燃烧理论的城市群突发公共事件形成机理

根据社会燃烧理论我们可以看出城市群突发公共事件的爆发过程实

际上是从有序到无序、从量变到质变的过程，当"燃烧物质"不断积聚，在"助燃剂"的推动下，会首先在某个城市中出现突发公共事件。由于通过城市群网状结构不断扩张，最终在整个城市群系统内出现大规模连锁效应，引发严重的城市群突发公共事件。尽管我们可以用自然界中的"燃烧现象"来审视城市群突发公共事件的发生过程，但是这种事件的实际演化过程要复杂得多。

三 城市群突发公共事件形成的熵与自组织理论机理分析

最初提出"熵"（entorpy）概念的学者是德国人克劳修斯，这一概念也被当前学术界视为自然科学领域中最为重要的物理学概念之一，各个学者常用其衡量一个系统的无序程度。对于一个系统而言，若其无序程度越高，则系统熵值越大；若系统有序程度越高，则其熵值越小。另外，系统能够获取的信息量也和其熵值挂钩，即系统能够获取的信息量越多，则其熵值越低；反之，系统能够获取的信息量越少，则其熵值越大。克劳修斯在"熵增"理论中指出："在单独孤立系统内出现的宏观过程总能让其熵值提高。"[1] 普利高津在克劳修斯的研究成果基础上提出了"负熵"理论，他指出"熵增"理论只适用于单独孤立的系统，无法用于描述开放系统。他认为在研究开放系统时需要将外界与系统的能量交换考虑在内，这一过程会引发"熵流"，如果外界给予系统的熵流为负熵流，那么整个系统的熵值就会降低。在开放系统和外界持续进行能量交换的过程中，很多负熵因素被引入系统内，并导致系统有序性增加的幅度大于无序性，最终形成了新的结构。

由艾根、哈肯、普利高津等著名学者共同提出的自组织理论在自然科学领域中拥有极高地位。这一理论所研究的主要对象是处于非平衡态系统的相干性与组织性，它主要包括协同学理论、耗散结构理论以及突变理论等。[2] 从系统科学以及社会科学的角度而言，城市群突发公共事件

---

[1] 毛道维、任佩瑜：《基于管理熵和管理耗散的企业制度再造的理论框架》，《管理世界》2015年第2期；宋华岭、温国锋、刘丽娟等：《复杂信息度量的安全系统结构复杂性评价》，《管理科学学报》2012年第2期。

[2] 宋学锋：《复杂性科学研究现状与展望》，《复杂系统与复杂性科学》2005年第1期。

的爆发过程和物理学内微观粒子的无规律运动有很多相似之处。比如两者均是先从有序到无序，再从无序到有序，最终回归平衡状态的过程[1]。所有城市群突发公共事件都是因大量社会能量因子的无序涨落造成系统紊乱而爆发，我们可以利用系统动态性和自组织性来揭示这一演化过程。

利用熵值理论和自组织理论来阐释城市群突发公共事件的演化过程，并对事件演进过程中的负熵因子和熵增因子的运动规律进行揭示。当城市群突发公共事件尚未爆发之前，城市群系统中的增熵因子与负熵因子之间处于一种均衡的稳定状态，[2] 随着外部环境的变化，比如事故安全事件、贪污腐败事件、管理不善以及自然环境恶化等熵增因子的增多，系统内部的破坏性能量开始积聚，系统用于维持稳定的负熵因子（组织协同、信息畅通、人力、财力等）开始显露疲态，导致系统内部秩序出现紊乱现象，社会自组织的功能大幅度减弱，整个城市群体系开始动荡。在熵增因子不断累积让负熵因子到达临界点后，即便是一些极小的扰动因素都会引发城市群突发公共事件，并最终造成城市群社会系统出现脆性断裂现象。当城市群突发公共事件爆发后，社会组织系统会试图对其进行修复，即城市群系统中的负熵因子开始自行激发出新的人力、财力、技术以及组织的协同重组，通过这种协同效应来弱化熵增因子的作用，让系统得以重新回归平衡。就这一系列过程而言，我们要想让城市群系统在出现城市群突发公共事件后迅速回归平衡状态，就需要在应急过程中不断强化负熵因子，以此来达到控制熵增因子的目的。

四 城市群突发公共事件形成的脆性理论机理分析

基于复杂系统它的脆性主要用于某种状态的描述，即"在一个开放的复杂系统中，随着外部因素（比如信息流、物流、人流等）对系统内某子系统的影响不断累积，使该子系统出现崩溃。系统的连锁效应让其他子系统也相继崩溃，整个复杂系统随着崩溃现象的逐步扩大最终也面

---

[1] 陈伟珂、向兰兰：《基于熵及耗散结构的公共安全突发事件的过程分析研究》，《中国软科学》2007年第10期；邝茵茵、范冬萍：《公共危机管理的系统突现分叉机理及其启示》，《系统科学学报》2010年第2期。

[2] 李红霞、袁晓芳、田水承：《非常规突发事件系统动力学模型》，《西安科技大学学报》2011年第4期。

临崩溃边缘"①。其中，最先出现崩溃现象的子系统即为脆性源；在脆性源的影响下出现崩溃现象的其他子系统即为脆性接收者。值得一提的是，脆性接受者和脆性源并不具有唯一性。当城市群系统形成后，初期整个系统的层次结构十分简单，系统脆性也要明显弱于其自组织性，此时系统能够长期处于平衡状态；但是随着外部干扰因素的不断累积，再加上城市群系统的层次结构日益复杂，不同子系统之间具有更加密切的联系，系统的自组织性不断降低，而系统的脆性却在不断提高。一旦未能及时有效处理一些对系统的干扰问题，就可能引发大规模的系统故障。这种故障在城市群系统的连锁效应下持续扩大，最终使整个系统出现崩溃。

我们利用"多米诺骨牌模型"和"元胞自动机模型"这两大脆性理论中的经典模型来阐释城市群突发公共事件的演进过程。以"多米诺骨牌模型"为例，其中各骨牌分别代表城市群内的各城市，不同骨牌之间的距离代表城市群中各城市的联系紧密程度②。这里所说的"距离"并非单纯的两个城市之间的地理距离，同时还是整个城市群系统中两个城市在信息、物资、人员等方面的联系，比方说上海和嘉兴、南京这两座城市的距离相差较大，其中上海到南京的距离是上海到嘉兴的三倍之多，但两者在信息、物资、人员等方面的联系却远比上海和嘉兴密切，所以在多米诺骨牌模型中上海和南京的"距离"要远小于上海到嘉兴。在多米诺骨牌模型中，假设城市 A 持续受到各方面干扰因素的影响，当该城市的自组织性开始弱于其脆性后，突发公共事件就此爆发。若城市 A 的应急部门尚未妥善处理好该事件，此时这一事件的扩大效应和连锁效应会使事态进一步发展，并导致距 A 最近的城市 B 也迅速被波及。此时如果城市 B 的自组织性弱于城市 A 突发公共事件为之传递的能量，那么在城市 B 中也会出现突发公共事件；反之，如果城市 B 的自组织性强于城市 A 突发公共事件为之传递的能量，那么在城市 B 中就不会爆发该突发公共事件。当城市 B 受城市 A 影响也爆发突发公共事件后，城市 B 也会

---

① 韦琦、金鸿章、郭健、吉明：《基于脆性的复杂系统研究》，《系统工程学报》2004 年第 3 期。

② 韦琦：《复杂系统脆性理论及其在危机分析中的应用》，哈尔滨工程大学博士学位论文，2013 年，第 89 页。

通过城市群网络将能量传递到它的脆性接受者——城市 C 中,以此逐渐类推,最终导致城市群突发公共事件爆发。

利用"多米诺骨牌模型"可以有助于我们简化城市群突发事件的传播过程,即该类事件的传播是完全意义上的"一对一传播",但这仅仅只是一种理想情况。在很多实际情况中,城市群突发事件的传播还可能是"一对多"以及"多对一"传播的。为了更加深入地了解城市群突发事件的传播过程,笔者拟定使用"元胞自动机模型"。如图 7—2 所示,即为城市群突发公共事件传播的元胞自动机模型系统,其中脆性源为城市 A,由于脆性源受到内外部因素诱发后出现了城市突发事件,随后由于城市群网络结构的连锁性和扩散性,距离城市 A 最近的城市 B、C、D、E 也被"传染"了突发公共事件。此时这些被"传染"的城市是否也会爆发相应的突发事件完全取决于其自组织性 f,即城市 A 给 B、C、D、E 传递的"能量"大于各城市的自主性时,这些城市就会爆发突发公共事件;反之,若城市 A 给这些城市传递的"能量"小于其自主性时,则在这些城市中不会爆发突发公共事件。拿城市 D 来说,它作为城市 A 的脆性接受者,当城市 A 将其突发事件的"能量"传递给 D 后,城市 D 是否会出现突发事件不但取决于其自身的组织性和城市 A 传递的"能量",同时其周围的 E、F、J 对其的"帮助"也会影响到城市 D 中突发事件的爆发,即城市 E、F、J 对 D 的"帮助"加上城市 D 自身的自组织性比城市 A 传递给 D 的"能量"大时,城市 D 不会爆发突发公共事件;反之则会爆发。不难看出在元胞自动机模型中各城市群内的城市突发公共事件会按照状态转移规则传播。

复杂系统脆性理论很好地阐述了城市群中突发公共事件的转移和聚集问题。在整个城市群中一旦有城市受到诱发因素的影响,因无力抵御这些因素的攻击而引发了城市突发公共事件。由于城市群系统的网状结构会使该城市的相邻城市受到脆性感染。当这种脆性感染开始积聚到一定程度后,各相邻城市也可能引发类似的突发公共事件。可以说脆性是导致各节点城市特征变化的核心矛盾所在,在整个城市群系统中都会出现以脆性为核心矛盾的状态,即出现城市群突发公共事件。

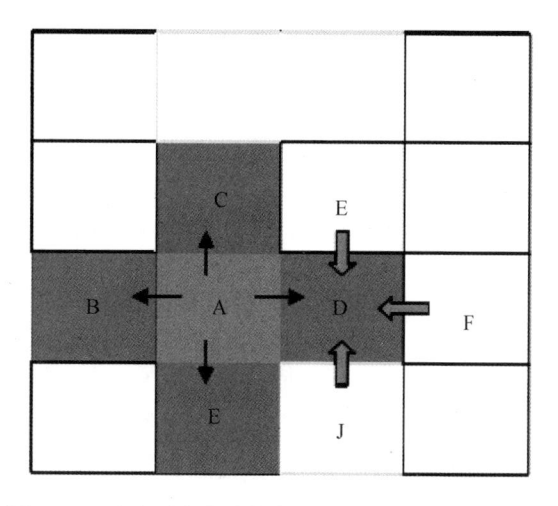

图7—2 城市群突发公共事件传播的元胞自动机模型

第三节 城市群突发公共事件应急协同治理模式的多维视角

城市群突发公共事件爆发之后,依靠个别城市的应急力量很难有效遏制事件的蔓延,此时就需要各城市开展彼此之间的协同应急活动,在这一过程中我们应构建一套行之有效的城市群突发公共事件应急协同机制。通过优化城市群中各城市应急资源的配置,实现节点城市之间的信息共享,形成城市群应急协同合力,才能有效应对大规模城市群突发公共事件。在一个城市群系统中,一旦有某个节点城市爆发了突发公共事件,此时应立即建立起一个以该城市为中心的协同应急系统,让该城市相邻的其他城市迅速参与应急活动中,快速遏制事态扩张,实现应急协同目标。

一 城市群突发公共事件应急协同多模式分析

(一)应急协同的构成要件

由于城市群系统的网状结构,使相邻节点城市之间的联系会十分紧密,再加上城市群空间分布上的广泛性,要求我们必须构建起一个多层次性的应急体系。以此来从整体上协同各方的应急行动,提高应急活动的效率和针对性。在城市群突发公共事件的协同应急过程中,应急通信设备、应急信息源以及应急系统的完备与否将直接影响到协同应急活动的效率。比方说,在无法建立起通常通讯的情境中,应急人员只得以开环指挥的方式来进行应急工作的安排。如果能够随时保持各应急节点的通信畅通,那么应急人员就可以通过闭环指挥来提高应急工作效率。所以,笔者认为应急救援组织协同的核心内容在于协同手段、协同决策、协同结构、协同目标以及协同对象。

(1)协同对象。即协同机制、应急组织设备、风险治理指挥者等实体协同对象。其中风险治理指挥者指协同应急的决策者,其主要职能是负责整个城市群应急救援活动的实施,应急协同的效果很大程度上取决于风险治理指挥者的认知能力。协同机制和决策主体等是协同活动的"软对象",应急组织设备等则是应急协同活动的"硬对象"。如果上述设备均十分完备,那么整个协同应急活动的实施就会变得非常容易。应急信息则是实现应急协同活动的重要依据,它为应急决策者提供了宝贵的决策支持,主要通过各类应急平台或数据库收集得到。协同机制是确保应急协同活动得以顺利实施的重要保障。(2)协同结构。即参与到协同应急活动中的各实体单元,它们是根据应急协同目标而构建起来的结构,每个协同结构均有各自的救援任务。在应急协同中,不同的协同对象需要按照相应的结构来承担各自的应急救援任务,所以不同结构的协同对象在整个协同应急过程中发挥出的作用和功能也是互不相同的。(3)协同目标。由最高应急者牵头制定的能够调动各个应急组织参与其中的目标即协同目标,比如最终需要达到的救援效果、人员伤亡必须控制在多少数量之下等。危机中需根据应急救援目标制定协同目标,这样才能凸显出协同目标的时间性。(4)协同手段。应急组织进行战术任务时要学会灵活地运用各种通信手段。工业时代流传至今的通信手段具有容易泄露通信内容、信息完整性缺失、通信时间长等缺陷,无法满足当代社会对信息的需求。在信息化时代背景下,应该充分意识到数据链技术在联合应急与应急救援行动中的重要性,通过在立体空间内构建用于处理和交换数据、信息的网络来维持流畅的通信,这样才能真正做到应急协同。(5)协同决策。应急者综合素质的好坏在很大程度上是可以通过其协同指挥能力反映出来的。实际上协同指挥考验的是指挥者认知和了解客观世界的程度，是一种典型的主观行为。

(二) 应急协同目标实现的要素阐释

在大数据时代背景下，中央及各级政府利用计算机和信息技术构建了完善的应急平台，使信息能够在城市群之间无障碍地交互，这为协同打下了坚实的基础。当某个城市的通信基础设施因突发事件的发生而无法正常运作时，就只能靠应急者以往的经验和自己的感觉、认知来进行决策和指挥，这种主观上的判断难免会影响协同指挥的效果。若此时能够充分应用网络和信息技术条件，那么协同的作用便会得到充分的体现。归纳起来，应急协同的实现需要优化多要素的条件。

1. 信息共享。进行应急协同的第一步就是信息共享，而且信息共享的手段多种多样。从地理条件上看，若协作单位之间位置相近，那么交换信息就是一件极其简单的事情。若情况比较特殊，协作单位之间应该事前通过约定或制定规则的方式说明交换信息的方式。比如"灯光"和"旗语"就是海军船舰之间相互沟通的方式，这种交流方式经过人们的约定和说明后成了一种国际惯例。若协同单位地理位置不相近，那么就需要考虑运用数据链、电子邮件、电话的方式实现信息的共享。由此可见，能否聚集一些有关危机的信息便是城市群突发公共事件应急管理的关键所在，这也是考验各个治理和参与主体智慧、协同合作能力的一个过程。只有在实现了信息共享的前提下，才能形成一种科学的协同决策机制，进而获得一个多主体、多层次的风险治理模式。

2. 知识共享。在应急协作单元决策中，知识共享扮演着极其重要的角色。一旦城市出现了突发公共事件，治理者考虑的首要问题就是怎样有效地获取、应用、传播和共享知识。各个协作单元在实现协同的过程中要主动分享知识，这样才能及时地应对危机，拉近城市与城市的距离，实现信息的高效传递。所以，应急领导者能否在危机治理中运用恰当的知识和方式带领城市应对突发公共危机，关键就在于是否有一个合理的城市群风险治理机制作为支撑。近年来，城市群交通网络因国民经济的再度腾飞而得到了进一步的完善。城市间互动频繁，实现了应急知识的共享，此时建立一个健全的城市群应急知识管理系统是相当有必要的。如此一来，就能充分发挥城市应急知识管理系统在城市群应急体系中的价值和作用，消除城市之间的信息孤岛，能够使各个城市尽快针对发生了突发事件的城市作出反应，满足应急管理决策者对各方面信息的需求，如交通状况、通信损失、灾害等级、医疗条件、应急资源储备等方面的信息，进而更好地进行指挥和协同。在城市群应急知识管理系统的支撑下，应急领导者的执行效率会得到进一步提升，下级部门执行命令的力度也会得到改善，这对于协调各城市完成应急救援活动而言意义重大。

城市应急知识管理系统、城市应急协同、城市信息共享与交流平台是城市群应急知识管理系统的重要组成部分。城市与城市之间可以利用城市应急知识管理系统提供的信息共享和传递渠道了解和掌握突发灾害事件发源、发生、发展和消亡全过程的信息，通过借鉴和参考某城市应急管理知识经验，丰富自己的应急管理知识库，这样才能强化自身抵御城市治理风险的能力。

3. 态势共享。城市突发公共事件发生后各个应急组织能够清楚地知道彼此应该具有何种协同和同步程度，这种默契和感知就是态势共享。态势共享的实现是建立在信息共享和知识共享的基础之上的。内容单一、目标不明的应急救援行动只会影响各个应急组织对同步行动的认知，度量态势共享基本上是不可能的，通常会采用问询和观察的方式来间接地进行度量。如前文所述，要实现每一项信息的价值，就必须进行共享，而共享信息最终的走向就是实现态势共享。从形式、内容和层次三个方面来看，共享信息会逐渐从听觉信息、信息领域和技术问题上逐渐延伸到多元感官信息、认知领域以及文化问题上。

（三）城市群突发公共事件应急协同的多模式构建

在应急组织体系中，政府之间的协同效果基本上是由政府间的行政关系决定的，故而在构建城市群突发公共事件应急协同模式之前应该先对我国城市群中各个城市之间的行政关系进行梳理和明确。通过梳理可知，"横向主导"和"纵向主导"是我国城市群政府比较常见的两种行政关系。其中，横向主导模式即各城市政府行政等级相同，他们会通过平行合作的方式共同治理城市突发公共危机事件；纵向主导模式以中央或省级政府作为主导者，行政命令逐层传递，由各个城市政府进行执行。目前我国采用的是一种以横向主导模式为主的城市群跨域应急管理协调合作机制。

城市突发公共事件中，由中央牵头组建的城市群突发公共事件应急组织通常采用纵向应急协同模式；由中心城市牵头组建的城市群突发公共事件应急组织一般采用"主导—参与"型的横向应急协同模式；由重灾城市牵头组建的城市群突发公共事件应急组织采用的则是"支援—协作"型横向应急协同模式。通常情况下，"平行—协作"模式是城市群突发公共事件应急组织最常见的一种应急协同模式。我国现行政府主要是根据职能分工的原则选择合适的应急管理模式，这种管理模式强调的是管理职能与各行政区域及其层级的匹配，具有"属地管理、分级负责、分类管理"的特点。在城市突发公共事件背景下，各个城市各自行使自己的治理职能，很容易出现多头管理、重复管理的现象，这不但会影响危机治理效果，而且治理过于碎片化也会在无形中增加跨区域治理的成本。所以在构建应急组织体系之前，要针对应急管理现状和特点，整合现有协同模式的优势形成一个横向沟通、纵向联结的应急协同机制，这样才能形成治理合力进而实现应急协同目标。

二 基于权威的集中式纵向应急协同治理模式

我国通过充分吸收2003年"非典危机事件"的经验和教训，逐步确立了以"一案三制"为主导的应急管理体系。该体系充分肯定了"一案三制"在应急管理中的地位，同时也实现了政府行政管理资源的优化分配，使各层级政府及相关部门处于一种协同合作的状态。众所周知，不确定性和突发性是突发公共事件最为显著的特征，危机的来临增加了各方获取信息的难度，此时就需要各层级政府部门联合起来，共同制定初始应急目标，通过协调各方资源、技术和人员，实现危机信息的共享。当前我国采用的是纵向协同或横向协同这两种应急协同模式。

纵向协同模式就是各个级别应急部门通过对辖区内各方应急力量和应急资源进行规划来实现应急协调的一种治理模式。在这种模式下，地位最高也最具有话语权的是总指挥部。纵向模式是我国应对突发公共事件首选的协同模式。比如，汶川2008年发生地震之后，政府就构建了纵向协同的应急体系，效果显著。现阶段，我国应急机构主要划分为"中央级""省（直辖市）级""地（市）级""县级"四个层次，层次划分与行政层级相对应。当突发公共事件爆发时，政府首先会构建一个纵向协同应急系统。然而，我国突发公共事件应急体系协调性不足，过去应急体系过于强调灾种、部门、地区等因素导致应急协调效果差、应急效率低下的现象。所以，构建一个常设性、实体性、统一性的应急组织体系来指导应急资源的划分和应用是相当有必要的，这也是完善突发事件应急体系的必由之路。

通常纵向应急协同模式主要具有以下特征：第一，各层级应急关系明确且具备完善的应急要素。发生突发公共事件之后能够在第一时间成立应急指挥部进入协同状态，通过汇总应急信息明确各个协作单位的职责，指导协作单位选择恰当的应急方法和手段，确保应急目标的实现。第二，明确应急指挥部权限，统领各参与部门。由于行政层级与纵向应急组织体系相匹配，故而一切应急行动都要听命于总指挥部。第三，以分散式行动和集权式指挥作为主要的应急方式。第四，应急技术的应用有所保障。全国上下的应急资源由中央层级的应急总指挥部负责统一调配，合理有序。第五，具备极强的应急控制能力。由于事先明确了各层级应急指挥部的权责，因此各级应急者能够从容地控制所属应急单元。

基于这一模式的特征，我国政府未来会建立一个涵盖中央、省、市三大级别的应急组织体系，以充分发挥纵向应急协同模式的作用。通过成立国家级别的应急中心，可以很好地协调我国的突发公共事件的应急；通过建立省、市两级应急机构，能够协调各个层级的指挥权和层级间的关系，而且由最高层级应急中心进行统一管理，能够很好地避免应急资源的浪费，可以加快应急反应速度。加上总指挥部与现场应急部在应急组织指挥体系中彼此独立又相互扶持，这种一元指挥模式能够更好地协调各级各类应急组织指挥机构之间的配属和组织结构关系，能够使应急管理工作有条不紊地进行。

三 基于协商的分散式横向应急协同治理模式

各职能部门在同一应急层级中按照某种协调细则和原则开展应急救援工作的模式称为横向协同。在开展救援行动时，这种模式的特点就是各部门配合默契而且分工明确。我国横向应急协同模式最典型的实践案例就是2008年南方的冰雪灾害。2008年，我国四川、贵州、湖南、安徽、广西、江西、湖北等地区均遭受了不同程度的冰雪灾害。这些地区是我国人口稠密的地区，拥有较多的城市群，也是物资运输、交通和电力的重要通道。灾害恰好发生在春运前夕，导致数十个机场、数十条高速公路和铁路干线处于瘫痪状态，由此引发了一系列的社会问题，诸如交通拥堵、人员滞留、物价暴涨等。雪灾发生之后，受灾范围和损失随着灾害持续时间的增长而不断扩大，整个灾害表现出了明显的动态性，甚至还出现了衍生灾害、次生灾害，最终演变成了全国性的灾害，对我国和人民造成了不可估量的经济损失。

中央层面在灾害发生的第一时间成立了由 1 名指挥长、1 名副指挥长、1 名办公室主任组成的国务院油电煤运和抢险救灾应急中心，中心负责对相关职能部门的救灾抢险任务进行分配，包括铁道部、气象局、公安部、交通部等。灾害期间，省级政府可以直接采用中央层面和国家有关部门的应急协调方案。灾害结束之后，通过回顾和总结不难发现，本次灾害应对在应急协同方面还有许多亟待改进的地方，其中以综合性应急决策、协调机制以及指挥组织机制的构建和改进最为迫切。同时，应急行动一旦涉及多个主体就必须要明确总指挥，否则会出现重复管理、多头管理的现象，这十分影响应急协同的程度。

横向应急协同模式不同于纵向协同模式，其具有以下特征：第一，各层级应急关系比较模糊，但应急要素齐全。发生突发公共事件之后，也能合理调度应急对象，实现行动命令由上至下的传递。第二，不同参与部门之间的管理关系处于一种"条块分割"的状态，应急权彼此独立，故而导致彼此之间的协作关系比较模糊。在应急管理过程中，部门职能是建立横向应急组织体系的重要依据，所以应急行动必须与部门职能相挂钩，这难免会影响部门之间的应急联动程度和效果。第三，各部门服从性比较低，指挥部可能形同虚设。第四，无论是指挥还是行动都表现出明显的分散性，应急控制水平偏低。

从主导者发起角色看，横向主导协同模式主要有以下情形：首先是"主导—参与"模式。该模式的发起者为城市群的中心城市，参与和协同者为其他城市政府，中心城市一般是城市群中比较具有影响力的大城市，数量一般维持在 1—2 个，这些城市正是凭借自身的影响力成为牵头构建城市群突发公共事件应急组织的主导。其次是"支援—协作"模式。这一模式的发起者为重灾城市，协同和参与者为其他城市政府。再次是"平行—协作"模式。这一模式的发起者和协作者均为城市群内各个城市政府，此模式开展应急管理工作的原则虽为属地分散管理，但这并不影响彼此的协同程度。

第四节　城市群突发公共事件协同治理的实现机制

一国重要战略的实现与城市群区域的安全休戚相关，那些具有较强竞争力的区域往往都比较安全，所以维持城市群生态环境安全，构建社会主义和谐社会的重要路径之一就是构建城市群突发事件协同治理机制。实践中要以系统学为指导，设计一个健全的城市群突发事件协同治理机制，然后从不同层面对城市群突发公共事件管理体系进行完善。

一　协同视角下城市群突发事件治理的机理阐释

（一）城市群突发事件协同治理的内涵界定

20世纪70年代，时任斯图加特大学教授的赫尔曼·哈肯归结合自己多年的物理研究经验率先提出了协同的概念，协同学是一门研究新型的综合性学科，通常用于研究外部参量与系统、子系统之间的相互关系和作用。[1] 在公共生活领域，协同治理的含义就是通过综合运用信息、行政、法律、舆论、知识、科技等手段构建一个具有开放性、整体性、多治理主体的治理系统。该系统内各个子系统、各个要素共同作用、相互协调，具有极高的协调性，具有整合和增值力量的功能，是治理社会公共事务，维护与保证公共利益的重要手段和路径。[2] 随着时代的发展，城市群中各个城市之间的往来日渐频繁，加之人口、资源以及生产要素的频繁流动，使这些城市的经济和社会系统极易因突发公共事件的爆发而陷入瘫痪。只要城市群内某个城市遭遇重特大灾害事故，其余城市也会广受牵连，甚至影响到另外一个城市群，所以区域内各级政府和社会组

---

[1] H. Haken, Synergetics of Brain Function, *International Journal of Psychophysiology*, Vol. 60, No. 2, 2006, pp. 110 – 124.

[2] 张立荣、冷向明：《协同学语境下的公共危机管理模式创新探讨》，《中国行政管理》2007年第10期。

织需要随时保持协调和联动的状态，这样才能提升整个城市群抵御和应对突发公共事件的能力。通过整理和阅读 Kapucu（2012）[1]、沙勇忠等（2010）[2]、刘伟忠（2012）[3] 等学者的研究成果可得知，政府、媒体、企业、非政府组织、公民等城市群内参与突发事件治理的主体利用网络、信息等现代科技手段，相互协同合作，在突发事件各个发展阶段内开展系列性预防与控制活动，降低突发事件危害与保护公共利益的过程就称为城市群突发公共事件协同治理。

（二）城市群突发公共事件协同治理的当代价值

近年来我国政府城市群突发事件公共协同治理成绩很大，也在建设城市群突发公共事件协同治理机制的过程中实现了应急资源和社会力量的整合，各城市管理和服务水平有了质的飞跃。政府预防和处置突发事件的能力的提升亟须构建完善的城市群突发公共事件协同治理机制。

首先，有助于强化应急能力和提升城市群管理水平。城市群是我国科技文化的主要创新区域，也是经济社会发展和消除城乡差距的重要纽带。一国重要战略的实现与城市群区域的安全休戚相关，那些具有较强竞争力的区域往往都比较安全。但实际上城市群之间协同程度严重不足，这严重弱化了政府突发公共事件的管理能力。众所周知，城市的发展是建立在城市环境相对稳定的基础之上的，若基础都无法做到稳定，城市群也无法健康地发展。城市群的社会稳定难以单个城市的社会稳定，前者涉及系统和协同的问题，要求我们立足于整体统筹兼顾[4]。各级政府在应对城市群突发公共事件的过程中要坚持贯彻科学发展观和统筹观，要考虑事件的整体性而科学规划，这样才能根据事件的发生源头和原因采取恰当的治理方式尽快解除危机，进而实现社会的长治久安。

其次，有利于城市群和谐发展和国家的长治久安。应急管理体系是我国"十三五"的重要内容之一，要求各级政府要构建与城市群发展水

---

[1] N. Kapucu, Disaster and Emergency Management Systems in Urban Areas, *Cities*, Vol. 29, No. 1, 2012, p. 41.

[2] 沙勇忠、解志元：《论公共危机的协同治理》，《中国行政管理》2010年第4期。

[3] 刘伟忠：《我国协同治理理论研究的现状与趋向》，《城市问题》2012年第5期。

[4] 伍洪杏：《长株潭突发事件的应急联动体制机制研究》，《湖南商学院学报》2011年第3期。

平相适应的突发事件应急管理体系，维护国家和人民的生命健康财产安全，实现社会的长治久安。目前我国各个城市群发展态势喜人，为进一步强化这些城市预防和治理突发公共事件的能力，建立传统方法与现代手段相结合，主动防控与应急处置相融合的公共安全体系是很有必要的。而且随着世界经济一体化进程的加快，社会各界对社会安定、安全、稳定的要求会越来越高，城市安全将成为衡量城市群发展水平的重要依据和指标，也是构建和谐社会所必须考虑的问题。以 SARS 事件、汶川特大地震、南方雪灾等突发公共事件为例，这些事件不但严重阻碍了我国构建和谐社会的进程，而且还给人民留下了难以忘怀的惨痛经历。因而，政府预防和处置突发事件能力的提升亟须构建完善的城市群突发公共事件协同治理机制。

再次，有助于积极推进国家战略和国际竞争力的提升。一批具有辐射和带动能力的城市群已经列入我国"十三五"规划，党的十九大也明确指出了城市群的规划、布局与发展。这从侧面间接地反映出城市群除了是经济社会发展的空间形态之外，也是国家参与国际合作与竞争的综合体、集合体。以此类推，未来我国实施城镇化发展战略时也会格外重视市群的作用，无数实践已经证明了城市群区域协同发展在强化国家竞争力、实力以及现代化进程中的重要性，如《黄河中游四省（自治区）应急管理合作协议》的出台，《泛珠三角区域内地 9 省（区）应急管理合作协议》的筹建，长株潭城市群《应急总体预案》的实施，《长江三角洲地区区域规划》的实施等。当国家战略实施到一定程度时，各级政府也要做好充分的准备工作，建立与城市发展水平相匹配的突发公共事件预警和治理体系。这样才能在此体系的支撑和推动下，实现我国构建社会主义和谐社会的宏伟目标。

(三) 城市群突发公共事件协同治理的机理分析

负熵与正熵在组织形态未明确、制度缺失的情形下彼此作用形成的城市群突发公共事件协同治理多主体系统是一个独立的系统。随着正熵流的增加，系统只有从外界不断获取负熵流才能维持平衡。政府、媒体、企业、非政府组织、公民等主体在城市群突发公共事件治理中协同制定决策、使用信息和应急资源的种种表现就是协同正熵，它描述了系统有效能量转换、无效能量增加的全过程①。当城市群突发公共事件多主体系统的治理主体处于一种无序的状态时,说明系统并未在信息、能量和物质方面与外界进行有效的交换和互动,此时系统会出现协同熵增加的现象,整体协同效率也会大受影响。城市群突发事件治理多主体系统协同正熵函数 S^+ 可表示为:

$$S^+ = -H_A \sum_{x=1}^{n} H_x \sum_{y=1}^{m} p_{xy} \ln p_{xy}$$

在上述公式中:

H_A:玻尔兹曼常数,也称为协同熵系数;

P_{xy}:第 x 个影响因素中的子因素影响协同熵值变化的概率并且 $\sum p_x y = 1$;

H_x:影响突发事件治理多主体系统协同发展的各种因素权重;

x:影响协同熵增变化的各种因素条件如突发事件治理主体数目等,$x = 1,2,w,n$;

y:第 x 个影响因素所包含的子因素个数,$y = 1,2,\cdots,m$;

S^+:突发事件治理多主体系统内部不可逆过程产生的协同正熵。

对于一个处于非平衡、开放环境下的城市群突发公共事件而言,协同负熵就是系统在技术、人员、物资、能量、信息等方面随时与外界交换,使资源配置、应急决策、信息共享等协同运作得以顺利进行,此时系统有序度会随着其内部各种要素非线性作用的增强而增强,这种状态的函数表达式如下所示:

$$S^- = H_A \sum_{i=1}^{n} H_i \sum_{j=1}^{m} p_{ij} \ln p_{ij}$$

在上述函数式中:

H_i:突发事件治理多主体系统协同负熵影响因素的相对重要程度;

i:对协同负熵产生影响的各种因素,如组织结构的完善程度、法律的健全程度等,$i = 1,2,\cdots,n$;

---

① D. Bianucci, G. Cattaneo, Gucci. Entropies and Coentropies of Overings with Application to Complete to Incomplete Information System, *Fundamenta Informaticae*, Vol. 75, No. 1/4, 2007, pp. 77–105.

P_{ij}：第i个影响因素所包含的子因素影响协同熵值变化的概率，并且 $\sum p_{ij} = 1$；

J：协同负熵影响因素中第i个因素的子因素数目，$j=1,2,\cdots,m$；

S^{-}：突发事件治理多主体系统从外界环境引入的协同负熵流。

城市群突发公共事件治理多主体协同系统若处于一个相对开放的环境之下，那么按照耗散结构总熵变理论的内容来看，我们可以用$S = S^{+} + S^{-}$来表示协同总熵。若$S>0$，说明系统处于无序状态，此时各突发事件治理主体协同性较低，很难有效地治理城市群突发事件；当$S=0$时，突发事件治理状态没有明显的变化，整体趋于平衡，此时总熵值固定，协同正熵与负熵相等；当$S<0$时，系统处于有序状态，而且系统会维持与外界交换能量和物质，此时各主体之间的协同性大大提升，协同效果会有所提升。所以，在城市突发公共事件治理多主体系统运行过程中，要时刻了解和把握协同正熵的出现和变化，同时还要学会运用协同负熵来抵消正熵，这样才能使系统处于一个相对有序和稳定的状态。

二 城市群突发公共事件协同治理的运行机制

新形势下构建配套的城市群突发公共事件协同治理的运行机制，如构建健全的城市群突发事件预警和技术保障机制、构建科学的城市群突发事件应急决策机制、打造畅通的城市群突发事件信息传播共享机制、建构充足的城市群突发事件资源保障机制、建立健全完善的城市群突发事件法律法规机制等内容，是维持城市群突发公共事件管理系统高效运作的前提条件。它有助于理解把握城市群突发公共事件整个过程的演化路径，也有利于提升城市群突发公共事件应急决策的效率和水平。

（一）构建健全的城市群突发事件预警和技术保障机制

预警机制其实际上就是负责对城市群突发事件进行相应的监控，以期达到尽可能降低城市群突发事件引发损失的目的。依据社会燃烧理论分析，城市群突发事件实际上就是社会系统从初始状态量转向之后的质变、从高秩序转向低秩序退化、从有序转向无序并最终引发突发性危机事件的过程。实施应急预警的原理其实际上就是对可能产生城市群突发事件的因素进行监控，并及时做出相应的预警工作。基于城市群突发事件在起因上存在相应的差异,与之相应的监测手段与措施也会不同。对于主要与自然因素有关的这类城市群突发事件,一般是通过观测仪器来获取相应信息,并对这些信息进行分析与统计,然后结合分析结果开展相应的监控工作。同时还需要结合监测情况与这类事件的历史规律等进行相应的分析,分析结果需适时告知社会公众,便于公众能及时做好相应的防范准备工作。如果是基于人为因素引发的城市群突发事件,则需要对这些社会矛盾等问题进行综合研判,重点分析存在的问题并收集引发城市群突发事件的相关信息。通过分析并在此基础上开展相应的评估工作,为有关组织或个人提供相应的警示作用。除此之外还需要注意的问题是,城市群突发事件预警机制还需要列举未来可能发生的城市群突发事件,进行分类与分析并做好相应的准备工作。如针对城市群突发事件的研判已经在危机警戒线之上,因情况严峻必须及时进行汇报。有关专业机构在收到这些汇报信息之后,需要及时对城市群突发事件进行评估以及启动相应的应急预案。

技术保障是城市群突发公共事件应对机制维持良好运作状态,合理应用应急资源的技术基础。治理实践中,备份技术保障、通信技术保障、检测技术保障、信息技术保障、监测技术保障等都属于技术保障的范畴[1]。一般可以采用以下几种方式来构建具有层次性的先进城市群区域应急指挥技术平台:一是要抓紧开发和研制公共安全指挥调度、装备保障、预防和预警等基础手段,并坚持优化和改良技术与设备。二是在城市群区域突发公共事件管理指挥中心内广泛地引入地理信息系统(GIS)、卫星遥感(RS)和全球定位系统(GPS)等先进的技术,使城市群之间能够不受时间和地域限制地获取监测数据。改变城市群部门内部获取数据和信息渠道过于单一的现状,建立相关的数据使用机制,这样才能在突发事件发生的第一时间获得重要数据和信息。三是为了避免突发事件引起一系列的连锁反应,需要尽快利用云服务体系的计算、存储、采集和分析功能,以及物联网技术转化治理的成果,这样才能切实提升城市群突发公共事件管理平台的存储能力、计算能力、安全性、稳定性,充分

---

[1] 陈安、上官艳秋、倪慧荟:《现代应急管理体制设计研究》,《中国行政管理》2008年第8期。

发挥在线应急分布式并行存储、时空数据管理、集群计算等功能。

(二) 构建科学的城市群突发事件应急决策机制

城市群快速对策选择的过程即城市群突发公共事件应急决策，它是对突发公共事件快速反应的核心环节。高质量的应急决策是应急管理的有效方式：第一，决策方式的集中统一。在城市群突发事件的处理上，决策指挥领导必须具备快速的应对能力。制定处理城市群突发事件对策的实力最能反映决策者的智慧与品质。显然，随着社会越来越复杂化，民主化也随之不断推进与深入，处理城市群突发事件时制定决策环节在遵从集中性原则的情形下需要考虑到更大范围内管理者的想法与建议。例如专家快速询问方法，迅速综合专家与决策者两方的建议，有利于做出合理正确的决策，规避个人想法的主观性以及帮助核心决策队伍分担压力，从某种角度来说，也意味着决策的民主科学性的深入。第二，信息传递的及时准确。从信息动态性层面来分析，决策的本质就是将信息转为行动的步骤。若是事件涉及人与决策人间缺乏信息传递的话，就不可能分析事件及其造成的结果，就难以制订合理的方案；制定行之有效的解决措施在很大程度上取决于信息的获取与信息反馈。众所周知，城市群突发公共事件波及较大的范围、社会影响力，基于此，突发公共事件的相关信息实时传递显得尤为重要。事件的进展状况、政府的态度与行动等微宏观信息对公众来说应该是透明的，公共应该享受到获取全面、可靠信息的权利，防止造谣生事以及不良言论的快速扩散。第三，决策目标的灵活可行。应急情形的特殊性决定了城市群应急决策人在确保策略行之有效的情况下应当尽量做到简化与富有弹性。突发策略的指示会跟随事物的发展变化而改变，决策者的解决措施应当做出相应的调整与改进，也就是说需要具备随机应变能力，按照事物发展动态、外界旁观者的态度、治理可利用到的资源等信息来制定满足需求的目标。决策的首要任务是遏制事态的进一步恶化与事件的扩散，此时决策方一般都是依靠经验与感觉来制定决策。普遍来说，在决策环节上，因为情况十分紧急，在多种决策面前只能将最具权威性的决策作为最终结果。第四，决策方案的动态权变。城市群应急决策的外界环境具有高度的不确定性，如后果严重程度的不确定性、主观认识的随意性和势态的扩散性。决策所具有的未知性、不确定性及任意性等可变特点，它要求决策者具备很强的随机应变能力且能够充分地提炼出有用的对策方案。

构建科学的城市群突发事件应急决策机制，可从以下几方面进行着手完善。

第一，构建城市群突发事件应急决策中枢系统。要在每个城市建立一个决策机构且配备有专业素养的人员，相应的人员在这个机构中都有明确的分工，确定其责任和权利并对其进行统一领导。通过这个机构对城市群突发事件进行应急处理。在建立机构的同时还要不断选拔人才，并加强培训进而让所有机构组成人员都能够在自己的岗位上胜任，在遇到城市群突发事件时不出现慌乱现象即能够及时处理。第二，建设决策信息系统。当前社会很多方面都已经开始进行信息化建设，而城市群突发事件往往更需要快速进行信息的传递和沟通。因此，需要建立信息系统进行数据的存储、整理以及信息的传递。如当出现某一个城市群突发事件时可以通过查找过去的资料，发现以往处理方法并从中获得相应的经验，在此基础上提升类似事件的应对效果。第三，建立决策技术平台。应该构建决策咨询机构对所有城市群突发事件进行整理工作，研判城市群突发事件并将该案件具体情况如何进行处理、相应处理效果全部记录下来并形成一个"案例库"。与此同时建立决策技术平台存储以往的案例，决策机构通过平台进行互通和工作，将人工智能、运筹学等技术融入平台中，辅助工作人员开展工作并提高工作效率。第四，完善应急决策环境系统。应急决策环境好的情况下可让城市群突发事件处理得更加顺畅，并对城市应急决策环境系统进行优化。需要建设与完善城市群突发事件应急决策的相关配套措施。与此同时还需要建设与完善决策相关法制以及社会参与机制等，为构建城市群突发事件应急决策创设良好的决策环境系统支持。

（三）打造畅通的城市群突发事件信息传播共享机制

信息保障可以避免城市群突发公共事件管理过程中出现信息传递不畅、重要信息外泄的问题。负责治理城市群突发公共事件的主体对信息的需求十分旺盛，这些信息是其制定治理决策的重要依据，也是向人民反馈治理成果的载体。通过建立现代化的信息管理系统，能够使突发事件管理指挥中心和突发事件管理主体第一时间获得一切有关突发事件的数据、资料和信息，有利于治理主体调度和集成各城市群之间的资源。

有了关键数据作为支撑之后,就能通过筛选和分析,获得对制订治理决策与方案有用的数据和信息。治理实践中,考虑到治理系统内的正熵大都是因为信息不对称造成的,故而还要构建城市群区域突发事件信息沟通共享机制,用以控制正熵流。总之,城市群区域突发事件协同治理机制的健康运作是建立在流畅的信息沟通渠道之上的[①]。

首先,信息网络的建设需要治理主体灵活地运用各种先进技术,如无线、媒体、移动网络等。突发事件信息系统、指挥决策支持系统应该广泛地引入卫星遥感(RS)、全球定位系统(GPS)、地理信息系统(GIS)等技术,这样才能切实提升政府、公民、媒体、企业、非政府组织等多元治理主体之间的协同和依存程度。当发生城市突发公共事件后,为满足多元治理主体对事件全过程(发生前、发生中、发生后)的信息需求,构建一个联动的信息管理中心是相当有必要的,这也是预报灾情和控制事态的重要路径之一。

其次,建立一个高效传输和发布城市群突发事件信息的通道。为了满足城市群相关区域政府组织、公众、媒体、非政府组织、企业对突发事件治理和发展趋势的了解,需要准确快速地发布信息,维持通信的流畅,这一切都需要通过建立基础电信网络与机动通信网络相匹配、有线与无线相结合、多种路由共存的应急通信网络来实现。构建政府部门针对传媒与民众方面的相应城市群信息传播系统:(1)构建新闻发布制度。依托于政府信息平台与新闻媒体平台政府应结合需要构建顺畅化的信息渠道。在此基础上构建城市群突发事件预警报警主平台以及发布相关信息的主平台,使公众的知情权获得有效保障。(2)促使政府及相关部门的应急公关能力逐步提升。第一,注重与社会公众建立良好关系。使社会公众以及社会组织参与城市突发事件协同治理中发挥积极的作用。第二,借助媒体进行相应信息的传送,为社会公众提供真实且客观的信息,使城市群突发事件风险治理在透明度与民主性方面获得提升。第三,积极拓宽政府官员与社会公众之间的沟通交流渠道,有助于政府应急决策实现科学化与民主化。

---

① J. Li, Q. Li, C. Liu, etal, Community-based Collaborative Information System for Emergency Management, *Computers & Operations research*, Vol. 42, No. 2, 2014, pp. 116 – 124.

最后，为了进一步解决信息系统条块分割的问题，需要构建一个信息共享机制，实现信息在各个"条块"部门、行政单位之间的流畅传递。各城市要抓紧建设信息共享与沟通机制，尽快整合突发事件信息资源，这样才能满足多元治理主体事件信息的需求，有利于其了解事件治理和发展的动态，这也能够提升政府治理主体的公信力，从而赢得公众的支持、信赖与帮助。

（四）建构充足的城市群突发事件资源保障机制

合理运用和分配城市群突发事件协同治理的资源，以免系统内正熵流因应急资源供不应求而变大。系统状态从无序变为有序实际上就是一个从外部不断获取能量和物质的过程。资源保障的含义就是通过科学的设计和规划，合理分配城市群突发公共事件中的应急资源，使资源供需得以平衡。当城市群内某个区域发生了突发公共事件之后，其余区域的治理主体会通过统筹规划，统一将应急资源调至事件发生地，此时资源呈现出了极强的协同流动性，这可以很好地满足事件发生地对于应急资源的需求。城市突发公共事件发生时，抢险救灾、安置灾民考验的是城市群应急资源的储备能力，只有事前做好充足的准备，才能开展好危机治理和抢险救灾工作。治理实践中，资金保障、物资保障和人力资源保障都属于应急资源保障的范畴。

1. 人力资源保障。人力资源保障指以专业性职能部门为主体（如军人、卫生、公安、防汛、消防、武警等），以各种社会组织为辅助（如非政府组织、社会团体、志愿者、企业等）的突发事件应对人才资源体系。从某种角度来看，城市群突发公共事件预防和治理效果的好坏在很大程度上与应急人力资源的充足程度及其整体素质休戚相关。现阶段，人力资源结构不科学、储备短缺、素质偏低已经成为我国城市群突发公共事件管理中面临的主要人力资源问题。未来可以从以下三个方面入手建设一支合格、优秀的城市群专业应急人力资源队伍。

第一，针对城市群突发公共事件管理部门和大型高危企事业单位的特点建设配套的培训体系。应急决策的水平与决策人员预防准备意识、责任意识、危机意识密切相关，需要通过培训学会在日常工作中积累经验。严格来说，那些能够在突发公共事件发生后迅速组织开展管理和救援工作的管理者往往都具备较强的危机应变、承压以及承受能力，这些能力的养成很多是通过参与培训活动实现的。可见，要充分挖掘我党和政府应对风险的能力，就要培养一批专业技能过硬、战略眼光独到的应急管理人才。第二，加大建设专家数据库以及各种层次和地区专业人才库的力度。一方面，要本着切实改善城市群突发公共事件管理应急决策水平和实施绩效的宗旨，培养一支技术知识过硬、经验丰富且跨部门的专家队伍，发挥他们在应急管理中的聪明才智。另一方面，要通过培训，使应急专家队伍的整体水平得到提升。联合科研机构、高等学校，面向专业应急队伍中各类专家提供有针对性的培训服务，使武警、公安、防疫、防汛、消防等专家的应急管理能力得到强化。第三，鼓励民众参与志愿者应急队伍中。一方面，要以学校、企事业单位、社会团体为纽带，建立社会应急动员机制，使更多人自愿参与应急管理活动中，成为应急志愿者；另一方面，政府要面向应急志愿者提供各种支持和帮助，如人身保险、培训、设备、物资等。

2. 物资保障。任何有利于城市群突发公共事件预防、救援、恢复工作的设施、装备和物资统称为应急物资。城市群突发公共事件应对机制能否发挥作用与应急物资的充足性相挂钩，一个充沛的应急物资保障体系需包含以下内容：第一，具备完善的城市群区域应急物资储备制度。应急资源储备既为当地经济的发展提供了物质基础保障，又是处置突发公共事件时必须使用的物资。城市群除了要拥有充沛的救灾物资之外，还要主动联系企业，获得企业的支持，确保物资储备始终处于最佳状态。另外，为了实现物资在各个城市群横向、纵向、内部和外部之间的调配，还要建立一个供不同城市调配物资的渠道，通过调配，满足救灾抢险对物资的需求。不仅如此，还要构建城市群区域应急资源的补偿和补充机制。资源总量会随着事件的推移而逐渐减少，为保障下一次危机爆发时依然有足够的物资进行应对，危机结束之后需要对物资进行及时的补充，同时明确补偿的方式、范围和标准，这样才能为应对新危机做好充足的准备。

3. 资金保障。突发公共事件管理过程中的捐赠、保险、金融、财政均属于应急资金。城市群突发公共事件管理体系的运作除了需要充沛的物资作为支撑之外，还需要足够的资金作为保障。城市群应急处置专项资金主要用于应急科研、救济补助和安置灾民、现场救援、应急指挥协调、日常危机管理、紧急生产启动等方面。通过建立政府投入与社会投入相结合的城市群突发公共事件应急防范基金可以很好地提升城市应对城市群突发公共事件的能力。

首先，为了防止突发事件管理资金出现缺口，需要进一步加大政府在防范突发公共事件方面的财政投入力度。政府应该本着"满足需求且不浪费"的原则将应急处置专项预备金纳入财政预算体系。其次，要建立多元化的应急资金筹集渠道，实现信贷、保险、财政、捐赠的融合。一方面，政府要做好表率作用，积极投入资金；另一方面，要利用各种渠道实现筹资、融资，充分发挥非政府慈善组织、民间组织、市场的力量。最后，要管理和监督好应急资金，做到专款专用，并公开资金使用情况，这样既可以预防贪腐，又能增加政府公信力。当前最可行的做法就是由政府出面利用财政资金的杠杆效应来整合社会资金，不断挖掘新的筹资渠道，保证抢险救灾中源源不断的资金支持，这样才能强化城市群应对突发公共危机的能力。

（五）构建完善的城市群突发事件法律法规机制

通过立法保护城市群突发公共事件管理的主体权利、国家和公众利益，可以使整个城市群突发公共事件管理工作朝着规范、有序的方向发展。在维持突发公共事件管理良好运作层面，法律保障起到了至关重要的作用，是城市群区域和谐发展必须关注的问题。作为外部控制参量的法律法规明确了各治理主体之间的关系以及行为模式，任何治理子系统都必须在法律范畴内行动。一方面，国家可以通过出台立法的方式对城市群突发公共事件治理主体的职责进行明确。比如，目前应该尽快对2009—2013年出台的《泛珠三角区域内地9省（区）应急管理合作协议》《长江三角洲地区区域规划》《黄河中游四省（自治区）应急管理合作协议》进行补充和完善，并尽快出台《城市群区域突发公共事件应对合作程序》《城市群区域和做法》等配套法规，这样才能为城市群突发公共事件的治理创造一个良好的法律环境。另一方面，构建配套的激励和监督制度。要激发突发事件治理主体的能动性，就要为他们创造良好的物质和资金条件，使之能够顺利地开展各种治理活动并将活动成果与回报相挂钩。同时还要利用外部监督的力量，如公众监督、媒体监督和司法监督来发挥纪委、巡视组的监督职能。

构建完善的城市群突发事件法律法规机制应该把握好以下几个层面：第一，出台城市群突发公共事件状态管理法。目前只有尽快出台和完善突发公共事件管理办法才能彻底解决多元管理者权责不明的问题。一方面要将有关城市经济状态的条文纳入宪法体系中，构建确认和宣告突发事件状态的制度，使城市群突发事件状态的程序、适用条件和含义得以明确。另一方面要基于法律明确政府、媒体、非政府组织、企业在紧急状态下的权利和义务，这样才能使所有的管理活动都做到有法可依。第二，明确城市群突发公共事件中各个城市的职责。制定和下发《城市群互救协议》《城市群突发公共事件管理合作协议》，成立专门的城市群安全委员会。未被灾难波及的城市需要及时向灾难发生地提供支援，否则将被视作未履行合作协议；要以法律的形式明确突发事件下应急救援、信息协同、惩罚措施、资源调度、利益补偿方面的内容，还要督促城市群内各个城市履行合作协议的责任，这样才能形成救援合理，同时才能使整个救援活动的开展朝着规范、有序的方向发展。

（六）建立完善的城市群突发事件监督与评估机制

对城市群突发事件风险治理监督机制进行完善实际上就是对风险治理工作流程进行全方位监督监察的过程。落实这些工作可从这几方面进行努力：第一，遵循统一调度原则。统一调度有助于防止出现城市群突发事件风险治理各部门各自为政的现象。第二，推行责任追究制与分级负责制。严格追究在城市群突发事件风险治理中出现的不作为与失职等行为，特别要追究负责人与第一负责人的责任，为风险治理中实现权责一致提供保障。第三，严控城市群突发事件风险治理中的信息流走向、资金流走向。同时还要掌握事态发展情况，为规范政府行为提供监督方面的相应支撑工作。

开展城市群突发事件风险治理还必须开展相应的评估工作。评估内容具体包括关于突发事件的影响和城市群突发事件风险治理工作的绩效等。（1）对城市群突发事件受害的范围、具体的受害人群以及相应的受害程度进行确认。（2）对城市群突发事件风险治理制定相应的应对规划、采取的具体管理措施、在资源配置方面是否做到合理与有效等进行评估。在完成评估之后则在今后开展的城市群突发事件风险治理实践中引入该评估结果。其一，可借助评估结果来加强市民安全方面的教育，促使社会公众危机意识实现提升。同时，在进行城市群突发事件风险治理中还需要把评估结果作为需要吸取的经验教训，促使城市群突发事件风险治理知识储备、应急管理技能不断丰富提升。① 其二，结合评估结果对城市群突发事件风险治理的各方面进行改进，其中包括组织设置方面、运行机制方面、人员配备方面以及管理方法等，还需要对应急预警系统与应急预案进行完善。其三，结合评估结果来对资源的储备方面及后勤保障工作进行改善，便于为应急工作提供坚实的物资保障。

---

① 吴江：《公共危机管理能力》，国家行政学院出版社2005年版，第104页。

附录一

城市突发公共事件风险治理初步指标体系

目标层	一级指标	二级指标	三级指标
城市突发公共事件风险治理	基本保障能力	社会、经济状况	经济发展水平
			社会发展水平
			基础设施规模
			城市科教能力
			城市管理能力
			社会安全水平
		法律法规与政策保障	法律法规执行情况
			法律法规完善程度
			地方法规有关应急管理规定
			地方法规有关应急管理延续性规定
		机构设置	指挥中心
			应急管理机构
			应急有关部门
			应急领导机构
			备用应急中心
			应急中心运行和组织
			应急中心设施
		人员保障	社会动员
			社会志愿者队伍
			相关部门应急队伍
			专家应急队伍

续表

目标层	一级指标	二级指标	三级指标
城市突发公共事件风险治理	基本保障能力	资源保证	应急专项基金
			装备保证
			技术储备
			物资保证
			应急管理和应急活动的开支
		应急预案	预案日常建设
			预案内容完备性
			预案启动能力
			预案完整性
		应急宣传、培训和演习	宣传教育
			培训计划
			公众教育
			新闻报道
			改进措施
			演习计划
			演习实施
			演习评估
			应急人员培训
	突发事件治理能力	预警反馈	第一时间灾情报告
			灾情信息预警反馈机制建设
			灾情信息预警反馈
			突发事件信息收集
			反馈机构工作效率
		危机控制能力	危机情况法规建设情况
			控制危机进一步扩散
			紧急情况人员疏散
			舆论监督与正确导向
			辟谣与稳定民心能力
			突发事件信息通报
			突发事件信息分析能力
		应急反应速度与决策	政府部门信息分析时间
			危机信息传递时间

续表

目标层	一级指标	二级指标	三级指标
城市突发公共事件风险治理	突发事件治理能力	应急反应速度与决策	启动应急反应系统
			成立应急对策指挥部
			救援部门到达灾区时间
			早期危机评估系统的启动时间
			灾情对外发布时间
		现场指挥与协调	现场指挥与场外指挥协调
			现场指挥系统
			信息发布协调
			与上级部门的协调
			与社会资源的协调
			与当地驻军、武警的协调
			部门协调机制
			与周边相邻地区的协调
		居民应急反应	应用救助手段自救能力
			应对突发事件反应能力
			对灾害迅速辨识能力
			合作救助能力
			减少物质损失
		资源整合能力	与事件相关的专业研究能力
			专用物资交通运输保障能力
			危机事件处理国际合作能力
			相关应急小组调动能力
			社会团体及志愿者参与
			紧急物资生产与调拨能力
			紧急资金调拨使用能力
		维持社会秩序	危机事件中突发性政治事件防治能力
			危机中打击刑事犯罪能力
			危机事件中维护正常工作环境能力
			危机事件中维护社会治安能力
	善后处理能力	损失评价	人员伤亡情况
			财产损失情况

续表

目标层	一级指标	二级指标	三级指标
城市突发公共事件风险治理	善后处理能力	损失评价	对国民经济体系影响
			对 GDP 增长影响
			对相关产业影响
			对市场供求比例影响
		恢复重建	引导经济快速复苏
			恢复方案的制订与执行
			危机咨询援助
			事后的安置、容纳与失业救助
			运用国际经验和援助
			重建资金筹备能力
			灾后贷款
			社会保险赔付
			政府、社会救助
			心理复建
		事后补偿	征用物资与劳务的补偿
			抚恤与补助能力
			对相关人员和部门的奖励与惩处
		经验总结	事件控制及所采取措施的总结
			事件起因的调查情况
			应急管理体系的改善
			相关法律法规和政策的完善和改进
			应急预案的维护和更新
			危机处理案例库完善情况

附 录 二

不确定性情境下预警管理区间数量化表

风险指标		区间数					
一级指标	二级指标	[0, 0]	[0, 2]	[2, 4]	[4, 6]	[6, 8]	[8, 10]	[10, 10]
社会、经济状况	经济发展水平	最低	很低	低	一般	高	很高	最高
	社会发展水平	最低	很低	低	一般	高	很高	最高
	城市管理能力	最弱	很弱	弱	一般	强	很强	最强
法律法规与政策保障	法律法规完善程度	最低	很低	低	一般	高	很高	最高
	法律法规执行情况	最差	很差	差	一般	好	很好	最好
	地方应急法规	最差	很差	差	一般	好	很好	最好
机构设置	应急管理机构	最差	很差	差	一般	好	很好	最好
	应急中心设施	最差	很差	差	一般	好	很好	最好
	应急中心运行和组织	最弱	很弱	弱	一般	强	强	最强
人员保障	专家应急队伍	最弱	很弱	弱	一般	强	强	最强
	社会志愿者队伍	最弱	很弱	弱	一般	强	强	最强
	社会动员	最差	很差	差	一般	好	很好	最好
资源保证	物资保证	最差	很差	差	一般	好	很好	最好
	装备保证	最差	很差	差	一般	好	很好	最好
	技术储备	最差	很差	差	一般	好	很好	最好
应急预案	预案启动能力	最低	很低	低	一般	高	很高	最高
	预案日常建设	最差	很差	差	一般	好	很好	最好
应急宣传、培训和演习	宣传教育	最差	很差	差	一般	好	很好	最好
	培训计划	最差	很差	差	一般	好	很好	最好
	演习计划	最差	很差	差	一般	好	很好	最好

附录三

不确定性情境下预警管理梯形模糊数量化表

风险指标		区间数						
一级指标	二级指标	[0, 0, 1, 2]	[1, 2, 2, 3]	[2, 3, 4, 5]	[4, 5, 5, 6]	[5, 6, 7, 8]	[7, 8, 8, 9]	[8, 9, 10, 10]
社会、经济状况	经济发展水平	最低	很低	低	一般	高	很高	最高
	社会发展水平	最低	很低	低	一般	高	很高	最高
	城市管理能力	最弱	很弱	弱	一般	强	很强	最强
法律法规政策	法律法规完善	最低	很低	低	一般	高	很高	最高
	法律法规执行	最差	很差	差	一般	好	很好	最好
	地方应急法规	最差	很差	差	一般	好	很好	最好
机构设置	应急管理机构	最差	很差	差	一般	好	很好	最好
	应急中心设施	最差	很差	差	一般	好	很好	最好
	应急中心运行	最弱	很弱	弱	一般	强	强	最强
人员保障	专家应急队伍	最弱	很弱	弱	一般	强	强	最强
	社会志愿者	最弱	很弱	弱	一般	强	强	最强
	社会动员	最差	很差	差	一般	好	很好	最好
资源保证	物资保证	最差	很差	差	一般	好	很好	最好
	装备保证	最差	很差	差	一般	好	很好	最好
	技术储备	最差	很差	差	一般	好	很好	最好
应急预案	预案启动能力	最低	很低	低	一般	高	很高	最高
	预案日常建设	最差	很差	差	一般	好	很好	最好
宣传培训和演习	宣传教育	最差	很差	差	一般	好	很好	最好
	培训计划	最差	很差	差	一般	好	很好	最好
	演习计划	最差	很差	差	一般	好	很好	最好

附录 四

城市突发事件风险治理
应急处置指标体系分类图

应急处置环节	管理指标	指标分类（正/反向）	指标分类（定性/定量）
预警反馈	突发事件信息收集	正向指标	定性指标
	灾情信息预警反馈	正向指标	定性指标
	反馈机构工作效率	正向指标	定性指标
危机控制能力	突发事件信息通报	正向指标	定性指标
	紧急情况人员疏散	正向指标	定性指标
	控制危机进一步扩散	正向指标	定性指标
应急反应速度与决策	危机信息传递时间	正向指标	定性指标
	救援部门到达灾区时间	正向指标	定性指标
	灾情对外发布时间	正向指标	定性指标
现场指挥与协调	现场指挥系统	正向指标	定性指标
	现场指挥与场外指挥协调	正向指标	定性指标
	部门协调机制	正向指标	定性指标
居民应急反应	对灾害迅速辨识能力	正向指标	定性指标
	应对突发事件反应能力	正向指标	定性指标
	应用救助手段自救能力	正向指标	定性指标
资源整合能力	紧急物资生产与调拨能力	正向指标	定性指标
	专用物资交通运输保障能力	正向指标	定性指标
	紧急资金调拨使用能力	正向指标	定性指标

附录四 城市突发事件风险治理应急处置指标体系分类图 / 249

续表

应急处置环节	管理指标	指标分类（正/反向）	指标分类（定性/定量）
维持社会秩序	危机事件中维护社会治安能力	正向指标	定性指标
	危机事件中维护正常工作环境能力	正向指标	定性指标
	危机中打击刑事犯罪能力	正向指标	定性指标
	危机事件中突发性政治事件防治能力	正向指标	定性指标

附录五

城市突发事件风险治理善后处置指标 Bipolar 数量化表

风险指标		Bipolar 量化值						
一级指标	二级指标	0	1	3	5	7	9	10
损失评价	相关产业影响	最弱	很弱	弱	一般	强	强	最强
	对国民经济体系影响	最弱	很弱	弱	一般	强	强	最强
恢复重建	恢复方案的制订与执行	最弱	很弱	弱	一般	强	强	最强
	引导经济快速复苏	最弱	很弱	弱	一般	强	强	最强
	事后的安置、容纳与失业救助	最差	很差	差	一般	好	很好	最好
	危机咨询援助	最差	很差	差	一般	好	很好	最好
	心理复建	最弱	很弱	弱	一般	强	强	最强
	重建资金筹备能力	最弱	很弱	弱	一般	强	强	最强
	政府、社会救助	最差	很差	差	一般	好	很好	最好
	运用国际经验和援助	最差	很差	差	一般	好	很好	最好
事后补偿	抚恤与补助能力	最低	很低	低	一般	高	很高	最高
经验总结	事件起因的调查情况	最差	很差	差	一般	好	很好	最好
	事件控制及所采取措施的总结	最差	很差	差	一般	好	很好	最好
	风险治理案例库完善情况	最差	很差	差	一般	好	很好	最好
	相关法律法规和政策的完善改进	最差	很差	差	一般	好	很好	最好

续表

风险指标		Bipolar 量化值						
一级指标	二级指标	0	1	3	5	7	9	10
经验总结	应急预案的维护和更新	最差	很差	差	一般	好	很好	最好
	应急管理体系的改善	最差	很差	差	一般	好	很好	最好

附录六

"三全"思维疏解超大城市治理困境的思考和建议[①]

[报告要点] 一场来势汹汹的新型冠状肺炎疫情，在庚子年伊始、时序交替之时，从武汉向湖北迅速蔓延至全国，波及全球。习近平总书记在武汉考察新冠肺炎疫情防控工作时强调"要着力完善城市治理体系和城乡基层治理体系，树立'全周期管理'意识，努力探索超大城市现代化治理新路子"。这场全民参与的抗疫狙击战迫使我们深刻反思类似武汉等超大城市治理面临的瓶颈与困境：超大城市治理瓶颈、超大城市规划与空间发展难点、超大城市人口发展问题、超大城市环境困境、超大城市基层治理矛盾。"三全"思维推进超大城市治理的政策建议：一是全面实施超大城市全周期治理；二是全面推进超大城市跨界治理；三是全面学习超大城市基层治理样本。

一 当前超大城市现代化治理的瓶颈与困境

1. 城市是经济社会发展的主要载体和动力。相关研究预计，到2030年，我国城市化率将升至75%，增加2.2亿"新市民"。超大城市治理是城市治理普遍性与特殊性的统一体。从全世界来看，超大城市如何实现有效治理，依旧是一个久未解决的重大课题，亟待学者进行研究剖析。通过对超大城市治理的现实瓶颈的客观理性认识，为完善治理体系、提

---

① 附录六是本人上报上级政府部门成果要报的一部分，针对新冠疫情狙击战反思超大城市治理困境的思考和建议。

升治理动能提供必要的前提和奠定坚实的基础。

2. 超大城市既是发展增长极，也是风险集聚点。近年来普遍出现了诸多发展型问题或"大都市病"如交通拥堵、看病难、上学难、公共安全事故频发、环境污染等，引发民众关注和热议。超大城市的治理能力当下面临系列瓶颈和困境：超大城市治理瓶颈、超大城市规划与空间发展难点、超大城市人口发展问题、超大城市环境困境、超大城市基层治理矛盾。

超大城市治理瓶颈包括跨区域联动治理机制不健全、公共产品供给效率与公平不足、孤岛效应、社会群体多元分化、资源空间配置不平衡、社会力量发育不足；超大城市规划与空间发展难点是其空间尺度、运行速度与建设密度已达到一个前所未有的程度，甚至面临"失控"危险；超大城市人口发展问题在于中心城区人口过密以及职住分离现象严重；超大城市环境困境在于由各类因素引发的突发环境事件已经成为超大城市急剧社会变迁突出的外在显现形式，正逐渐被置于风险社会的发展困境中；超大城市基层治理矛盾是基层治理方式方法不适应社会发展变化引发的矛盾。超大城市的基层治理在社会构成上呈现出前现代、现代和后现代三种结构并存、交错发展并激荡出各种新问题的局面，这对基层治理能力和治理模式更新提出了前所未有的挑战。

二 "三全"思维推进超大城市治理的政策建议

1. 全面实施超大城市全周期治理。近日，习近平总书记在武汉考察新冠肺炎疫情防控工作时强调"要着力完善城市治理体系和城乡基层治理体系，树立'全周期管理'意识，努力探索超大城市现代化治理新路子"。总书记的这个重要指示为我国超大城市探索现代化治理新路提供了方向指引。作为一种先进的管理方式和理念，"全周期管理"以系统论、协同学、控制论、信息科学和自组织理论等为理论基础，主张对管理对象实行全方位、全过程、全要素的整合，以实现在日趋激烈的竞争环境下自身运行的最优化。"全周期管理"理念内在包含了对于现代城市系统化运行特点的深刻把握，它要求治理者必须站在对象初始生成、成长演进直至终结退出的全过程、全要素的角度，统一理念、目标、组织以及规则，并在此基础上建立集成化的治理信息系统。超大城市人口众多、经济体量大，各种要素密集，人流、物流、信息流、资金流快速流动，这既是巨大的城市竞争力优势，在危机状态下，又会变为突出劣势。超大城市的风险治理必须做到事前防范、事中控制和事后反思的全周期闭环管理。其中最重要的是做到事前防范，做到早期控制、源头治理。

2. 全面推进超大城市跨界治理。首先，实施超大城市跨行政区划边界的跨区域治理。超大城市及整个区域发展的能力和水平，受到公共服务、基础设施、产业配套及环境保护等跨区域问题的影响，这些问题的有效处理起着至关重要的作用。中外大都市区经济发展的历程和实践经验表明，超大城市必须把自己真正融入大都市区域之中，与周边省市一起统筹规划、探寻合作之策，在跨越行政区边界的更大范围内搭建共治平台和机制。在多举措并举的有利政策支持下不断提高城市治理的水平、解决诸多限制城市发展的"大城市病"。其次，实施超越政府部门利益的跨部门治理。在当前公共决策分散化和部门化的情景下，超大城市政府各部门经常从本部门视角出发制定各种政策法规，这些政策法规的制定往往为了获得更大的利益或者执行的方便，所以极易造成政策冲突甚至导致政府总体目标被忽视。为了减少部门之间的冲突与矛盾，必须加强超越政府部门利益的跨部门治理。放弃"各管一段""本位主义""九龙治水"的传统模式，进一步建立健全不同部门之间的横向合作关系，构筑相适应的跨部门治理新体系。再次，实施跨越公私领域的跨界治理。针对超大人口规模和城市需求，必须跨越公私领域（公权力和社会权力），改变以政府为主的供给方式。通过建立健全政府购买服务、特许经营权、委托管理等规则，引入社会资本参与超大城市公共服务、基础设施等公益性事业投资和运营，发挥政府、市场、社会的多方优势，提高服务或公共产品的供给效率和质量，为减轻超大城市诸多发展瓶颈提供有效解决之策。

3. 全面学习超大城市基层治理样本。推进城市治理现代化，不但要总结城市治理发展规律，以自上而下的途径推进制度建设，也急需总结全国各地在实践中积累的成功经验，及时将地方的成功经验纳入国家政策体系中。中央提出加强和创新城市协同治理后，全国各地纷纷行动，在实践之中积累了大量的经验，为超大城市基层治理提供了丰富的区域样本。如北京市推进"街乡吹哨、部门报到"和"接诉即办"改革；上海市依靠法治、科技及全社会力量走出一条超大城市社会治理新路；广州市"五化五同步"探索超大城市基层党建新模式；深圳市以房管人探索流动人口管理新模式；天津市以"6个统一"切实推动京津冀大气污染联防联控；重庆市新型城镇化综合试点的"重庆探索"等。通过对国内几个超大城市的有益探索和先进做法的系统梳理，可以提供借鉴与参考，推动全国其他城市探索创新城市治理和继续深化超大城市有效治理。

参考文献

一 著作类

《马克思恩格斯选集》第1—4卷，人民出版社1995年版。

《习近平谈治国理政》第1卷，第2卷，第3卷，外文出版社2014、2017、2020年版。

薛澜等：《危机管理——转型期中国面临的挑战》，清华大学出版社2003年版。

童星等：《中国应急管理：理论、实践、政策》，社会科学文献出版社2012年版。

许文惠等：《危机状态下的政府管理》，中国人民大学出版社1998年版。

郭济：《中央和大城市政府应急机制建设》，中国人民大学出版社2004年版。

胡税根：《公共危机管理通论》，浙江大学出版社2019年版。

吴鹏森：《公共安全的理论与应用》，中国人民公安大学出版社2014年版。

李瑞昌：《干预式治理——公共安全风险辨识与管理》，上海人民出版社2013年版。

蔡志强：《社会危机治理——价值变迁与治理成长》，上海人民出版社2019年版。

胡鞍钢、胡联合等：《转型与稳定——中国如何长治久安》，人民出版社2005年版。

孙立平等：《中国社会分层》，社会科学文献出版社2004年版。

胡鞍钢：《中国：新发展观》，浙江人民出版社2004年版。

周慧：《城市安全——中国城市运行安全问题的制度性根源》，中共中央党校出版社 2014 年版。

于建嵘：《岳村政治——转型期中国乡村政治结构的变迁》，商务印书馆 2001 年版。

张海波：《公共安全整合与重构》，生活·读书·新知三联书店 2012 年版。

杨雪冬等：《风险社会与秩序重建》，社会科学文献出版社 2019 年版。

赖先进：《论政府跨部门协同治理》，北京大学出版社 2015 年版。

刘霞、向良云：《公共危机治理》，上海交通大学出版社 2010 年版。

张维平：《公共安全管理研究》，中国书籍出版社 2013 年版。

韩俊魁、赵小平：《中国社会组织响应自然灾害研究》，社会科学文献出版社 2011 年版。

高芙蓉：《突发公共事件应急管理》，经济科学出版社 2014 年版。

容志：《从分散到整合——特大城市公共安全风险防控机制研究》，上海人民出版社 2014 年版。

郭济：《政府应急管理实务》，中共中央党校出版社 2018 年版。

周友苏：《重大公共危机应对研究》，人民出版社 2015 年版。

张海波、童星：《中国转型期的社会风险及识别：理论探讨与经验研究》，南京大学出版社 2007 年版。

赵林度：《城际应急管理与应急网络》，科学出版社 2012 年版。

赵爱玲：《当代中国政府诚信建设》，山东人民出版社 2007 年版。

［美］诺曼·奥古斯丁等：《危机管理》，陈松译，中国人民大学出版社 2001 年版。

［德］乌尔里希·贝克：《风险社会》，何博闻译，译林出版社 2004 年版。

［英］拉尔夫·达仁道夫：《现代社会冲突》，林荣远译，中国社会科学出版社 2000 年版。

［英］安东尼·吉登斯：《失控的世界》，江西人民出版社 2001 年版。

［澳］洛林·梅热罗尔、珍妮特·兰斯莉：《第三方警务》，但彦铮等译，中国人民公安大学出版社 2013 年版。

［美］约翰·霍兰：《隐秩序：适应性造就复杂性》，上海科技教育出版社 2011 年版。

［美］约翰·厄里：《全球复杂性》，李冠福译，北京师范大学出版社 2019 年版。

［美］马丁·因尼斯：《解读社会控制：越轨行为、犯罪与社会秩序》，陈天本译，中国人民公安大学出版社2015年版。

［西］博尔哈，［美］卡斯泰尔等：《本土化与全球化：信息时代的城市管理》，姜杰、胡艳蕾、魏述杰译，北京大学出版社2016年版。

［美］戴维·奥斯本，特德·盖布勒：《改革政府》，上海译文出版社2006年版。

［美］詹姆斯·N.罗西瑙：《没有政府的治理》，张胜军等译，江西人民出版社2001年版。

［德］赫尔曼·哈肯：《协同学——大自然构成的奥秘》，凌复华译，上海译文出版社2018年版。

［荷兰］阿金·伯恩等：《危机管理政治学——压力之下的公共领导能力》，赵凤萍、樊红敏译，河南人民出版社2010年版。

［美］曼瑟尔·奥尔森：《集体行动的逻辑》，陈郁、郭宇峰、李崇新译，上海人民出版社2010年版。

［英］安东尼·吉登斯：《现代化的后果》，译林出版社2000年版。

［美］罗西瑙等编：《没有政府的统治》，张胜军等译，江西人民出版社2001年版。

［波兰］彼得·什托普卡：《信任：一种社会学理论》，程胜利译，中华书局2019年版。

二　论文报刊类

童星、张海波：《基于中国问题的灾害管理分析框架》，《中国社会科学》2010年第1期。

薛澜、张强、钟开斌：《危机管理——转型期中国面临的挑战》，《中国软科学》2003年第4期。

俞可平：《全球治理引论》，《马克思主义与现实》2018年第1期。

张成福：《公共危机管理：全面整合的模式与中国的战略选择》，《中国行政管理》2003年第7期。

于建嵘：《转型期中国的社会冲突》，《凤凰周刊》2015年第7期。

王绍光、胡鞍钢、丁元竹：《经济繁荣背后的社会不稳定》，《战略与管理》2002年第3期。

王莹：《城市公共安全协同治理的模式构建与路径探索》，中国矿业大学博士学位论文，2017年。

张海波、童星：《公共危机治理与问责制》，《政治学研究》2010年第2期。

吴志敏：《大数据与城市应急管理：态势、挑战与展望》，《管理世界》2017年第9期。

张燕：《公共安全治理与政府责任》，《行政管理改革》2015年第1期。

刘霞：《公共危机治理：理论建构与战略重点》，《中国行政管理》2012年第3期。

王郅强：《和谐秩序与利益协调——转型期中国社会矛盾治理研究》，吉林大学博士学位论文，2006年。

叶国文：《预警和救治：从"9·11"事件看政府危机管理》，《国际论坛》2002年第3期。

曹现强、赵宁：《危机管理中多元参与主体的权责机制分析》，《中国行政管理》2018年第7期。

张成福：《构建全面整合的公共危机管理模式》，《中国减灾》2005年第4期。

陈志尚：《准确把握以人为本的科学内涵》，《北京大学学报》2005年第2期。

王乐夫等：《公共部门危机管理体制：以非典型肺炎事件为例》，《中国行政管理》2003年第7期。

王建军：《保障公众的知情权与社会主义政治文明建设》，《四川大学学报》2003年第3期。

刘霞、向良云：《网络治理结构：我国公共危机决策系统的现实选择》，《社会科学》2016年第4期。

王晓成：《公共关系原则与政府危机管理互动探析》，《学术月刊》2004年第5期。

曹现强、赵宁：《危机管理中多元参与主体的权责机制分析》，《中国行政管理》2019年第7期。

吴志成：《西方治理理论述评》，《教学与研究》2004年第6期。

王华：《走出困局：邻避事件的源头治理》，《中国浦东干部学院学报》

2014 年第 11 期。

夏建平：《环境群体性事件的成因及治理对策研究》，《经济研究导刊》2014 年第 1 期。

韩小凤：《整体性视角下中国养老保障制度研究》，《山东社会科学》2014 年第 9 期。

王浦劬：《防止"非典"时期的政府双重管理问题分析》，《北京大学学报》2003 年第 3 期。

仲逸智：《公共危机治理中的公民积极参与——基于公民主体角色与责任的研究》，《河南社会科学》2013 年第 12 期。

王博：《网络组织治理的治理动机探析——基于制度层面与价值层面的双重视角》，《企业研究》2012 年第 6 期。

肖光荣：《近年来国内政府官员问责制研究的回顾与思考》，《政治学研究》2017 年第 8 期。

王莹、王义保：《社会公共安全治理中公众参与的模式与策略》，《城市发展研究》2015 年第 2 期。

徐琳：《公民参与视角下的中国国家治理能力现代化》，《新疆师范大学学报》2014 年第 8 期。

朱国云：《特大危机管理中的政府防治与民间救援》，《江海学刊》2013 年第 1 期。

汪玉凯：《公共管理基础问题研究》，《中国行政管理》2018 年第 11 期。

曾令羲：《政府危机管理问题及对策——基于天津港爆炸事故的分析》，《人民论坛》2015 年第 12 期。

马奔：《邻避设施选址规划中的协商式治理与决策——从天津港危险品仓库爆炸事故谈起》，《南京社会科学》2015 年第 12 期。

黄灿灿：《地方媒体在灾难报道框架中的缺位——以天津港"8·12"瑞海公司危险品仓库特别重大火灾爆炸事故为例》，《当代传播》2016 年第 1 期。

施雪华、邓集文：《目前中国危机管理存在的问题与解决办法》，《社会科学研究》2019 年第 5 期。

曹海峰：《重大突发事件应急管理联动机制建设路径探析》，《中州学刊》2013 年第 12 期。

金太军、赵军锋:《公共危机中政府协调:系统、类型与结构》,《江汉论坛》2010 年第 11 期。

周芳检:《大数据时代城市公共危机跨部门协同治理研究》,湘潭大学博士学位论文,2018 年。

田依林:《城市突发公共事件综合应急能力评价研究》,武汉理工大学博士学位论文,2018 年。

何江:《城市风险与治理研究——以中国为例》,中央民族大学博士学位论文,2010 年。

王博:《网络组织治理的治理动机探析——基于制度层面与价值层面的双重视角》,《企业研究》2016 年第 6 期。

张勤、张媛媛:《公共危机治理的社会组织参与藕合机制探微》,《理论探讨》2010 年第 3 期。

王宏伟:《试析应急社会动员的基本问题》,《中国应急管理》2011 年第 8 期。

康伟、陈波:《公共危机管理领域中的社会网络分析——现状、问题与研究方法》,《公共管理学报》2013 年第 4 期。

杨志军:《城市公共危机治理:体系结构与框架战略》,《中共天津市委党校学报》2012 年第 9 期。

张康之:《论主体多元化条件下的社会治理》,《中国人民大学学报》2014 年第 2 期。

刘涛、范明英:《协同治理视阈下国家治理能力现代化变革之道》,《广西社会科学》2015 年第 6 期。

燕继荣:《协同治理——社会管理创新之道:基于国家与社会关系的理论思考》,《中国行政管理》2013 年第 2 期。

邓穗欣:《理性选择视角下的协同治理》,《复旦公共行政评论》2011 年第 9 期。

郁建兴、任泽涛:《当代中国社会建设中的协同治理——一个分析框架》,《学习月刊》2012 年第 5 期。

李莉、刘晓燕:《"协同治理"视角下的社会组织公共服务供给》,《城市观察》2012 年第 2 期。

童星:《社会管理创新八议——基于风险社会的视角》,《公共管理学报》

2012 年第 4 期。

刘晓亮:《超大城市安全风险管理与评价国际比较研究》,《科学发展》2016 年第 10 期。

薛澜、张强、钟开斌:《防范与重构:从 SARS 事件看转型期中国的危机管理》,《改革》2003 年第 3 期。

唐钧:《从国际视角谈公共危机管理的创新》,《理论探讨》2003 年第 5 期。

刘晓亮:《从环境风险到群体性事件:一种"风险的社会放大"现象解析》,《湖北社会科学》2013 年第 12 期。

赵军锋:《重大突发事件的政府协调治理研究》,苏州大学博士学位论文,2014 年。

范如国:《复杂网络结构范型下的社会治理协同创新》,《中国社会科学》2014 年第 4 期。

夏建中:《治理理论的特点与社区治理研究》,《黑龙江社会科学》2010 年第 2 期。

俞可平:《重构社会秩序走向官民共治》,《国家行政学院学报》2012 年第 4 期。

钟开斌:《中国应急预案体系建设的四个基本问题》,《政治学研究》2012 年第 6 期。

张立荣、冷向明:《协同学语境下的公共危机管理模式创新探讨》,《中国行政管理》2007 年第 10 期。

张利萍:《地方治理中的协同及其机制选择》,浙江大学博士学位论文,2013 年。

俞可平:《治理和善治——一种新的政治分析框架》,《南京社会科学》2001 年第 9 期。

党秀云:《论公共管理中的公民参与》,《中国行政管理》2003 年第 10 期。

楚红丽:《公立高校与政府、个人委托代理关系及其问题分析》,《高等教育研究》2004 年第 1 期。

刘艳、刘新:《试析韩国危机管理机制及其对中国的启示》,《中国人民公安大学学报》2005 年第 2 期。

吴志敏:《把握贸易投资一体化趋势加快培育国际经济竞争新优势》,《人民日报》理论版第 7 版，2017 年 11 月 20 日。

罗依平：《应对危机事件是对政府执政能力检验的重要尺度——银川出租车事件引发的思考》，《理论探讨》2006 年第 1 期。

向玉琼：《论政府危机管理中的公共政策制定》，《云南社会科学》2018 年第 2 期。

杨雪冬：《全球化、风险社会与复合治理》，《马克思主义与现实》2004 年第 4 期。

邱美荣：《试析冷战后欧洲危机管理风格的变化》，《欧洲研究》2005 年第 1 期。

夏立平：《美国关于危机管理的理论与实践》，《美国研究》2003 年第 2 期。

张国清：《公共危机管理和政府责任——以 SARS 疫情治理为例》，《管理世界》2003 年第 12 期。

夏金莱：《行政决策中的公众参与研究》，武汉大学博士论文，2013 年。

李强：《从社会学的角度谈谈如何应对突发事件》，《科学中国人》2004 年第 2 期。

杨冠琼：《不确定性、突变与政府危机管理》，《经济管理》2016 年第 5 期。

［美］托马斯·G. 怀斯：《治理、善治与全球治理：理念和现实的挑战》，张志超译，《国外理论动态》2014 年第 8 期。